Trenne Dich nicht von deinen Illusionen.
Wenn sie verschwunden sind, wirst du weiter
existieren, aber aufgehört haben zu leben.
(Mark Twain)

Alexander Reeh

CHEF, WIR MÜSSEN REDEN

Der Traum vom Ausstieg auf Zeit

Inspirierende Geschichten von Menschen,
die das Abenteuer einer Auszeit wagten

Mit vielen Informationen und praktischen Tipps

Engelsdorfer Verlag
Leipzig
2013

Bibliografische Information durch die Deutsche Nationalbibliothek:
Die Deutsche Nationalbibliothek verzeichnet diese Publikation in der
Deutschen Nationalbibliografie; detaillierte bibliografische Daten sind im
Internet über http://www.dnb.de abrufbar.

ISBN 978-3-95488-496-4

Coverfoto © Thomas Fuchs
Foto Schmutztitel © Daniel Jutrosinski
Foto Coverrückseite © Bernd Nowak

Hergestellt in Leipzig, Germany (EU)
www.engelsdorfer-verlag.de

18,00 Euro (D)

Wenn ich mein Leben noch einmal leben könnte

»Wenn ich mein Leben noch einmal
leben könnte, im
nächsten Leben, würde ich versuchen,
mehr Fehler zu machen.
Ich würde nicht so perfekt sein wollen,
ich würde mich mehr
entspannen.
Ich wäre ein bisschen verrückter, als
ich es gewesen bin,
ich würde viel weniger Dinge so ernst
nehmen.
Ich würde nicht so gesund leben.
würde mehr riskieren, würde mehr
reisen,
Sonnenuntergänge betrachten, mehr
Bergsteigen,
mehr in Flüssen schwimmen.
Ich war einer dieser klugen Menschen,
die jede Minute ihres
Lebens fruchtbar verbrachten;
freilich hatte ich auch Momente
der Freude, aber wenn ich noch
einmal anfangen könnte, würde
ich versuchen, nur mehr gute Augenblicke zu haben.
Falls du es noch nicht weißt, aus diesen
besteht nämlich das Leben;
nur aus Augenblicken; vergiss nicht
den jetzigen.

Wenn ich noch einmal leben könnte,
würde ich von Frühlingsbeginn
an bis in den Spätherbst hinein
barfuß gehen. Und ich würde mehr mit
Kindern spielen, wenn ich das Leben
noch vor mir hätte.
Aber sehen Sie… ich bin 85 Jahre alt
und weiß, dass
ich bald sterben werde.«

Jorge Luis Borges, argentinischer Dichter

In zwanzig Jahren wirst Du mehr enttäuscht sein von den Dingen, die Du nicht getan hast, als von den Dingen, die Du getan hast. Also wirf die Leinen los. Verlasse den sicheren Hafen. Lass den Passatwind in Deine Segel wehen. Erforsche. Träume. Entdecke.

Mark Twain

Prolog

»Ihr seid aber noch keine Rentner! Dafür seid Ihr viel zu jung!«
»Stimmt.«
»Aha, Ihr habt also geerbt!«
»Nein, wir haben uns jeden Euro selbst verdient.«
»Wir konnten uns das in dem Alter aber nicht leisten!«

Ein Dialog, den wir schon mal so oder in leicht abgewandelter Form führen müssen. Dabei werden wir meist gar nicht mit Fragen, sondern direkt mit vermeintlichen Behauptungen konfrontiert. Auf die letzte Feststellung könnten wir verschiedene Antworten geben. »Man muss sein Geld halt nicht nur verdienen, sondern auch sparen.« Oder »Vielleicht haben wir ja einfach in unserem 25jährigen Berufsleben mehr geleistet.« Oder die sicherlich ehrlichste Antwort: »Was wir machen hat eigentlich wenig mit Geld, sondern mehr mit Mut, Abenteuergeist und Entscheidungsstärke zu tun.«

Einfach mal die Konventionen hinterfragen. Müssen wir wirklich arbeiten bis zum »Burn-out«? Brauchen wir ein Haus, damit andere sehen, wie erfolgreich wir sind? Gibt es ein Gesetz, dass man tatsächlich bis 67 arbeiten muss? Muss man jemanden um Erlaubnis fragen, wenn man seine Karriere mit 43 beendet?

Nein, nein, nein, nein!

Jeder hat sein Leben und das, was er damit macht, selbst in der Hand. Irgendwann habe ich für mich entschieden, 86 Jahre alt zu werden. 43

Jahre, also genau die Hälfte, habe ich in die Karrieren investiert. In 24 Jahren habe ich mich vom Azubi bis in die Führungsebene eines großen DAX-Unternehmens hochgearbeitet. Als Geschäftsführer, Referats- und Abteilungsleiter habe ich rund 100 Mitarbeiter betreut und konnte die Privilegien eines Managerlebens genießen. Ich war in der ganzen Welt unterwegs, mal in der Business Class, mal in der First Class oder gar im Firmenjet. Habe in den tollsten Hotels gewohnt, den besten Restaurants gespeist.

Doch wir kommen beide aus einfachen Verhältnissen und hatten nie den Drang, das Leben unseren finanziellen Möglichkeiten anzupassen. Wir hatten eine wunderschöne Wohnung mit tollen Nachbarn. Wir brauchten keine Rolex am Arm und keine Kleidung von Armani. Wir haben lieber Camping gemacht, als Urlaub im Hotel. Doch eines, das hatten wir immer zu wenig: Zeit! Zeit für uns und Zeit für einander!

Warum also nicht die zweiten 43 Jahre unseres Lebens nutzen, um was ganz anderes zu machen? Einfach aussteigen aus dem bisherigen Leben und die Welt bereisen. Sich fremde Länder nicht aus dem Taxi während einer Dienstreise anschauen oder in der perfekten Organisation einer Pauschalreise. Natürlich gab es genug Stimmen, die gesagt haben: »Das macht man nicht!« Viele, die gewarnt haben: »Ihr könnt doch nicht einfach Eure Sicherheiten aufgeben!« und etliche, die uns leicht vorwurfsvoll mitteilten: »Ich würde das ja auch gerne machen, kann aber nicht weg ...«

Es ist auch nicht unser Bestreben, unsere Lebensphilosophie als die einzig wahre darzustellen. Was im Endeffekt die richtige Entscheidung gewesen sein wird? Zu dieser Weisheit werden wir wohl erst mit 86 Jahren gelangen. Doch bis dahin genießen wir das Gefühl von Freiheit, den Hauch von Abenteuer und Zeit ... Zeit satt!

Klaus Vierkotten (46), Ex-Manager

Einleitung

Liebe Leserin, lieber Leser,

»Hört zu, ich will euch von einem guten Lande sagen, dahin würde mancher auswandern, wüsste er, wo selbes läge. Wer nichts kann, als schlafen, essen, trinken, tanzen und spielen, der wird dort zum Grafen ernannt. Jede Stunde Schlafens bringt einen Gulden ein und jedes Gähnen einen Doppeltaler.«

Vielleicht haben Sie schon von diesem – leider nie entdeckten – Land gehört, dem Schlaraffenland, von dem Ludwig Bechstein in einem Märchen berichtet. Stellen Sie sich vor, Sie erwachen morgens vom leisen Plätschern der Wellen, die Wedel der Kokospalmen wiegen sich sanft im warmen Wind. Das Frühstück auf der Terrasse besteht aus knusprigen Pfannkuchen und einem exotischen Obstsalat. Ihr Blick wandert hinaus auf das smaragdgrüne Meer, während Sie der Duft von Frangipani umgibt. Schon kehren die ersten Fischer mit ihrem Fang zurück und im Geiste malen Sie sich Ihr Abendessen aus … Doch dazwischen liegt noch ein aufregender Tag, vielleicht Schnorcheln in der türkisfarbenen Lagune, Kanu fahren und dabei eine unbekannte Insel entdecken, ein Plausch mit den Eingeborenen …

Doch die Realität sieht anders aus: Jeden Morgen in aller Herrgottsfrühe klingelt uns der Wecker erbarmungslos aus unseren Träumen. Nieselregen, die üblichen verstopften Straßen, jeden Tag der gleiche Büro-Mief, dazu die muffigen Gesichter der Kollegen.

Dabei ist die Sehnsucht danach, sich einfach mal aus dem Alltag auszuklinken und die Seele baumeln zu lassen, größer denn je. Ob Almhütte oder Atlantiküberquerung, Pilgern auf dem Jakobsweg oder mit den Kindern auf dem Spielplatz, laut einer Forsa Umfrage wünschen sich 38 Prozent aller Arbeitnehmer in Deutschland eine Auszeit.

Allerdings ist die Zahl derer, die es freiwillig wagen, die alltägliche Tretmühle anzuhalten, noch klein. Zu groß ist die Angst, nicht mehr an den ursprünglichen Arbeitsplatz zurückkehren zu können. Zu mächtig noch immer die Vorurteile, die in unserer Gesellschaft den Menschen entgegengebracht werden, die nicht arbeiten.

Dabei stehen die Chancen auf ein »Sabbatical« heutzutage so gut wie nie zuvor. Dieser heute gängige Begriff entstammt einem biblischen Brauch, der im Zweiten Buch Mose beschrieben wird:

»Sechs Jahre sollst du dein Land besäen und seine Früchte einsammeln. Aber im siebten Jahr sollst du es ruhen lassen«, heißt es dort. Professoren in den USA waren die ersten, die sich die Bibelstelle zu Herzen nahmen. Sie führten an den amerikanischen Universitäten Sabbaticals ein: Auszeiten von einem halben Jahr, in denen die Professoren dem Lehrbetrieb den Rücken kehren können, um sich völlig ihrer Forschungsarbeit zu widmen.

Auch hierzulande machen inzwischen in vielen Betrieben Arbeitszeit- und Urlaubskonten eine solche Pause möglich. Der Arbeitnehmer spart dazu Urlaubstage an, die er dann für eine Auszeit an einem Stück nimmt. Oder aber er bekommt über einen festgelegten Zeitraum reduzierte Bezüge, arbeitet aber voll und nimmt anschließend eine Auszeit, in der das Gehalt gleich bleibt.

Da Auszeiten dem »Burn-out« vorbeugen und die Mitarbeiter oft hochmotiviert an ihren Arbeitsplatz zurückkehren, stößt diese Form des Langzeit-Urlaubs bei den Chefs inzwischen nicht mehr durchwegs auf taube Ohren.

Allerdings sollte ein »Sabbatjahr«, egal ob drei oder zwölf Monate, gut vorbereitet und geplant sein. Tipps, wie Sie Ihren Chef überzeugen und wie auch Ihr Ausstieg auf Zeit gelingt, finden Sie im Anhang dieses Buches.

Und nun, Arbeit adé, lassen Sie sich von den vielfältigen Berichten der in diesem Buch versammelten »Auszeiter« überraschen und inspirieren.

Viel Spaß dabei und bei Ihrer Auszeit wünscht Ihnen Ihr

Alexander Reeh

Inhalt

Wenn Träume fliegen

Sie war eine erfolgreiche TV-Moderatorin in München. Vor 13 Jahren stieg sie aus - von jetzt auf gleich - kündigte ihre Festanstellung per SMS, buchte spontan den zehnten Flug auf der Anzeigetafel des Münchner Flughafens und landete in der Karibik. Die unglaubliche Geschichte der Lara Sanders

© *Nepomuk Karbacher Bilder.n3po.com*

Einer dieser Tage. November-Nieselregen aus schweren Wolken, Temperaturen um vier Grad, Gesichter unter Kapuzen, Autos spritzen durch die Straßenpfützen. Reisebüros werben für Last-Minute-Flüge in die Sonne, irgendwohin, raus aus dem Grau, der Kälte, den Kapuzen. Irgendwohin. Es könnte so einfach sein. Lara Sanders, zierlich, blond, blaue Augen, sitzt im Schneidersitz auf dem Sofa einer Schwabinger Wohnung; sie trinkt grünen Tee, fingert in Sushi-Röllchen und sagt aus dem Fenster blickend: »So ein Tag war das damals.«

Sanders ist gerade 41 Jahre alt geworden, und was sie in den vergangenen zehn Jahren erlebt hat, ist Stoff für einen Film, den sie gedreht hat, »Über allen Horizonten«, und ein Buch, das sie veröffentlicht hat, »Einfach davongeflogen.«

Die zehn Jahre im Zeitraffer gehen so: Die junge TV-Journalistin Sanders leidet unter der Routine des Jobs und Alltags, steigt von jetzt auf gleich aus und flieht auf die winzige Karibikinsel Dominica, um zu sich selbst zu finden. Sie findet aber nicht nur sich selbst, sondern Glückes Geschick, auch einen alten Schweden, der die jemenitische Königsfamilie und afrikanische Prominenz als Privatpilot durch die Welt flog, irgendwann – gleichfalls auf Selbstsuche- in der Karibik landete, um dort auf die alten Tage seinen Traum zu verwirklichen: gemeinsam mit einem jungen Karibe-Indianer ein eigenes Flugzeug zu bauen und zu fliegen. Die Deutsche beschließt, über diesen interessanten Kauz einen Dokumentarfilm zu drehen – acht Jahre und viele Ups and Downs später wird der Film mit internationalen Preisen überschüttet. Und nun ist sie auf dem Weg nach Hollywood, wo Clint Eastwood und Kevin Costner an der Geschichte Interesse signalisiert haben.

In etwa so sähe vermutlich der Beitrag aus, wenn die Fernsehfrau Lara Sanders vor Jahren einen Film über den Menschen Lara Sanders hätte schneiden müssen. Eine Minute dreißig, Klappe – Ende. Denn das war mal ihr Leben vor dem großen Schnitt. Schnell, flüchtig, gehetzt, immer auf dem Sprung. Sie ist da Anfang 30, moderiert nach dem Studium der Kommunikations- und Betriebswirtschaften in Köln Radiomagazine für den WDR, dann auch fürs Fernsehen in München. Sie verdient gutes Geld, hat aber kaum Zeit, es auszugeben. Sie ist beliebt bei den Kollegen und Chefs. Sie hat einen kreativen, jungen Musiker zum Mann und liebevolle Eltern. Stöckelt durch die Bussi-Bussi-Gesellschaft Münchens - Ärzte, Rechtsanwälte, Promis und Semipromis-, »weil ich damals dachte, dass das dazugehört«. Lara ist ein bisschen wie Carrie aus »Sex and the City«. Sie sammelt Schuhe, ist picobello gekleidet und frisiert, mani- und pediküyrt und hat außerdem ein gewisses Faible für jüngere Männer. Von außen betrachtet ist sie eine Karrierefrau – selbstbewusst, attraktiv, das flüstern ihr alle, die

Freunde, der Mann, die Eltern, die Kollegen. Aber irgendwas an diesem Leben stimmt nicht, das ahnt sie, und das nagt an ihr.

Die Frau im Schneidersitz, zehn Jahre reifer nun, nennt diese Phase rückblickend »Hamsterrad« oder »goldener Käfig« oder »auf eingefahrenen Schienen fahren, nicht links, nicht rechts« oder »innere Versklavung« oder »Monotonie«. Sie hat erstaunlich viele Synonyme parat für ein Gefühl: unglücklich sein. Dahinter, das weiß sie heute, loderte Sehnsucht. Sie wollte Geschichten erzählen, wie früher mit acht oder neun, als sie den Eltern kleine Drehbücher und Hörspiele zu Weihnachten schenkte. Sie wollte kreativ sein und nicht nur funktionieren. Sie sagt: »Ich war wie ein rotes Licht, auf Sendung. An und aus. Auf Knopfdruck. Wie am Fließband. Und dann die Partys, die Einladungen, das Gequatsche. Alles so wichtig, und alles so hohl …«

Cut, Schnitt, Rückblende. November 1999, einer dieser Tage, Nieselregen aus grauen Wolken, Autos spritzen durch Straßenpfützen, Menschen unter Kapuzen. Sanders sitzt in der Straßenbahn auf dem Weg zur Arbeit, Bavaria-Studios München, und sie merkt, dass die Bahn in die falsche Richtung fährt, »immer der gleiche Weg«, Linie R wie Routine, »immer die gleiche Uhrzeit, immer die gleichen Konferenzen. Immer die gleichen Geschichten –wer macht heute die Story über die Frau mit dem künstlichen Ohr?« Das Grau kriecht in ihr hoch und führt zu einem, wie sie sagt, »spontanen und doch geplanten Kurzschluss«. Sanders kramt das Handy aus der Tasche, ruft im Studio an, verlangt den Chef – und kündigt. Sie versucht ihren Mann und die Eltern zu erreichen – spricht aber jeweils nur auf den Anrufbeantworter. Statt ins Büro zu fahren, nimmt sie die Bahn zum Flughafen. Steht im Wintermantel dort, mit Tasche und Notebook, äußerlich noch ganz Karrierefrau, und denkt: »Schau auf die Tafel, nimm den zehnten Flug, nicht den dritten, den erkennt man aus den Augenwinkeln, den zehnten, dann kannst du nicht schummeln. Egal wohin. Nur weg.« Sie hätte auch in Dresden oder Bukarest landen können. Aber der zehnte Flug geht nach Fort de France, Martinique in der Karibik, mit Option auf

Weiterflug nach Dominica, »noch nie gehört«. Sie kauft ein Ticket, im Duty-free-Shop noch zwei Kleider, ein Paar Sommerschuhe, Sonnencreme und einen Reiseführer über die Insel. Dominica ist winzig und nicht zu verwechseln mit der Dominikanischen Republik. Kleine Antillen, knapp 80.000 Einwohner, auf einer Fläche so groß wie Hamburg. Drei Stunden später hebt die Maschine ab, ihr neues Leben beginnt, auf und davon. Einfach so.

Nach zickzackreichen Jahren hat Lara Sanders die Kurve gekriegt. Sie sitzt auf dem Sofa und erzählt von den Selbstzweifeln anfangs auf der Insel. »Bist du verrückt? Was hast du getan?« Von den Eltern, die nicht verstanden, vom zurückgelassenen Ehemann, der nicht verstand und sich schließlich trennte, von den Freunden, die nicht verstanden und sie – nicht ganz zu Unrecht- auf einem Egotrip wähnten. Vor allem aber davon, dass der Entschluss ein richtiger war. Denn sie lernt in der Ferne, wieder Geschichten zu sehen. Trifft nach nicht einmal einer Woche diesen Greis Daniel Rundstroem, damals 77 Jahre, der sie zunächst mit seiner klapprigen Ente fast über den Haufen fährt und ihr sodann von seinem Baby erzählt, einem Flugzeuggerippe in seiner Garage, das irgendwann fliegen soll. Dieser Mann wird ihre Geschichte, ihr Film. Ein alter Schwede, Pilot einst für Könige, der mit dem jungen Karibe-Indianer Rainstar an einer Van's RV-8 schraubt. Der alte Mann, ein karibischer Daniel Düsentrieb, öffnet ihr die Augen, er ist ein Lebenskünstler, und beide eint der Wunsch, sich einen Lebenstraum zu erfüllen: Er will sein Flugzeug bauen, sie will einen Film drehen. Beide sind ausgestiegen, beide sind in der Karibik gestrandet, beide glauben beinahe trotzig an ihre Sache. Der Alte und die Junge kombinieren ihre Sehnsüchte. Tausende Kilometer von Deutschland entfernt, erfährt die überstürzte Flucht ihren Sinn. Lara Sanders streift ihr altes Leben ab.

Eigentlich heißt Lara auch gar nicht Lara, sondern Barbara. Aber sie legt den alten Vornamen ab, »ich habe ihn nie gemocht, bin doch keine Heilige«, und nennt sich fortan Lara nach der Lara aus Pasternaks »Doktor Schiwago«, »eine starke, mutige Frau«. Sie legt vieles ab auf der Insel – die

16

Manierismen, das Maniküre, das Gelackte. Sanders ahnt nicht, dass sie dreieinhalb Jahre drehen und weitere zweieinhalb Jahre schneiden wird, ihre gesamten Ersparnisse dafür draufgehen werden, fast 200 000 Euro, für Ausrüstung, Kamerateam und Flüge, »ich habe heute noch Schulden«.

Sie pendelt fortan jahrelang zwischen Dominica und Deutschland, sucht Geldgeber, reist auf Messen und zu Filmfestspielen, lernt in Cannes einen jungen französischen Rechtsanwalt kennen und lieben, Ehemann zwei. Lara spricht bei ungezählten Sendern vor und hört immerzu: »Wen interessieren alte Männer in Flugzeugen?« Heute kann sie darüber lachen, über Pleiten, Pech und Pannen. Über Fast-Abstürze mit dem Helikopter beim Dreh, »das Benzin ging aus«. Über das Leben am Existenzminimum, »keine Bank gab mir Geld, meine Eltern glaubten damals nicht an mich, Freunde gingen auf Distanz«. Und doch: Sie denkt nicht ans Aufgeben, sie ist von der Geschichte, ihrer Geschichte überzeugt, »in die Freiheit fliehen, an Träumen tüfteln, bis sie fliegen!« Die Cessna hebt am Ende ab, der alte Schwede lebt heute erfüllt und glücklich in seiner alten Heimat. Wenn das kein Stoff ist, aus dem Geschichten sind.

Nach sieben Jahren organisiertem Chaos schlägt Arte zu. Der Film »Über allen Horizonten«, 87 Minuten lang, läuft im Fernsehen, bekommt tolle Kritiken. Tatsächlich, es ist ein schöner Film, famose Bilder, leise und zurücknehmend erzählt. Sender aus ganz Europa kaufen ihn, er wird international prämiert in den USA und Frankreich, und bei den Premieren weinen die Leute im Publikum schon mal. Die Botschaft lautet: Realisiere dich selbst, trau dich zu träumen. Das mögen die Leute. Ein Autohändler aus München sieht ihn, verkauft spontan sein Geschäft und eröffnet ein italienisches Restaurant, »das war immer mein Wunsch«, erzählt er ihr später.

Nieselregen über Schwabing, Sanders lebt wieder in München. Sie ist seit drei Jahren Mutter, inzwischen alleinerziehend, ihr zweiter Mann hoffte auf Ruhe und Routine, »Heim und Herd und Muttertier«. Aber das ist sie nicht. Lara Sanders moderiert zuweilen, sie hat einen internationalen Filmvertrieb gegründet, weitere Dokumentarfilme gedreht, das Buch geschrieben über ihr Abenteuer und sich ausgesöhnt mit den Eltern. Sie hetzt von Termin zu Termin, und gelegentlich beschleicht sie das Gefühl, abermals in einem Hamsterrad unterwegs zu sein.

Lara Sanders blickt aus dem Fenster und sagt: »Ich werde es wieder tun.« Seit Dominica glaubt sie nicht mehr an Zufälle, »alles hat einen Sinn, und das ist kein esoterischer Quatsch«. Anfang des Jahres lernte sie zufällig einen Fotografen kennen, der zufällig mit Clint Eastwood und Kevin Costner befreundet ist und zufällig gerade auf dem Weg in die Staaten war, »ein bisschen zu viele Zufälle, oder?« Sie flog mit nach Kalifornien, wurde tatsächlich von beiden empfangen, und die Herren Stars waren schwer angetan von ihrer Geschichte und rieten unisono: »Schreib ein Drehbuch!« Das ist nun ihre neue Obsession, Hollywood, ein Spielfilm über Daniel Rundstroem-Düsentrieb, dargestellt von Clint Eastwood. Sie träumt schon wieder, die Eltern sorgen sich schon wieder, die Mutter wundert sich: »Sie war doch früher so ein braves Mädchen!« Früher.

Lara Sanders sitzt auf dem Sofa, neben ihr liegt eine rote Kladde, auf der »To do list« steht, darin 75 Punkte, einer ist: »Scheidung in die Wege leiten«. Ein anderer mit Ausrufezeichen: »US-Visum beantragen«. Deutschland ist ihr fremd geworden, »kein Platz für Träume hier«, die Wolken zu schwer, die Menschen so ernst. Es ist Zeit für einen Schnitt. Ihre Geschichte geht weiter.

Michael Streck, Stern

Eine Auszeit, die alles veränderte ...

Dr. Elisabeth Karamat, eine erfolgreiche Karrierediplomatin bei der Europäischen Union in Brüssel, ist von ihrem Berufsalltag müde und ausgebrannt. Eineinhalb Jahre nach einem Urlaub auf der idyllischen Karibikinsel St. Kitts, lässt sie sich vom diplomatischen Dienst beurlauben und beschließt für einige Zeit auf dieser Insel zu leben. Die faszinierende Geschichte einer starken und mutigen Frau.

Glück, das ist heute für mich ein stiller Moment. Ein Moment, in dem ich die wärmende Sonne auf der Haut spüre, wenn ich auf der Farm arbeite oder die würzige Brise des Meeres einatme, und mich in den Armen von Kwando, meinem Lebensgefährten, geborgen fühle. Karriere, Geld, Erfolg – all das hat für mich nichts mehr mit Glück zu tun. Das habe ich hinter mir gelassen.

Mein altes Leben spielte in Brüssel. Ich arbeitete als Diplomatin an der österreichischen Botschaft, hielt Vorträge, betreute politische Dossiers der Europäischen Union und war viel unterwegs. Ständig stand ich unter Strom. Da war die Verantwortung für meine drei Kinder, – das Jüngste war 16 – die mich und meinen geschiedenen Mann noch brauchten. Da war der Leistungsdruck meiner Arbeit, die Einsamkeit eines Lebens aus dem Koffer. Mein Körper reagierte mit zwei Bandscheibenvorfällen und Schmerzen. Meine Reaktion war: Weitermachen und Leistung bringen. Sobald ich eine Minute Luft hatte, wenn die Kinder bei ihrem Vater waren, schrieb ich an meiner Doktorarbeit. Irgendwann meldeten sich meine Gefühle: Ich war ausgebrannt, erschöpft und traurig. Ich sehnte mich nach Ruhe und Natur. Nur noch raus aus diesem Laufrad. Nur wie das gehen sollte, das wusste ich nicht. Ich versuchte es mit Sitzungen bei einem Psychotherapeuten – wirklich geholfen hat es mir nicht.

Der Impuls, meinem Leben eine neue Richtung zu geben, kam unerwartet von ganz anderer Seite. Vor sechs Jahren lud mich eine Kollegin zum Urlaub in ihre Heimat St. Kitts in der Karibik ein. Ich lernte die Insel und ihre freundlichen Menschen kennen und schätzen. Auch das milde Klima tat mir gut. Ich blühte regelrecht auf und fühlte seit langer Zeit keinen Druck auf meinen Schultern. Doch niemals hätte ich es für möglich gehalten, hier später auch meine große Liebe zu finden: Kwando Harvey, Farmer, Imker und spiritueller Heiler aus St. Kitts. Das erste Mal nahm ich ihn damals bei meinem ersten Besuch an einer Bushaltestelle wahr. Er, der als junger Mann bei einem Motorradunfall ein Bein verloren hatte, lehnte kerzengerade mit Krücken an einer Bretterbude. Ich spürte quer über den Platz seinen Blick auf mir ruhen. Und nahm eine seltsame Kraft wahr. Ich konnte sie nicht beschreiben, sie blieb mir aber in Erinnerung. Kurz darauf musste ich zurück nach Brüssel. Ich weinte, als das Flugzeug abhob. Wie gern wäre ich länger auf dieser Insel geblieben. Es wäre genau das, was ich brauchte.

Wieder heimgekehrt, zehrte ich von meinen schönen Erinnerungen. Nach einigen Monaten meldete sich ein Pfarrer, den ich in der Karibik kennengelernt hatte. Überraschend bot er mir eine Stelle in einem Landwirtschaftsprojekt an, das ich begleiten sollte. Ohne zu zögern sagte ich zu, obwohl ich bis dato von Ackerbau kaum Ahnung hatte. Aber ich spürte, dass dieses Angebot eine Chance für etwas Neues sein könnte. Vielleicht war das mein Rettungsanker. Ich suchte nach Möglichkeiten nach St. Kitts für das Projekt entsandt zu werden. Eineinhalb Jahre später war es soweit, die Wiener Erzdiözese und die österreichische Organisation Horizont 3000 waren bereit, mich als Entwicklungshelferin für zwei Jahre zu finanzieren und so ließ ich mich vom diplomatischen Dienst beurlauben.

Ich spürte Widerstand gegen meinen Neustart auf der Karibikinsel St. Kitts. Freunde und Familie meinten damals, meine Sicherheit so aufzugeben sei fahrlässig. Heute, fünf Jahre später, reden die meisten nicht mehr so überzeugt von Sicherheit angesichts der Finanzkrise in Europa. Meine Kinder waren damals zwar schon erwachsen, so erwachsen wie man mit 18, 20 und 22 Jahren sein kann. Aber zum ersten Mal blieb ihre Mami richtig weit weg von ihnen. Sie hatten Angst, dass ich sie im Stich lasse.

Doch ich wusste, sie würden auf eigenen Beinen stehen können. Ich musste mein Leben in die Hand nehmen. Für mich um zu heilen.

Was ich völlig unterschätzt hatte, war die körperliche Herausforderung bei dem Landwirtschaftsprojekt, das ich gemeinsam mit der Regierung von St. Kitts und der Kirche organisierte, damit jugendliche Arbeitslose von Experten geschult würden, um eine Perspektive für ihr eigenes Leben zu bekommen. Die Menschen waren freundlich, doch allmählich verstand ich ihre Sorgen und die bitteren Konsequenzen der Armut in ihrem Leben. Tropische Temperaturen und die ungewohnt harte Arbeit auf dem Feld setzten mir zu. Stundenlang pflanzte ich bei sengender Hitze Stecklinge. Aufgeben kam mir nicht in den Sinn. Ich biss die Zähne zusammen, machte Pausen, trank Wasser, aß Salziges. Ich sah es als Fitnesstraining und lernte dabei viel über tropische Landwirtschaft.

Eines Tages traf ich Kwando wieder. Im Bus war der einzige freie Platz neben ihm. Wir kamen ins Gespräch, er bot an, mich zu besuchen, brachte mir Honig in einer alten Rumflasche, half mir mit dem Projekt. Ich war fasziniert von seiner Andersartigkeit. Seiner Intelligenz. Seinem ehrlichen Interesse an mir. Da begegneten sich zwei Menschen, wie sie unterschiedlicher nicht sein können. Ich, die verkopfte Karrierefrau. Und er, den sie auf der Insel nur den »Honigmann« nennen, weil er als Imker arbeitet und die Nester wilder Bienen umsiedelt. Er vertraute mir, der Frau aus einer anderen Welt, sprach über seinen Glauben und seine spirituellen Erfahrungen mit mir. Stellt mich seiner Mutter vor. Wollte alles mit mir teilen, was er besaß. Er nahm sich sogar vor, mir eine Kuh zu schenken, wenn er einmal genug Geld habe. So eine Großzügigkeit hatte ich vorher noch nicht erlebt. Doch sein Bedürfnis nach Nähe überforderte mich, die aus einer kalten einsamen Welt kam. So begann ich zu schreiben. Ich musste unsere Liebesgeschichte niederschreiben, um zu begreifen, dass Kwando und ich trotz aller Gegensätze uns wie durch ein unsichtbares Band miteinander verbunden fühlten. Kwando musste erst lernen, dass ich ihn liebe, auch wenn ich nicht rund um die Uhr bei ihm sein konnte. Ebenso lernte ich von ihm, mich wieder zu öffnen und meine weiche Seite zuzulassen. Das Schreiben half mir tatsächlich, unsere Beziehung zu verstehen, bis ich soweit war, meinen autobiografischen Roman »Honigmann« zu publizieren, um anderen Menschen Mut zur Veränderung und Hoffnung in die Liebe zu geben.

Kwando, der Honigmann und ich sind aus unseren Krisen gewachsen. Seit zwei Jahren führen wir gemeinsam ein Projekt auf seiner Farm. Auf der Insel herrscht eine Affenplage. An die 100.000 Grünmeerkatzen zerstören jede essbare Ernte. Während ausländische und lokale Experten nach Wegen suchen, die Affen zu dezimieren, bauen Kwando und ich in unserem Projekt experimentell Nutzpflanzen an, die die Affen in Ruhe lassen. Kwando will keinem Tier auf seinem Farmgrund schaden, denn als Rasta und Vegetarier hat er eine besondere Beziehung zu Tieren. Schließlich nennen sie ihn ja auf der Insel den Honigmann, weil er so gut mit Bienen umgehen kann. Mit der Hilfe internationaler Freiwilliger, die sich bei uns melden, binden wir einheimische Farmer und Jugendliche in die Arbeit ein, damit sie später einmal die Farmen ihrer Eltern übernehmen können. Heilpflanzen, wie Ingwer und Pfefferminze züchten wir für den Verkauf. Zudem haben wir Drahtkäfige für Gemüse errichtet, um es vor den Affen zu schützen. Kwandos Esel haben für ihn als Amputierten eine wesentliche Bedeutung bei der Verrichtung der Farmarbeit; zudem halten die Esel das invasive Guineagras in Schach und liefern Dung für unser Biogemüse. Sie sind wunderbare Wesen unsere Esel. Mit ihnen hielten wir auch ein Sommercamp für behinderte Kinder auf der Farm, eine Initiative, die wir im Juli dieses Jahres (2013) mit einer österreichischen Tiertherapeutin wiederholen werden.

Ich bin weiterhin vom diplomatischen Dienst beurlaubt, verdiene umgerechnet etwa 500 Euro im Monat, also viel weniger als in meinem alten Leben. Bereut habe ich meine Entscheidung nie, trotz der Widrigkeiten.

Ich habe das kreative Schreiben entdeckt, »Honigmann« publiziert. Ich habe durch Kwando, der tief in seinem christlichen Glauben verankert ist, sich zum spirituellen Heiler ausbilden ließ, einen neuen Weg zu meinem alten Glauben gefunden.

Manche bezeichnen mich als Aussteigerin, doch bin ich nicht ausgestiegen oder abgehauen, viel eher erlebe ich Begegnungen mit Menschen in Europa oder in St. Kitts intensiver als je zuvor. Durch die Öffentlichkeitswirkung meines Buches »Honigmann« melden sich Freiwillige, Gäste, die uns in St. Kitts besuchen. Heute lebe ich ehrlicher, bin in offenherzigerem Kontakt mit Menschen. Und geben wir es doch zu, mit den heutigen Möglichkeiten ist die Welt ein Dorf geworden. Ich bin dankbar, dass ich in St. Kitts weilen kann. So ernte ich, umgeben von Eseln und Pferden, Ingwer oder Minze auf der Farm mit Kwando, unseren Mitarbeitern und den Jugendlichen. Mit meinen Kindern habe ich eine tiefe Verbindung, wir skypen fast täglich und ich fliege mehrmals im Jahr zu ihnen. Doch mein Platz ist jetzt hier, mit Kwando, dem Honigmann.

Elisabeth Karamat

Den spannenden autobiografischen Roman »*Honigmann*« (erschienen bei Bastei-Lübbe) gibt es im Internet oder jeder Buchhandlung.

Der Prozess, es endlich zu wagen

Leon Schulz, Autor des Buches »Sabbatical auf See«, möchte alle Gleichgesinnten ermutigen, ihre vage Zukunftsvision vom Ausstieg auf Zeit in Realität zu verwandeln

© *Leon Schulz*

Es konnten unzählige Gründe aufgezählt werden, warum gerade wir ein Sabbatical auf See niemals in die Tat umsetzen würden. Ich pflegte mit Ehrfurcht Segelbücher zu verschlingen, die von all den anderen Glücklichen handelten, die es geschafft hatten, ihre Träume zu verwirklichen. Wir hatten keine Erfahrung im Blauwassersegeln und zudem einen attraktiven Arbeitsplatz als Ingenieure und Kinder, die zur Schule mussten. Wir zweifelten, ob wir es uns überhaupt leisten könnten, ein ganzes Jahr ohne finanzielle Einnahmen auszukommen. Viele gute Gründe dort zu bleiben, wo man sitzt, oder? Aber nachdem wir wieder einmal einen Vortrag von einer echten Blauwasserseglerin gehört hatten, ging ich am Ende des Referates zu ihr und sagte, dass wir auch so gerne das machen würden, wovon sie gerade erzählt hatte. »Na, dann tu's doch!«, antwortete sie forsch. Ich dachte, sie hätte mich nicht verstanden. Damals war ich noch davon überzeugt, dass ich mein so sorgsam geregeltes Leben weder verändern dürfe noch könne. Wie engstirnig ich doch war! Heute weiß ich: Was man wirklich will, das kann man auch und sollte es tun! Daher warne ich meine Leser: Falls Sie mein Buch »Sabbatical auf See« lesen, tun Sie dies auf eigene Verantwortung! Es könnte sein, dass auch Sie vom Fernweh angesteckt werden, Ihre Chancen sehen und plötzlich den Entschluss fassen, ebenfalls die Leinen loszulassen. Auf jeden Fall würden wir uns sehr freuen, Ihnen auf den Weltmeeren zu begegnen, denn Platz ist dort genug, und das Risiko, dass Sie Ihren Aufbruch bereuen, scheint mir eher gering. Tatsächlich bereuen die meisten Menschen am Ende des Lebens eher das, war sie im Leben unterließen, als was sie gewagt haben. Und mir ist noch keiner begegnet, der am Ende bereute, nicht genug gearbeitet zu haben....

Vielleicht denken Sie ähnlich wie ich damals, dass man als Familie speziell gestrickt sein muss, eine große Menge Mut braucht, ein wenig Waghalsigkeit, sogar einen Hauch Naivität und schließlich auch überdurchschnittliches Glück, damit alles gutgehen kann.

Wir nahmen unsere Kinder aus der Schule, verkauften unser Haus, gaben unsere Berufe auf, und dann, ganz einfach, ließen wir die Leinen los und segelten aus dem Hafen. Vielleicht sind wir tatsächlich etwas abenteuerlich veranlagt, und wir brauchten sicherlich auch eine Portion Mut, aber wir sind nicht mehr von Glück gesegnet als andere Familien. Im Gespräch mit den vielen segelnden Eltern-und-Kinder-Crews, die wir unterwegs getroffen haben, wurde deutlich, dass wir alle eine sehr ähnliche Entwicklung durchlaufen haben: mit den gleichen Fragen, mit denselben Ängsten und vergleichbaren Erlebnissen vor, während und nach der Durchführung unseres Segelabenteuers.

Meiner Erfahrung nach führt ein Sabbatical durch vier Phasen: 1. Träumen 2. Planen 3. Durchführen und 4. Wiedereinsteigen.

Typisch nähert man sich einem Sabbatical nämlich als Träumer. Es vergehen oft Jahre, in denen man von einer Auszeit träumt, und hier gehört man wirklich nicht zur Minderheit, wie eine Forsa-Umfrage neulich bestätigte. Aber nur 2% schaffen es am Ende den Schritt tatsächlich zu wagen. Zu schade!

In der Rückschau war für uns der Übergang zwischen der Phase vom Träumen zum Planen tatsächlich am schwierigsten. Diesem Schritt ging ein langer, innerer Kampf voraus, der sich in unzähligen Gedanken und Diskussionen im Kreis drehte. Immer wieder erwogen wir dieselben Vor- und Nachteile, Risiken und Chancen, ohne ein klares Bild zu bekommen. Die Herausforderung schien einfach zu vielschichtig, denn wir hatten Angst vor einer Veränderung! Dieser Prozess ist verständlich und sogar notwendig.

Sollten auch Sie diesen inneren Kampf schon in sich selbst gespürt haben: Keine Sorge, wir haben alle darunter gelitten – er gehört dazu! Angst ist der Schrecken jedes denkenden Menschen! Angst steht im Zusammenhang mit stammesgeschichtlich herausgebildeten Warn- und Schutzfunktionen und kann schon bei der Vorstellung einer potentiellen Bedrohung auftreten. Daher führt sie oftmals zu Vermeidung, unterdrückt möglicherweise die Freude am Erkunden von Neuem oder am Spiel und hemmt somit Initiative und Kreativität. Aber man kann sie überwinden und den bewussten, reflektierten und respektvollen Umgang mit Angst in einem weitgehend kontrollierten Rahmen auch als lustvoll, befreiend und zutiefst befriedigend erleben. So tobt ein lebenslanger Kampf in jedem Einzelnen von uns zwischen dem Suchen, Ausprobieren und Erkunden auf der einen und dem Vermeiden, Kontrollieren und Bewahren-Wollen des Bekannten auf der anderen Seite. Beide Pole haben ihre Berechtigung, und jeder Mensch muss seine eigene Balance zwischen diesen beiden konkurrierenden Kräften in sich finden. Gewinnt die Vernunft diesen Kampf jedoch vielleicht zu oft in unserer von Rationalität geprägten Informationsgesellschaft? Werden unsere Gefühle unterdrückt, fehlt es an Fantasie, Neudenken sowie der Bereitschaft umzudenken? Sind wir deshalb für individuelle und daher unübliche Gedankengänge zu blockiert? Die Evolution hat uns den Verstand und die Fähigkeit zum Angsterleben gegeben, um Gefahren zu erkennen und ausweichen zu können, denn das Unbekannte könnte gefährlich sein! Aber ohne den Mut, manchmal auch das Risiko einzugehen, etwas zu unternehmen, das wir nicht ganz verstehen oder kennen, das heißt, dessen Konsequenzen nicht von Anfang bis Ende ersichtlich sind, gäbe es keine persönliche Weiterentwicklung und keinen Fortschritt.

Wir haben einen Freund, der einmal gesagt hat, er wolle das Blauwassersegeln lieber gar nicht erst ausprobieren, denn er habe Angst, es so zu genießen, dass er nie mehr in einen normalen Alltag zurückkönne.

»Besser es nicht zu wissen…«, murmelte er, während er in seinem Büro mit dem Gestus großer Wichtigkeit bedeutungsvolle Papiere von einem Haufen zu andern schob. Nachdem wir das Blauwassersegeln ja nun gewagt haben und seit einiger Zeit versuchen, uns wieder an unser altes Leben zu gewöhnen, muss ich zugeben, er hatte nicht Unrecht.

Die dritte Phase, das eigentliche Segeln, ist der leichteste Schritt, denn hier trifft man auf viele Gleichgesinnte, die, wie wir, in ihren Schiffen für eine kürzere oder längere Auszeit auf den Weltmeeren umherschippern. Die gegenseitige Unterstützung der Blauwassersegler – wir nennen uns die »Yachties« – ist bewundernswert und solange man vorsichtig segelt, mit viel Geduld das richtige Wetter abwartet und mit gesundem Menschenverstand reist, kann man auch unterwegs viel lernen.

Vor der vierten Phase, dem Wiedereinstieg, sei aber gewarnt: Die Eingliederung in ein gewöhnliches Leben ist oft gar nicht so einfach, wie man es sich am Anfang vorstellt. Die Welt, in die man zurückkommt, ist zwar noch die gleiche, aber man selbst hat sich verändert und hat neue, tiefsinnigere Werte im Leben gefunden. Um nur einige Beispiele unserer Veränderung zu benennen: aus Angst war Vorsicht und Respekt geworden; Hast, Hektik und Stress wurden ersetzt durch Gelassenheit; Vorurteile wandelten sich in Verständnis; sture Pläne wurden zu Optionen; Notwendigkeiten zu Prioritäten, die nicht alle erfüllt werden mussten; Phobien machten der

Neugierde und Freude am Unbekannten Platz; Sorgen verwandelten sich in Ur- oder Grundvertrauen und Liebe.

Zeit ist für viele Menschen eine luxuriöse Mangelware, insbesondere für solche, denen sonst nichts zu fehlen scheint, die ihre Lebensziele weitgehend erreicht haben und auf der Sonnenseite des Lebens stehen. Ich denke daran, wie ich früher an Time-Management-Kursen für Unternehmer teilgenommen habe, um alles optimal organisieren zu können, alles pünktlich zu vollenden und ja nicht zu spät zu kommen! Ich lächele bei diesen Erinnerungen. Welchen Nutzen hatten diese Zeitoptimierungssysteme, wenn ich sie mit der »Island Time« vergleiche, die in der Karibik von jedem Einheimischen erfolgreich praktiziert wird? Für diese Menschen ist Erfolg nicht Produktivität, sondern Glück.

Geld kann verdient, gespart, verteilt werden und auf der Bank wachsen, ohne zu altern. Mit dem kostbaren Gut Zeit verhält es sich anders. Im Gegensatz zu seinem monetären Gegenstück ist Zeit gerechterweise an alle Menschen der Welt gleich verteilt und zwar mit genau 24 Stunden pro Tag für jeden; praktisch wie ein Geschenk der Götter. Bis auf seinen ersten und seinen letzten Lebenstag erhält jeder Mensch täglich genau die gleiche Menge an Zeit; nicht mehr und nicht weniger. Es ist jedem selbst überlassen, diese 24 Stunden weise zu investieren, denn man bekommt sie nie mehr zurück. Man kann sie nicht auf ein Bankkonto einzahlen, um ein paar Reste für später aufzuheben. Es gibt keine Zinsen auf gesparte Zeit. Ähnlich kann man Zeit auch nicht auf Kredit erhalten. Zeit ist für uns nun plötzlich viel mehr wert als Geld, und wir überlegen daher genau, ob wir unsere Zeiteinheiten fürs Fernsehen ausgeben, lieber ins Bücherlesen investieren oder mit Freunden Spaß haben wollen. Zeit ist für uns zur wertvollsten Währung geworden.

Seinen Traum zu leben ist die eine Sache, aber nach der Auszeit wieder in den gewohnten Alltag einzusteigen ist eine ganz andere Herausforderung. Wie soll man beispielsweise nach einem so großen Abenteuer und der weitgehenden Erfüllung langgehegter Ziele und Träume nun neue Ziele und Träume finden? Geht es einem nach einem so erfüllenden Jahr wie dem Olympiasieger, der in eine Depression versinkt nachdem er seine Medaille gewonnen hat, für die er sein ganzes Leben kämpfte? Ich habe von einigen Seglern gehört, dass es helfen würde, ein neues Projekt zu beginnen: ein Haus zu bauen, eine neue Arbeit annehmen oder gar das nächste Segelabenteuer zu planen. In jedem Fall sollte es gelingen, nicht für den Rest des Lebens das Bedauern zu spüren, zurückgekehrt zu sein. Vielmehr muss man weiter nach vorne blicken und Ziele und Perspektiven aufstellen.

Wir waren aus unserm alten Leben aufgebrochen, um etwas Neues kennenzulernen. Ganz langsam veränderte fast alles, was wir früher für sehr wichtig gehalten hatten, seine Bedeutung. Indem wir uns ein Jahr Auszeit gegönnt haben, haben wir gelernt, uns zu öffnen und für neue Dinge bereit zu sein, und zwar für den Rest unseres Lebens. Wir verwarfen dabei nicht unser altes Leben. Im Gegenteil: Wir schätzten es umso mehr, denn es hatte uns ja zu unserem Segeljahr und unserer veränderten Sichtweise geführt. Unser altes Leben hatte uns Erfahrungen geschenkt, auf die wir unterwegs bauen konnten, denn es bestand aus wesentlich mehr als nur aus Gewohnheiten, die uns gefangen hielten. Unterschiedliche Perspektiven gehören zu verschiedenen Lebensabschnitten, und man unterliegt im Fluss des Lebens ständig kleinen Persönlichkeitsveränderungen. Diese ergeben persönliches Wachstum, und als Mensch wachsen zu dürfen, gehört zu den größten, spannendsten und bereicherndsten Erfahrungen im Leben. Gewohnte Wertvorstellungen, die ursprünglich hilfreich und dadurch bedeutungsvoll waren, können im Verlauf des Lebens an Bedeutung verlieren beziehungsweise sich sogar zu Blockaden entwickeln, die persönlichem Wohlbefinden eher im Wege stehen. Gleichzeitig entwickeln sich oft neue Überzeugungen, Werte und Grundhaltungen. Dieser Prozess stetiger Veränderung und Entwicklung, der normalerweise sehr langsam von statten geht, wird unglaublich deutlich und dynamisch während eines kurzen Segeljahres, in dem sich so viel und rasch entwickelt. Es mag fast erschreckend klingen, dass man sich so stark verändern kann, aber wir begrüßten unsere neue Weltanschauung, die unsere grundlegenden Bedürfnisse zutiefst befriedigt und unserer Persönlichkeit entspricht. Die innere Reise von partieller Fremdbestimmung und Selbstentfremdung hin zur Selbstverwirklichung haben wir erfahren dürfen.

Nach der Rückkehr aus unserem Sabbatical wurde es sehr deutlich, dass nicht alle Menschen um uns herum ihr hochprivilegiertes Leben zu genießen schienen. Viele kamen uns doch recht unglücklich und unzufrieden vor und schienen in Zwänge eingeknotet. Sie »mussten« so viel und »nur noch schnell«, wie sie sagten. Wo blieb die Muße? Sich Zeit nehmen für eine Aufgabe? Sich Zeit schenken, sich über das Ergebnis freuen? So wie der Künstler, der sein Bild liebt und sich nur ungern und unter Schmerzen davon trennt, da er sich so innig damit beschäftigt hat, es mit Geduld, Einfühlungsvermögen, Hingabe und Liebe zu schaffen. Sind deshalb Künstler die glücklicheren Menschen?

Viele Leute um uns herum hatten weder das Verständnis für noch das Bedürfnis nach Zeit und Muße. Es ging ihnen oft schlecht. Gleichzeitig empfanden sie sich aber alle als völlig normal und konnten vor lauter Streben nach scheinbar notwendiger Gewinnmaximierung, Effektivität und Produktivität die schleichende Entfremdung von sich selbst und ihren Bedürfnissen nicht erkennen. Es fehlte ihnen offensichtlich an gesunder, selbstkritischer Distanz zu sich selbst. Und immer diese Hetze! Wie soll man das auch aushalten, ohne langsam abzustumpfen und sich eine Hornhaut auf der Seele wachsen zu lassen?

Das Leben ist schon sehr kurz – da muss man doch ganz langsam leben!

Heute weiß ich, wie durchführbar eine ersehnte Auszeit doch oft sein kann. Man braucht nur eine Portion Mut und Hilfestellung von jenen, die es schon geschafft haben.

Um andere zum Segelsetzen zu inspirieren, habe ich das Buch »Sabbatical auf See« geschrieben. Es beschreibt uns als eine ganz normale Familie, die vierzehn Monate lang ohne viel Dramatik die klassische Route über den

Atlantik in die Karibik und zurück segelt. Es ist ja nichts weiter dabei, würde ich heute sagen, denn über tausend andere Boote tun es ja auch – und zwar jedes Jahr. Es ist die Geschichte eines genussvollen Familientörns nach Norwegen, Schottland, Irland, Portugal, Karibik und wieder zurück. Wir stellten uns mit unseren Kindern Jessica (11) und Jonathan (9) auf unserer 40-Fuß-Segelyacht der Herausforderung, unseren abgesicherten Alltag gegen eine neue Erfahrung einzutauschen. Für uns wurde es zum äußeren und inneren Wendepunkt – voller Spannung und völlig angstfrei.

Und noch etwas ist interessant: Es braucht scheinbar nicht viel Überzeugungskraft, um es wirklich zu wagen. Manchmal ist es nur ein Gespräch oder ein Buch, das einem die letzten Zweifel wegwischt und plötzlich ist man über Nacht gereift: aus dem Träumen wird Planen.

Trotzdem werde ich immer wieder von der Wucht überrascht, mit dem das Buch »Sabbatical auf See« zum Loslassen inspiriert. Nicht selten erhalte ich heute Danksagungen aus allen Ecken der Welt, dass sie es schlussendlich doch geschafft haben, einen Ausstieg auf Zeit zu wagen. Das freut mich sehr und gibt mir die Kraft weiterzuarbeiten, um anderen zum Sabbatical auf See zu verhelfen.

Schon längst habe ich den Wiedereinstieg aufgegeben und stattdessen meine Passion zum Beruf gemacht: Ich arbeite heutzutage nur noch mit dem Ziel, Menschen zum Fahrtensegeln zu bringen und ein dafür geeignetes Schiff für die große Fahrt auszurüsten. Zwar habe ich meinen Ingenieursberuf an den Nagel gehängt, das technische Verständnis und die Pädagogik kommen mir aber trotzdem noch zugute. So bin ich zu einem Royal Yachting Association (RYA) Yachtmaster Ocean Instructor erkoren worden und habe eine Hallberg-Rassy 46 gekauft, die ich Regina Laska nenne. Auf diesem bequemen Blauwasserschiff können nun Interessenten mitsegeln, die an der Schwelle zwischen Träumen und Planen stehen; sei es für Leute mit begrenzten Segelerfahrungen, die das Leben an Bord erst einmal testen wollen oder für diejenigen, die schon so weit fortgeschritten sind, dass sie die international anerkannte Yachtmaster-Prüfung ablegen wollen.

Für mich ist Fahrtensegeln eine Lebenseinstellung, die mit einem Sabbatical sehr gut in Einklang zu bringen ist. Das seglerische Können ist dabei viel leichter zu erlernen als die sozialen Komponenten und die Entdeckerlust, die für ein Sabbatical viel mehr gefragt sind. Es gibt so viele Möglichkeiten, das Fahrtensegeln interessant, erlebnisreich und persönlich erfüllend zu gestalten. Gerade das ist das Besondere: Fahrtensegeln bietet die größtmögliche Freiheit, die eigene Individualität in Harmonie mit anderen Menschen, Natur und Umwelt auszuleben. Genau das ist es, was wir daran so lieben.

Leon Schulz

Das Buch »*Sabbatical auf See*« – Eine Familie setzt die Segel (erschienen im Delius Klasing Verlag), das so manchem zum Sabbatical verholfen hat, gibt es in jeder besseren Buchhandlung oder im Internet bei Amazon. Mehr Informationen, auch zum Mitsegeln, unter www.reginasailing.com

Reise unseres Lebens

Eine Familie wagt das große Abenteuer, verkauft all ihren Besitz und segelt für fünf Jahre um die Welt, um ausgerechnet in Deutschland »Schiffbruch« zu erleiden …

Der Atlantik ist das Ende aller Ausreden. Vor uns liegen 5 000 Kilometer Wasser. Bis zu den Kanarischen Inseln hatten wir uns von Bremen an der Küste entlang gehangelt. Aus Frust über unser bequemes aber langweiliges Leben als Kleinfamilie hatten wir uns die Frage gestellt, wie wir denn »eigentlich« gerne leben würden. Der Wunsch meiner Frau Carola war ein naturverbundenes Leben auf einem Bauernhof. Ich wollte einfach mal ein paar Jahre auf einem Schiff leben und aus Deutschland raus. Die Entscheidung fällt durch meine Frau: »Lieber ein verrücktes Leben auf einem Boot, als ein verzweifelter Mann in einer schönen Wohnung an Land.« Wir wollen die Zeit bis zur Schulpflicht der Kinder nutzen (damals 3 Jahre und 18 Monate alt). Verkaufen all unseren Besitz und tauschen Job und Versicherungen gegen ein kleines Boot und eine Reisekasse von 50 000€.

»Wollt ihr das Leben eurer Kinder aufs Spiel setzen?« ist die nicht sehr ermutigende, aber typische Reaktion unserer Umgebung. Selbst mein segelbegeisterter Vater wiegt bedenklich den Kopf: »Die See ist ein großer Gleichmacher …« Das er Recht behalten wird, merken wir erst sehr viel später. Auf den Ozeanen der Welt trifft man tatsächlich nur eine bestimmte Sorte Menschen: Die, die ihre Träume zu verwirklichen versuchen. Die Bedenkenträger bleiben zuhause. Nur unser Hausarzt ist begeistert: »Was, um die Welt fahren wollt ihr? Ist ja toll.« Dabei wollten wir zu Anfang der Reise gar nicht um die Welt segeln, sondern nur zwei Jahre raus aus Deutschland. Er stattet unsere Bordapotheke für alle erdenklichen Notfälle aus. Wir sind keine Draufgänger, eher vorsichtige Menschen, und die Beschäftigung mit all den Dingen, die auf dem Meer passieren könnten, lässt uns mehr als einmal an unserem Entschluss zweifeln. Wir suchen uns ein älteres, sehr seetüchtiges und stabiles Schiff aus, kaufen neben der üblichen Sicherheitsausrüstung noch ein Satellitentelefon, um notfalls auch mitten auf dem Atlantik einen akuten Blinddarm per Fernanleitung operieren zu können. Am Ende brauchen wir auf der ganzen Reise aber nur ein paar Klammerpflaster.

Nun ist die Angst wieder da: Wir liegen startklar am Pier in La Gomera, bis unters Dach ist das Boot vollgepackt mit Lebensmitteln und Wasser für die kommenden vier Wochen auf dem Atlantik. Die Verantwortung lastet schwer auf meinen Schultern. Habe ich das Recht, meine Familie einer solchen Belastungsprobe auszusetzen? Woher nimmt meine Frau nur ihr Vertrauen in mich und das Schiff? Die Kinder bleiben gelassen: Segelt man halt mal über den Atlantik.

Sie hatten sich von uns allen am schnellsten an das Leben auf einem Schiff gewöhnt. Falls wir mal gerade nicht vor einem der vielen schönen Strände ankern, die auf der Reise als Ersatz für die heimische Sandkiste herhalten müssen, vertreiben die zwei sich die Zeit auf unserem ca. 10 Quadratmeter großen schwimmenden Zuhause mit Knetwachs, Malstiften, Papier und vielen selbsterzählten Geschichten. Wir gestehen ihnen das Recht auf Langeweile zu, und so erschaffen sie aus dem Wenigen, was an Bord Platz findet, immer neue Reiche der Fantasie. Radio, Gameboy oder Fernsehen gibt es nicht, dafür ferne Horizonte, fremde Länder und Zeit im Überfluss.

Dann bläst der Passatwind alle Gedanken ans Umkehren davon. Die Wellen türmen sich für uns Ostseesegler zu beeindruckender Größe auf, und bald rauschen wir durch eine gewaltige, schäumende Wasserwelt. Das Land ist längst hinter dem Horizont verschwunden, und unser Boot zieht stetig vom Wind getrieben nach Westen. Die Tage verschwimmen, und wir verlieren das Gefühl für die Zeit. Manchmal hängt eine schimmernde Goldmakrele an der Angel, dann unterbricht ein Festessen den geruhsamen Bordalltag.

Nachts funkeln die Sterne unwirklich klar über uns, und unter uns glüht das Meer grünlich in unserem Kielwasser. Delfine kommen regelmäßig zu Besuch, und selbst an den Schlafmangel, bedingt durch das notwendige Wachegehen auch in der Nacht, gewöhnen wir uns nach einiger Zeit.

Tagsüber ist wegen der Kinder an Schlaf nicht zu denken. Nachts ist alle zwei Stunden Wachwechsel. Ich kann in meiner ersten Wache kaum die Augen aufhalten, aber sobald ich in der Koje liege, bin ich hellwach. Fühle mich ausgeliefert. Es fällt mir schwer, Vertrauen in meine Frau zu haben. Ständig habe ich Angst, dass sie vergisst, den Sicherheitsgurt zu benutzen. Wir leben ganz existenziell: Nur wer Vertrauen hat, kann wirklich schlafen, wenn der andere Wache geht! Als nach 22 Tagen auf See die Karibikinsel Martinique am Horizont auftaucht, ist für alle an Bord klar: Wir fahren weiter in den Pazifik!

Wie auf einer Perlenschnur reihen sich paradiesische Inseln aneinander: Galapagos, Marquesas, Tahiti, Huahine, Tonga, Neuseeland. Doch selbst mitten in der größten Schönheit bin ich unzufrieden. Die große Freiheit nagt an mir. Ich vermisse meinen Job, leide unter der scheinbaren Sinnlosigkeit meines Daseins, dem selbstgemachten Druck, glücklich sein zu müssen, jetzt, wo ich im Paradies angekommen bin. Nun bin ich nur noch Kapitän, Ehemann, Vater. Im Buch »Die Gabe der Seenomaden« von Milda Drüke heißt es: »Nicht das Schiff ist eng, es ist die innere Enge der Menschen, die sie nicht an Land zurücklassen, ihre Weigerung im Verhalten des Partners den Spiegel zu sehen, ihre Neigung, Schuld grundsätzlich bei den äußeren Verhältnissen zu suchen, wo es doch gar nicht um Schuld, sondern um eigene Verantwortung geht.«

Konflikte häufen sich, ich bin zu ungeduldig, verspannt, kann meine Vorstellungen nicht loslassen. Dabei ist das Meer ein guter Lehrer: ständig in Veränderung, zwingt es uns immer neu, uns seinem Rhythmus anzupassen und unsere kleinen menschlichen Pläne seinem großen Atem unterzuordnen.

Die Kinder dagegen sind zufrieden: Sie schwimmen begeistert im warmen Wasser, tauchen nach Muscheln, sammeln Kokosnüsse am Strand, rudern mit dem Beiboot zu einer neben uns ankernden amerikanischen Yacht, und können nach nur drei Wochen Englisch. Beneidenswert. Jedes Mal, wenn wir eine Inselgruppe hinter uns lassen, weinen sie bittere Tränen zum

Abschied, denn fast überall haben sie rasch Freunde unter den einheimischen Kindern gefunden. Aber schon nach wenigen Tagen weicht die Trauer der Vorfreude auf ein neues Land, einen neuen Kontinent.

In Neuseeland haben wir zum ersten Mal auf der Reise Heimweh. Alles ist so europäisch, und wir realisieren: von hier aus geht es in jede Richtung zurück. Sollen wir bleiben`? Wir fühlen deutlich unsere eigenen Wurzeln, und, obwohl wir uns hier endlich einmal gut verständigen können, haben wir Sehnsucht nach unserer alten Heimat. Wir machen Kassensturz und beschließen, noch im selben Jahr zurück nach Deutschland zu segeln.

Über Australien, Indonesien, Thailand und das Rote Meer geht es in weniger als einem Jahr zurück nach Europa. Aber dann macht uns der Wind wieder einen Strich durch die Rechnung: von Ägypten kommend, wollen wir rasch nach Gibraltar segeln, als es immer mehr aufbrist. Der Wind kommt von vorne, nimmt Sturmstärke an. Wir geben auf und laufen die türkische Küste an. Dort finden wir eine winzige griechische Insel, noch 120 Kilometer östlich von Rhodos gelegen, Kastellorizo. 200 Menschen, kaum Autos, viele Fischer, Handwerker, Künstler. Und eine Schule. Nach nur drei Tagen habe ich einen Job als Tischler. Die Kinder gehen in die griechische Dorfschule. Carola lernt von den alten Fischern die Kräuter der Insel kennen. Fast werden wir heimisch. Aber die Zukunft wird in Deutschland gemacht, und nachdem wir gesehen haben, wie verheerend die Auswirkungen des westlichen Lebensstils im Pazifik und in Asien sind, wo ganze Inselreiche im Müll der sogenannten »Zivilisation« ersticken, fühlen wir uns verantwortlich und wollen uns nicht in unserem griechischen Paradies verstecken.

Carola fliegt allein nach Deutschland auf Erkundungstour. Dann ist mein Schwiegervater am Telefon: Carola liegt auf der Intensivstation. Die Ärzte wissen nicht, ob sie die Nacht überleben wird. Was als kleiner ambulanter Eingriff in einem vermeintlich sicheren Bremer Krankenhaus geplant war, wird (durch den Fehler eines Arztes?) zu einer lebensgefährlichen Verletzung der Aorta mit zweimaliger Notoperation. Nach Stunden gelingt es endlich, die Blutung zu stoppen. Sie überlebt, aber an eine Rückkehr auf unsere Insel ohne Arzt und Krankenhaus ist nicht zu denken. Worauf wir so traumwandlerisch sicher die letzten fünf Jahre verzichten konnten, das brauchen wir jetzt ausgerechnet in Deutschland: Gute medizinische Versorgung vor Ort.

Nach einem Jahr ist Carola soweit wieder hergestellt, dass ich unser Boot aus Griechenland zurücksegeln kann. Es wird die schwerste Etappe der Reise. Kurz vor Bremen kreuze ich allein unseren alten Kurs. Dankbarkeit mischt sich in meine wehmütigen Erinnerungen. Dankbarkeit für die Schönheit der Welt. Und Dankbarkeit für meine mutige Frau. Ohne sie würde ich immer noch in unserer Bremer Wohnung sitzen und von der großen Freiheit träumen.

Ben Hadamovsky

Das Buch zur Reise: »*Mit allen Wassern gewaschen*« unter
www.hadamovsky.de

Ruf des Ozeans

Interview mit dem Wiener Lehrerpaar Evi Strahser und Wolfgang Wirtl, die mit ihrem Katamaran »Sleipnir2« in drei Jahren die Welt umsegelten

© *Alexander Reeh*

Frau Strahser, Herr Wirtl, Sie haben das gewagt, wovon viele nur träumen: eine Weltumsegelung. Was hat Sie gemeinsam zu diesem Abenteuer bewogen? Gab es ein ausschlaggebendes Erlebnis?

Wir sind beide immer schon sehr reiselustig gewesen und haben bereits, bevor wir einander kennengelernt haben, weite Reisen in exotische Gebiete unternommen. Gemeinsam haben wir dann mit dem Rucksack einige exotische Länder bereist. Was uns außerdem verbindet, ist die Liebe zum Meer und zum Leben auf dem Wasser.

Eigentlich gab es kein ausschlaggebendes Erlebnis, an dem der Entschluss zu unserer Weltumsegelung gefasst wurde, es war eher ein langsamer Prozess.

Als Lehrer hat man die Möglichkeit eines Sabbatical-Jahres und diese Auszeit wollten wir uns beide einmal gönnen, um zu reisen – in welcher Form wussten wir anfangs allerdings noch nicht. Wir haben mit Freunden immer wieder Segelboote für ein bis zwei Wochen gechartert, was uns schlussendlich auf die Idee brachte, dass man mit dem eigenen Schiff eine längere Reise unternehmen könnte.

2001 haben wir unseren Katamaran »Sleipnir 2« in England gekauft und sind 2002 zu einer einjährigen Segelreise in die Karibik und wieder zurück, einer sogenannten Atlantikrunde, gestartet. Bereits vor Abschluss dieser Reise stand der Entschluss fest, wieder aufbrechen zu wollen, beim nächsten Mal allerdings für eine längere Zeit.

Wie lange hat die Zeitspanne von Ihrem definitiven Entschluss bis zum Antritt der Reise gedauert?

Im Sommer 2003 sind wir von unserer ersten Segelreise zurückgekommen. Es stand sofort fest, dass wir einen Zeitraum von vier Jahren benötigen, um entsprechend Geld zu verdienen und den Kat nach den erworbenen Erfahrungen ein wenig umzurüsten.

Sie waren ziemlich genau drei Jahre unterwegs. Wie lässt sich eine solche doch lange Auszeit mit dem Beruf vereinbaren?

Da wir beide Lehrer an einer allgemeinbildenden höheren Schule sind, war es möglich, ein Sabbatical-Jahr und danach zwei unbezahlte Freijahre – in denen wir weder krankenversichert waren, noch ein Gehalt bezogen haben – zu nehmen.

Wir haben beim Sabbatical-Jahr die Dreijahres-Variante gewählt – das heißt, wir haben zwei Jahre vor Antritt der Reise voll gearbeitet, aber nur 66% verdient, dafür haben wir im ersten Jahr unserer Weltumsegelung ebenfalls 66% Gehalt bekommen und waren auch krankenversichert.

Unsere Arbeitsplätze an den jeweiligen Schulen waren Gott sei Dank gesichert, mit unseren Direktoren gab es vor Reiseantritt ausführliche Gespräche.

Und in dieser Zeit den Kontakt aufrecht zu erhalten mit den Menschen und der Familie zu Hause, war sicher auch nicht ganz einfach? Wie haben Sie das geschafft?

Wir hatten an Bord eine Kurzwellenanlage mit Pactor, eine Art Modem, wodurch wir Emails empfangen und verschicken konnten, außerdem haben wir damit auch Wetterinformationen bekommen. Die Amateurfunklizenz hat uns diesbezüglich ein breites Spektrum an Möglichkeiten geboten. Internet hatten wir an Bord allerdings nicht.

An manchen Ankerplätzen gibt es mittlerweile Internetzugang über WLAN, was sehr praktisch ist, da man im Cockpit sitzend surfen kann, ohne sein Schiff verlassen zu müssen. An solchen Orten konnten wir unserer Familie und unseren Freunden ausgiebig mailen und manchmal – wenn der Empfang gut war – sogar skypen. Wir haben uns dafür eine sehr starke externe Antenne zugelegt. Hier war es uns auch möglich, unserem Webmaster Fotos etc. zu schicken, um unsere Website upzudaten. Durch die Website haben wir die Reise ausführlich dokumentiert und hatten zeitweise mehr als 200 Besucher täglich. Außerdem haben wir des Öfteren auch Internetcafés besucht und in manchen Ländern, in denen wir uns länger aufhielten, SIM-Karten für unsere Handys gekauft.

Gab es vor Reiseantritt Ängste, Befürchtungen, die sich als berechtigt herausgestellt haben – sei es jetzt die Reise selbst betreffend, als auch die Ereignisse zu Hause während Ihrer Abwesenheit?

Nach den Erfahrungen unserer Atlantikrunde hatten wir seine sehr realistische Einschätzung hinsichtlich dieses Abenteuers und haben unseren 3-jährigen Ausstieg akribisch vorbereitet. Leider gab es während unserer Abwesenheit unerwartete Todesfälle innerhalb der Familie und des engsten Bekanntenkreises. Vereinzelt haben uns auch Menschen, die wir als absolut verlässlich und loyal eingeschätzt hatten, völlig überraschend enttäuscht und unsere Abwesenheit genutzt, um uns zu hintergehen.

Eine Weltreise über einen solchen Zeitraum ist ja auch mit erheblichen Kosten verbunden. Wie finanziert man sich so eine Weltreise? Konnten Sie von Ihrem Vorhaben auch Sponsoren überzeugen?

Nachdem wir kinderlos und frei von Schulden sind, konnten wir die notwendigen Beträge ansparen. Wir haben viele Jahre eisern gespart, haben uns keine Urlaube gegönnt, sind nicht essen gegangen, haben keine neue Kleidung etc. gekauft. Wenn man ein solches Ziel vor Augen hat, fällt das Sparen darauf eigentlich nicht so schwer.

Um Sponsoren haben wir uns nie bemüht, weil wir nicht die notwendige Zeit und Energie dafür aufbringen konnten. Dafür bemühen wir uns seit Sommer 2011, für unsere zweiteilige Multivisionsshow »Ruf des Ozeans«, die ein paar Jahre laufen soll, Unterstützung zu finden.

Lässt sich für so ein Vorhaben eine realistische Kosteneinschätzung machen?

Eine solide Kosteneinschätzung plus 50% Aufschlag gibt in der Regel die richtige Größenordnung.

Welche Erfahrungen und Erlebnisse während dieser Weltumsegelung zählen zu Ihren schönsten und wertvollsten?

Dazu zählen grundsätzlich die Begegnungen mit so vielen unterschiedlichen, interessanten Menschen, die San Blas Inseln mit den einzigartigen Kuna-Indianern, die Unterwasserwelt der Los Roques (Venezuela) und der Tuamotos (Franz.Polynesien), die endemische Flora und Fauna der Galapagos Inseln (Equador), unsere Hochzeit barfuß am Strand von Malolo Lailai/Fiji Inseln, die »Land Divers« in Pentecost/Vanuatu, nahezu jungsteinzeitliche Kulturen in den Banks Inseln und später in Papua Neuguinea, das Kulturfestival in Mount Hagen/Highlands von PNG mit 160 verschiedenen Stämmen, die Flussfahrt durch den Regenwald von Borneo (Indonesien) mit freilebenden Orang Utans, Nasenaffen und Gibbons.

Und zu den weniger schönen?

Die Zitterfahrt mit dem nach einer Baumstammkollision leckgeschlagenen Katamaran: 1100 Seemeilen von den Galapagos auf die Marquesas Inseln (nach Fatu Hiva), Evis schwere Verletzung an der rechten Hand durch eine runterfallende Kiste zwei Tagesreisen vor den Komodo Inseln, Wolfgangs fast-über-Bord-Gehen in der Straße von Malakka, den Konvoi durch das Piraten Gebiet im Golf von Aden.

Viele gewohnte Annehmlichkeiten, aber auch die medizinische Versorgung, sind bei so einer Weltreise wohl nicht immer gegeben. Hatten Sie in dieser Hinsicht Probleme?

Wenn man eine Weltumsegelung antritt, verzichtet man bewusst auf die zur Selbstverständlichkeit gewordenen Annehmlichkeiten des Alltags. Gerade darum geht es vielleicht auch, sich zu vergegenwärtigen, in welchem Luxus wir – unter Aufgabe unserer Freiheit – leben.

Unsere medizinische Versorgung war dank der Unterstützung vieler befreundeter Ärzte, die Medikamente für uns sammelten, exzellent. Darüber hinaus hat Evi einen »Medizin an Bord«-Kurs noch in Wien besucht, und wir wurden von Freunden in die verschiedenen Techniken der Wundversorgung eingeführt.

Wir hatten während der Reise immer wieder Verletzungen und Erkrankungen, die wir zum größten Teil selbst behandeln konnten/mussten. Im schwersten Fall eine Handverletzung Evis, deren Auswirkungen leider bis heute sichtbar sind.

Glücklicherweise konnten wir in Papua und Vanuatu in einigen entlegenen Dörfern grundlegende medizinische Versorgung gewährleisten.

Welche Auswirkungen hat Ihr Abenteuer auf Ihre heutige Arbeit, auf Ihr heutiges Leben?

Zunächst sind wir ruhiger und abgeklärter geworden, haben enorm viel Selbstvertrauen in uns und unsere Fähigkeiten bekommen und müssen uns daher weniger selbst beweisen. Der Zeitfaktor wird nicht mehr zum Stressfaktor, wir gehen an die meisten Dinge des Lebens deutlich entspannter heran – dies betrifft natürlich auch unsere eigentliche Arbeit als Lehrer.

Können Sie auch Ihren Schülern davon etwas weitergeben?

Wir konzentrieren uns in unserer Unterrichtsarbeit weitgehend auf unsere jeweiligen Fächer und trennen grundsätzlich Privates von Beruflichem. Mit unseren Schülern sprechen wir daher über unsere außerschulischen Aktivitäten wenig. Dennoch wissen die meisten Schüler über die Reise Bescheid.

Die Rückkehr von einsamen oder dünn besiedelten Inseln, von der Zweisamkeit auf Ihrem Katamaran in eine größere Stadt wie Wien mit all ihren Infrastrukturen – wie war das für Sie? Eine Art »Schock« oder verbunden mit großer Freude und Zufriedenheit?

Dazu ein Zitat aus unserem Buch:

»Waschmaschine, Geschirrspüler, Mikrowellenherd, fließendes (warmes) Wasser oder Toilettenspülung auf Knopfdruck erleben wir angenehm, fast als dekadenten Luxus, aber das Leben auf dem Wasser im Einklang mit der Natur lässt die »Enge« der Stadt deutlicher spüren, und so ist die Wahrnehmung unseres Umfeldes nicht mehr die gleiche.

Versicherungen und Banken scheinen verstärkt mit subtiler Indoktrination von Furchtszenarien das Leben vieler Menschen zu steuern und weitgehend auf die Pension ausrichten zu wollen – das Hier und Jetzt gerät allzu leicht in den Hintergrund. Wir hoffen, uns davon möglichst abschirmen zu können und, dass wir mehr Träume haben, als uns die Realität nehmen kann.«

Der Wiedereinstieg ins Berufsleben stellt manche Aussteiger vor eine große Herausforderung, u.a. weil sie das straffe Zeitkorsett eines Arbeitsalltags nicht mehr gewohnt sind. Wie war für Sie der Wiedereinstieg?

Beim Wiedereinstieg in die Arbeitswelt des Schulalltages haben wir die gewohnte Routine vermisst, wir haben umständlich, ineffizient gearbeitet, und die für den Beruf so wichtige Eloquenz und Schlagfertigkeit war ein wenig eingerostet.

Wir waren aber offen gestanden sehr froh, in die Sicherheit unserer alten Berufe zurückkehren zu können. Das treffend formulierte enge Zeitkorsett und der frühmorgendliche Wecker sind für uns eine enorme Umstellung, ebenso wie das Fremd bestimmt sein nach drei Jahren auf See.

Wenn Sie mit Ihrem heutigen Wissen und Ihren Erfahrungen die Zeit nochmals vor Reiseantritt zurückdrehen könnten, was würden Sie heute anders machen – auch in Bezug auf die Reise selbst?

Um eine Weltumsegelung richtig genießen zu können, scheinen uns sechs Jahre notwendig, daher würden wir eine längere Zeitspanne für eine solche Reise einplanen.

Außerdem würden wir versuchen, die Verwaltung unserer Obliegenheiten daheim verstärkt selbst zu organisieren – keinesfalls würden wir sie noch einmal in fremde Hände legen.

Hätten Sie sich nicht kennengelernt, würden Sie auch alleine eine solche Reise über diesen Zeitraum wagen?

Diese Frage ist schwer zu beantworten, grundsätzlich war das Schiff und die damit verbundene Reise stets ein gemeinsames Projekt. Die positiven und negativen Erlebnisse mit dem Partner zu teilen, war wesentlich – wir würden dies nicht missen wollen.

Haben Sie eine nächste größere Reise geplant?

Ein nächstes großes Segelprojekt steht mit Wolfgangs endgültigem Berufsausstieg in Planung – Evi ist neun Jahre jünger. Nach Kauf eines neuen Katamarans könnten wir uns vorstellen, längere Zeit in der westlichen Karibik zu verbringen.

Wenn sich nun auch unter meinen Lesern jemand dazu entschließt, eine berufliche Auszeit zu nehmen – es muss ja nicht gleich eine Weltumsegelung sein – welche Tipps haben Sie für ihn bzw. für sie?

Ratschläge richten sich weitgehend nach den individuellen Voraussetzungen und Vorstellungen, die ja zum Glück unterschiedlicher nicht sein könnten. Daher ist es für uns fraglich, inwieweit es sinnvoll ist, generelle Tipps aufzulisten.

Interview: Burkhard Heidenberger, www.zeitblüten.com

Epilog aus dem Buch »Ruf des Ozeans«:

Wir sind wieder zu Hause in unserer Wohnung im äußersten Westen von Wien und schauen aus den Fenstern auf den nebelverhangenen Wolfersberg. Es nieselt bei 6°C – plus wohlgemerkt -, und die Blätter der Bäume sind längst in die Farben des Herbstes getaucht, sofern sie nicht bereits abgefallen sind. Unsere Gedanken schwenken zurück auf die abgelaufenen drei Jahre, auf die unbeschwerte Fröhlichkeit der Cook-Insulaner auf Aitutaki beispielsweise, mit der einzigartigen türkisgrünen Lagune – aber auch mit dem unbequemen Ankerplatz vor dem Arutunga-Pass.

Die ersten Monate sind vollkommen ausgelastet, unser Leben in Österreich wieder in die Gänge zu bringen. Der Pegelstand der Haushaltskasse ist noch unbefriedigend tief, und wochenlang karren wir Kisten, Taschen und Kartons in die Wohnung, der wir nach den Jahren der Vermietung wieder unseren Stempel aufzudrücken versuchen, und die wir Tag für Tag ein wenig mehr nach unseren Vorstellungen gestalten. (…)

Die vergangenen zehn Jahre waren bestimmt von der Ambivalenz zwischen dem bequemen, abgesicherten Leben von Angestellten der Republik Österreich, dessen Preis die Enge und Unselbstständigkeit eines weisungsgebundenen Dienstnehmers ist, und dem eigenverantwortlichen, selbstbestimmten Reisen auf den Ozeanen, nur dem eigenen Fahrplan sowie dem Wind und Wettergeschehen gehorchend. Klischees natürlich, denn so wenig wie der Wind frei weht, sondern – Naturgesetzen folgend – von der Corioliskraft abgelenkt zwischen den Gradienten bläst, lässt sich auch die Abhängigkeit des Segelreisenden von den verschiedensten Gegebenheiten nicht leugnen – letztlich ist man vermutlich nicht freier, aber beweglicher…

Wir waren Pendler zwischen zwei Welten, wollen keine der beiden Lebensformen missen, könnten die eine ohne die andere nur schwer ertragen. Seit 18 Jahren leben wir zusammen, viereinhalb Jahre davon auf Sleipnir 2, wodurch doch eine gewisse Affinität zum Landleben deutlich wird – trotzdem, nahezu die Hälfte der abgelaufenen zehn Jahre haben wir auf unserem Katamaran verbracht. Um frei für ein Segelabenteuer zu werden, haben wir zweimal das engmaschige soziale Netz, das uns quasi wie ein Kokon umgibt, aufgeknüpft. Versponnen in diesem Kokon fühlen wir Geborgenheit, sind scheinbar eingebettet in jedwede Sicherheit, allerdings unter Aufgabe unserer Bewegungsfreiheit. Als würde gerade der Kopf aus dieser Hülle hervorlugen, sehen wir zwar, was um uns herum passiert – etwa durch den Fernsehapparat – können aber kaum daran teilhaben. Legen wir den schützenden Panzer ab, gehen wir ein kleines Risiko ein, werden aber nur so frei und Herrscher über unsere eigene Zeit.

»Was bleibt von so einer Reise?«, werden wir oft gefragt. Die Antwort ist einfach und doch wieder nicht. Der Philosoph Hermann Graf Keyserling formulierte einst: »Der kürzeste Weg zu sich selbst führt um die Welt herum …«

Ein gewisses Maß an Ruhe und die Fähigkeit, den alltäglichen Dingen des Lebens gelassener entgegenzutreten, ihnen nur die notwendige Bedeutung beizumessen. Natürlich auch sehr viel Selbstbewusstsein, etwas Besonderes gemacht, einen Traum in die Tat umgesetzt und sich gegen die anerzogenen Ängste vor der Zukunft gestellt zu haben. Wir waren Gestalter und nicht Passagiere unseres eigenen Schicksals, haben das Wartezimmer Leben verlassen, um es selbst in die sprichwörtliche Hand zu nehmen.

Trotz aller Eingliederungsprobleme spüren wir eine Zufriedenheit, dem latent gelehrten Bedürfnisaufschub unserer Ankündigungsgesellschaft nicht Folge geleistet zu haben. Schon in jungen Jahren wird uns ja gerne das trügerische Gefühl von Mitentscheidung vermittelt – Ziele werden vorgegeben, die selten die eigenen sind, denen wir unreflektiert, wie der Hase hinter der Karotte, nachhetzen, ohne diese jemals zu erreichen – und eben noch schlimmer, selten hinterfragen, ob sich diese Hetzjagd überhaupt lohnt. Es bleibt aber auch die Sehnsucht nach dem Reisen über die Meere, wodurch wir erfahren durften, dass es auch andere als die scheinbar zwingend vorgegebenen Pfade gibt – quasi der Ruf des Ozeans nach einer anderen Lebensform, die unser Dasein so sehr bereichern kann.

Wir hoffen, dass wir uns vom monotonen Rhythmus des Montag-bis-Freitag-Denkens mit anschließendem Wochenende abschirmen können, und dass wir mehr Träume haben, als uns die Realität nehmen kann – so wie es Seelenverwandte treffend formuliert haben. Eines Tages brechen wir wieder mit einem Katamaran zu einem Leben auf dem Wasser auf – dieses Boot wird dann erneut unser Mikrokosmos sein …

Das spannende Buch zu dieser Weltumsegelung *»Ruf des Ozeans«* (erschienen im Weishaupt Verlag) gibt es bei Amazon oder unter www.sleipnir2.at

Vom Operationssaal zu den Mönchen

Ein Schweizer Chefarzt berichtet über seine Auszeit in der Mönchsrepublik Athos/Griechenland

Das Sabbatjahr bezeichnet ein in der Tora beschriebenes göttliches Gebot, ein Gesetz zum Schutz der Schöpfung, auch des Schutzes vor Raffgier und menschlicher Schwäche. Es fordert zur Ruhe und zum Innehalten auf – Ermahnungen, die in der heute stark leistungsorientierten Gesellschaft sehr fremd klingen mögen. Für mich persönlich war ein Aufenthalt in der Mönchsrepublik Athos in Griechenland der Höhepunkt meines mehrmonatigen Sabbaticals, das ich vor wenigen Jahren genießen durfte.

Der heilige Berg Athos ist eine orthodoxe Mönchsrepublik mit autonomem Status unter griechischer Souveränität. Der Zutritt zum Berg Athos ist Frauen grundsätzlich verwehrt. Ein Grund dafür ist wohl der Wunsch der Mönche, von optischen sexuellen Reizen unbeeinflusst zu leben und sich ungestörter Gottesverehrung widmen zu können. Selbst weibliche Tiere sind vom Verbot betroffen, allerdings wiegen gewisse praktische Notwendigkeiten schwerer: Mönche, die Ikonen malen, benötigen für ihre Arbeit frischen Eidotter und dürfen daher als einzige Hühner halten. Außerdem sind Katzen erlaubt, um die mönchischen Siedlungen frei von Mäusen, Ratten und Schlangen zu halten. Männliche, nicht-orthodoxe Besucher benötigen ein Visum, das mehrere Monate im Voraus beantragt werden muss – bewilligt wird in der Regel nur ein Aufenthalt von knapp einer Woche. Ein Aufenthalt in der Mönchsrepublik muss gut geplant und vorbereitet sein.

Zeit zum Nachdenken

Zusammen mit drei Weggefährten habe ich mich auf diese Reise vorbereitet. Das Erlebnis war einmalig – vorwiegend zu Fuß haben wir einige der 20 Großklöster, die Teile des UNESCO-Welterbes sind, besucht. Neben unbeschreiblichen Naturerlebnissen haben wir bruchstückhaft miterlebt, was das Leben im orthodoxen Kloster bedeutet. Als Tourist ist man automatisch Gast des Klosters, gleichzeitig aber auch Pilger. Entsprechend darf man im zugeteilten Schlafsaal übernachten und gemeinsam mit den Mönchen, bei gesprochenem Gebet, die eher frugalen Mahlzeiten im Refektorium einnehmen. Zu den meist mehrstündigen Gottesdiensten in den Klöstern ist jeder herzlich eingeladen, allerdings müssen Angehörige nichtorthodoxen Glaubens im Vorraum der Kirche verharren. Besonders hier hat man viel Zeit zum Nachdenken und Innehalten. Ruhe und Meditation lösen hier das sonst dominierende Effizienz- und Leistungsdenken ab. Gleichzeitig gab mir dieser Aufenthalt mit außergewöhnlichen Erlebnissen auch die Möglichkeit, drei Menschen näher kennenzulernen, die ich vorher eigentlich nur flüchtig kannte. Besonders spannend war für mich auch die Tatsache, dass ich damit Freunde gewonnen habe, die beruflich gar nichts mit der Medizin zu tun haben.

Athos bildete ganz klar den Höhepunkt meines Sabbaticals – daneben gab es aber auch eine ganze Reihe von weiteren prägenden Erlebnissen, die meine viermonatige Auszeit kennzeichneten. Selbstverständlich habe ich mich auch chirurgisch fortgebildet – ohne diesen direkt greifbaren medizinischen Inhalt wäre mein Sabbatical vonseiten des Verwaltungsrates des Spitals gar nicht bewilligt worden. Im Rahmen von zwei 14-tägigen Gastarzt-Aufenthalten an Spezialkliniken für kolorektale Chirurgie habe ich fachlich viel profitieren können. Daneben habe ich teilweise hautnah miterlebt, wie einerseits KollegInnen und andererseits PatientInnen in andere Gesundheitssysteme eingebettet sind – das National Health Service (NHS) und der Einblick in die Arbeit an einer deutschen Universitätsklinik waren geeignet, sehr kontrastreiche Eindrücke zu vermitteln: Behandlungsqualität, Patientensicherheit und Behandlungsabläufe sowie Hierarchie, Weiterbildungsqualität, Entlohnung und Lebensqualität sind nur ein paar wichtige Parameter, die zum Nachdenken Anlass gegeben haben. Neben fachlichen, organisatorischen und gesundheitspolitischen Inputs vermochten diese Aufenthalte auch immer wieder die im chirurgischen Alltag eines Chefarztes teilweise als sehr anstrengend und mühsam empfundene Probleme etwas zu relativieren. Grundsätzlich banale Erkenntnisse wie »So schlecht geht es uns gar nicht« oder »Die kochen auch nur mit Wasser« wirken äußerst wohltuend.

Nabelschnur abgeschnitten

Ich war in der glücklichen Lage, dass für die Dauer meiner Abwesenheit von der Spitaldirektion ein erfahrener (externer) Stellvertreter bewilligt wurde, der dann zusammen mit dem langjährigen Chefarztstellvertreter die Klinik führte. Nach einer einwöchigen Einarbeitungszeit dieses Stellvertreters habe ich das Spital mit einem etwas mulmigen Gefühl verlassen: Es hätte ja noch einige Pendenzen gegeben, die ich vor meiner Abwesenheit dringend regeln wollte und zudem gab es ein paar frisch operierte PatientInnen, die mir am Herzen lagen. Deswegen habe ich mich nach ein paar Tagen telefonisch gemeldet, um nach dem Stand der Dinge zu fragen. Ich bekam eine eher knappe und zugegebenermaßen auch etwas brüske Antwort: »Es geht alles gut, ich glaube Du musst nicht mehr anrufen…«. Damit war die »Nabelschnur« zum Spital endgültig durchtrennt und ich musste mich auf einen anderen Alltag einstellen, was dann aber doch relativ rasch und gut gelang.

Nach meiner Rückkehr stellte ich erleichtert und erfreut fest, dass tatsächlich alles gut gegangen war. Mein Stellvertreter genoss eine hohe Akzeptanz und war beliebt, ja sogar sehr beliebt. Selbstverständlich musste er als »Außenstehender« nicht so viele vielleicht unangenehme Entscheide fällen oder schwierige Mitarbeitergespräche führen. Sehr bald habe ich realisiert, dass es aber auch andere Dinge gab, die ihm Achtung und Wertschätzung verliehen. Glücklicherweise durfte ich in der Folge während mehrerer Wochen mit ihm zusammenarbeiten, da mein langjähriger chirurgischer Partner und Chefarztstellvertreter ebenfalls die Gelegenheit für eine Auszeit bekommen hatte. Während dieser Zeit kam es teilweise zu angeregten und fruchtbaren Diskussionen, bei denen der befreundete Gast und Kollege nicht selten in der Lage war, mir sozusagen von extern gewisse Dinge zu beleuchten oder gar einen Spiegel betreffend meiner Rolle als Chefarzt vorzuhalten. Hier sei nur ein Beispiel erwähnt: Während ich früher im Schnellzugtempo die Chefarztvisite abspulte und dabei eigentlich am Schluss immer selbst frustriert war, pflege ich diesen Akt heute sehr viel intensiver und bewusster als wichtigen Moment für Teaching und Kommunikation. Gleichzeitig bemühe ich mich vermehrt darum, ein einfühlsamer Ratgeber für PatientInnen und ein Vorbild für MitarbeiterInnen zu sein.

Fazit und Ausblick

Rückblickend hat mir das Sabbatical vor allem eins gegeben, nämlich Zeit – Zeit für die Familie und auch einmal Zeit für mich selbst, Zeit zum Innehalten. Daran muss man sich zuerst gewöhnen – nach jahrelangem ziel- und karriereorientiertem Dauerlauf ist dies nicht ganz einfach. Ruhe und die Halbinsel Athos haben mir dabei geholfen. Ohne Zeit geht nichts – nur sie erlaubt es, sich auch an heiklere Fragen heranzuwagen, wie zum Beispiel: »Was habe ich bis jetzt gemacht oder erreicht« oder »Soll es genauso oder anders weitergehen?« Fast vier Jahre später gibt mir die Realität folgende Antwort: »Das bisher Erreichte ist gut und prinzipiell geht es auf dem gleichen Wege weiter«. In der Zwischenzeit habe ich aber einige Veränderungen des beruflichen und persönlichen Lebensstils vorgenommen und gelegentlich nehme ich mir auch bewusst Zeit für ein »Mini-Sabbatical«.

Aus eigener Erfahrung ist ein Weg aus dem Operationssaal zu den Mönchen dringend empfehlenswert. Ich gehe davon aus, dass der Alltagstramp grundsätzlich für alle Chirurgen weitgehend identisch ist. Den persönlichen Weg aus dem Operationssaal zu einem erfolgreichen Sabbatical muss sich jedoch jeder selbst suchen und gestalten – es lohnt sich!

Prof. Dr. Gian A. Melcher, Swiss Knife, Mitgliedermagazin der Schweizerischen Gesellschaft für Chirurgie

Stille Einkehr im Kloster

Ein Erfahrungsbericht von Daniela Scholl, die eine Auszeit Agentur leitet

© *Nepomuk Karbacher Bilder.n3po.com*

Ich fahre zum ersten Mal in meinem Leben in ein Kloster. Es ist das Kloster der Dominikanerinnen in Rickenbach bei Luzern. Ich nähere mich in abnehmenden Tempo: ab Frankfurt fährt der schnelle ICE nach Basel, ab dort der deutlich langsamere InterRegio nach Sursee und den Rest des Weges lege ich mit dem Postbus zurück, der mich in Rickenbach am Kirchplatz aus seinem gelben Bauch entlässt.

Das Kloster liegt ländlich am Rande des Ortes Rickenbach. Gleich nebenan ist ein Bauernhof mit Milchwirtschaft, so dass das sanfte Glockengebimmel der Kuhglocken mich durch den Tag und die Nacht begleitet.

Das Gebäude selbst ist ein eher nüchterner Bau aus den 80er Jahren und stimmt rein optisch gar nicht mit den Bildern überein, die ich mir von Klöstern mache. Erstaunlicherweise erleichtert diese architektonische

Tatsache das Ankommen ungemein: das Kloster ist ein ruhiger, aber sehr lebendiger Ort. Es gibt nicht vor, etwas Besonderes zu sein, sondern besticht durch seine Lebensnähe und seine Alltagstauglichkeit. Das Ankommen ist daher einfach: Ich bin für einige Tage ein herzlich willkommener Gast in familiärer Atmosphäre.

Das Abendessen nehmen alle Gäste gemeinsam an großen Tischen sein. Es gibt ein kleines kaltes Buffet mit leckeren Salaten. Und ich weiß sofort, was ein anderer Gast meint, der sagt: »Hier würde es auffallen, wenn jemand nicht zum Essen kommt«. Ich bin Teil einer Gemeinschaft. Es ist nicht aufdringlich, ich habe meine Freiheit, aber es tut mir gut, dass es einen Unterschied macht, ob ich da bin oder nicht. Im Kloster Rickenbach gibt es tägliche Angebote für Gäste und zusätzlich ein festes Programmangebot, welche durch zwei Seelsorger liebevoll erstellt und durchgeführt werden. Ich nehme gleich nach dem Frühstück an einer Stunde Körperarbeit teil. Bei der Eutonie geht es um Körperwahrnehmung und Dasein im Hier und Jetzt, und ich erlebe die Dreiviertelstunde des Einfühlens in mich selbst als sehr wohltuend. Ich will gar nicht mehr aufstehen, sondern (gefühlt) tief eingesunken im flauschigen Teppich verweilen. Danach besteht die Möglichkeit, an einer Meditation teilzunehmen. Ich bin kein besonders gläubiger Mensch und verspüre anfangs eine gewisse Abneigung gegen den Impuls aus dem Buch Jesaja: »Ich habe Dich bei Deinem Namen gerufen« und dem Thema dieser Meditation: »Wer bin ich?«. Doch dann passiert etwas mit mir, das ich gar nicht erwartet habe: während der Kopf noch denkt, dass dieses Angebot vielleicht nicht so zu mir passt, hat ein zweiter Gedankengang angefangen, sich zu entwickeln. »Wie nennen mich die Menschen, welchen Namen geben sie mir?« Und ich merke nicht, wie die Zeit verstreicht, bin voll und ganz gefangen von meinem Gedanken und mentalen Aufzählungen der Namen, die ich von anderen bekomme. Wer bin ich? Vielleicht ist es an der Zeit, darüber tiefer nachzudenken, denn ich habe keine passende Antwort parat, nur Bruchstücke.

Das Mittagessen findet wieder mit allen Gästen statt. Es werden dampfende Schüsseln auf den Tisch gestellt, aus welchen sich alle bedienen. Ganz nach Belieben. Schwester Maria wirbelt wie bei jeder Mahlzeit durch den Raum und spricht mit den Gästen. Sie bietet jedem Gast nach dem Mittagessen einen Kaffee an: »Da legen wir Wert drauf«. Es ist einfach schön, hier zu sein.

Nachmittags habe ich Gelegenheit zum Gespräch mit den beiden Seelsorgern. Gespräche spielen eine wichtige Rolle, wenn Menschen sich mit dem eigenen Ich beschäftigen. Seelsorge als Fürsorge für die Seele, für die eigenen Bedürfnisse. Die beiden Seelsorger im Kloster leben im tiefen Glauben, dass alles seinen Platz hat, alles gut ist, wie es ist. Ich empfinde dieses offene »willkommen Sein« als sehr wohltuend und befreiend. »Ich darf sein, wie ich bin. Und das ist gut so«. Erkenntnis des Tages: Toleranz ist oft dort, wo ich sie nicht erwarte. Erschöpft von den neuen Eindrücken schlafe ich abends zum Geläute der Kuhglocken schnell ein.

Am nächsten Morgen wird meditativer Tanz angeboten. Ich bin eher skeptisch, ob ich mich mit dieser ganzheitlichsten Form des Betens identifizieren kann. Aber Versuch macht klug, und so stehe ich nach dem Frühstück im Aufenthaltsraum und bin gespannt, was mich erwartet. Der Tanz startet mit einer indianischen Weise und zieht mich sofort in seinen Bann. Zu den fremden Klängen brauchen wir uns nur wenige ganz natürliche Schritte und Bewegungen zu merken, wir fließen mit im natürlichen Rhythmus der Musik. Oder ist es mein eigener Rhythmus, der sich mir als ganz natürlich darstellt? Die nachfolgenden Lieder sind quer Beet aus der Populärmusik, anderen Religionen und Kulturen entliehen. Der Zugang dazu fällt mir deutlich schwerer. Die Erkenntnis der Stunde: mein eigener Rhythmus ist der indianischen Weise am nächsten. Und wieder die Frage: Wie bin ich?

Passend dazu gehe ich zur nächsten Meditation, diesmal mit dem Impuls »Gott gibt den Erschöpften Kraft und den Kraftlosen Stärke« und dem Thema »ich bin müde«. Wieder verspüre ich einen inneren Widerstand.

Doch dann zeigt der Seelsorger ein Bild mit einem Säckchen Kartoffeln. Und die Gedanken beginnen zu wirbeln, zu toben. Jeder Mensch trägt ein Säckchen Kartoffeln mit sich herum. Die einen tragen 2 kg kleiner, runder Kartoffeln, die kaum beim Tragen stören. Andere tragen auch einen Sack mit 2 kg, aber darin sind wenige, dafür größere und sperrige Kartoffeln, die beim Tragen deutlich drücken. Manch einer hat mit einem kleinen Säckchen Kartoffeln angefangen und trägt inzwischen einen Zentner Kartoffeln mit sich herum. Jeden Tag. Und ein Zentner Kartoffeln ist auf Dauer zu schwer, selbst, wenn es kleine, runde Kartoffeln sind. Die Kartoffel als Sinnbild des Lebens …. Ich gehe nach der Meditation eine halbe Stunde spazieren und die Kartoffeln haben meine Gedanken weiterhin fest im Griff: jede Kartoffel ist unterschiedlich. Selbst gleiche Sorten haben bei gleichem Gewicht unterschiedliche Formen und Maserungen. Weiß ich eigentlich, welche und wie viele Kartoffeln ich so trage, Tag für Tag? Wann habe ich zum letzten Mal das Säckchen abgenommen, jede einzelne Kartoffel heraus genommen und mich gefragt, wie schwer jede einzelne ist, und ob mich diese oder jene Kartoffel besonders drückt? »Im letzten Urlaub« kommt mir spontan in den Sinn. »Da habe ich das Säckchen einfach daheim gelassen«. Kein Wunder, dass die Erholung nicht lange anhält, wenn ich nach dem Urlaub den Sack wieder schultere und weiter mache wie vorher. Erkenntnis des Tages: Urlaub heißt, Säckchen daheim lassen. Auszeit heißt, sich mit den Kartoffeln zu beschäftigen. Kartoffeln aussortieren. Anders weitermachen als vorher. Mit weniger Last oder einer besseren Verteilung.

Mittags wartet leider schon der gelbe Postbus auf mich und ich nähere mich wieder meinem Alltag. Erkenntnis der kurzen Kloster-Auszeit: Ich brauche einen gewissen Rahmen und Impulse, um meine Gedanken anzustoßen. Zwei Tage sind zu kurz. Auch Reibung schafft Bewegung. Daher: auf ein Wiedersehen, Kloster Rickenbach!

Daniela Scholl

Mönch auf Zeit

In Asien nimmt sich Erik Hausstädtler (40) immer wieder Auszeiten vom hektischen Alltag. Auf einer buddhistischen Klosterinsel hat der Psychologe sein persönliches Refugium gefunden, in das er regelmäßig zurückkehrt

Ausgelöst wurde mein Interesse an Meditationstechniken und Buddhismus durch ein autogenes Training, bei dem ich als Führungskraft in einer Sparkasse mitmachte. Sobald ich meine Augen schloss, spürte ich, dass etwas mit mir passierte. Am Ende lösten die Entspannungsübungen ein Gefühl von innerer Sicherheit und Ruhe aus. Einige Zeit verbrachte ich in einem Schweigekloster im Allgäu und fühlte mich während des stundenlangen Sitzens, als würde ein Vulkan in meinem Inneren ausbrechen. Ich wollte wissen, was für enorme Kräfte da in mir schlummerten und meldete mich zu einem buddhistischen Vipassana-Kurs an. Bei dieser Meditationstechnik wird die Achtsamkeit oder klare Sicht auf die Dinge geschult. Kontinuierliche Selbstbeobachtung beruhigt den Geist.

Meditation erzeugt ein Gefühl von Freiheit, das wurde mir immer klarer. Im Frühjahr 2005 nahm ich mir dann ein halbes Jahr unbezahlten Urlaub und brach nach Asien auf. Im Südwesten Sri Lankas entdeckte ich einen völlig abgeschiedenen Ort, an dem ich meine Meditationspraxis vertiefen konnte. Polgasduwa Island ist eine Klosterinsel, auf der nur buddhistische Mönche leben.

Als Klosterschüler nahm ich am normalen Tagesablauf der Mönche teil. Der Tag beginnt sehr früh, zwischen 5 und 5.30 Uhr stehen alle auf und meditieren. Frühstückszeit ist um 6 Uhr. Bereits um 11.30 Uhr gibt es Mittag, nach 12 Uhr wird nichts mehr gegessen. Da buddhistische Mönche keine materiellen Güter besitzen dürfen, spenden Dorfbewohner die Lebensmittel. Denen bereitet es große Freude, den Mönchen etwas geben zu dürfen. Eine interessante Erfahrung, denn für einen Europäer wäre es ja eher eine Schande, um essen zu betteln. Die meiste Zeit verbringen die Mönche mit Meditation und dem Studium buddhistischer Texte. Abends versammeln sie sich noch zu einer Gruppenmeditation mit Sprechgesängen. Danach geht jeder in sein Kuti, so heißen die Mönchsklausen.

Ich hatte keine Schwierigkeiten mich an das Leben als Mönch zu gewöhnen, denn ich glaube der Mensch braucht feste Regeln. Auf dem Weg zu größerer innerer Freiheit geben sie nur den äußeren Rahmen vor. Das hat meines Wissens Buddha schon gesagt. Ich habe gesehen, dass die Mönche diese Regeln befolgen und ihren Mitmenschen mit sehr viel Wertschätzung begegnen. Das hat mich von Anfang an beeindruckt und hatte Vorbildcharakter. Natürlich hatte ich abends manchmal Hunger. Aber ich wollte mich ja von Konditionierungen, zu denen auch das Essen gehört, lösen und habe das Magenknurren dann einfach aus meiner meditativen Distanz beobachtet.

Sechs Wochen verbrachte ich auf der Klosterinsel. Ursprünglich wollte ich länger bleiben, aber ich musste anderen Gästen Platz machen, denn das Kloster will möglichst vielen Menschen den Aufenthalt als Mönch auf Zeit ermöglichen. Daher reiste ich weiter nach Thailand. Dort belegte ich einen Tai Chi-Kurs und befasste mich weiter mit Meditation. Im Laufe der vergangenen Jahre bin ich dann noch ein paar Mal nach Sri Lanka zurückgekehrt, zuletzt im Februar 2011.

Abgeschiedenheit und Einkehr haben mein Leben nachhaltig verändert. Ich habe gelernt, nicht mehr so schnell Groll gegen Menschen zu hegen, die mich unfreundlich behandeln oder abweisend auf mich wirken. Wer respektvoll zu seinen Mitmenschen ist, bekommt Achtung und Wertschätzung zurück. Durch die regelmäßige Meditation bin ich aber vor allem zu der Erkenntnis gelangt, dass man wahre Befriedigung nicht durch äußere Faktoren wie beispielsweise Geld und materielle Dinge erlangt. Nur das eigene Denken führt zu innerem Frieden. Das stille Klosterleben bildet einen Gegenpol zum geschäftigen Treiben, an das wir im Westen so gewöhnt sind. Man konzentriert sich auf das Sein im Hier und Jetzt.

Durch die Meditationserfahrungen bin ich ausgeglichener geworden und habe Kraft gewonnen für die täglichen Widrigkeiten. Andererseits habe ich irgendwann erkannt, dass sich meine damalige Arbeit nicht mit meinen veränderten Werten vereinbaren ließ. Daher habe ich gekündigt und Psychologie studiert. Nun arbeite ich als selbstständiger Trainer und Coach für Personalentwicklungsthemen. Ich sehe diesen Wandel sehr positiv, denn die Meditation hat mir Auswege aus Abhängigkeit und Fremdbestimmung gezeigt. Mein Mut und meine innere Stärke sind gewachsen, während meine materiellen Ansprüche geschrumpft sind.

Natürlich möchte ich irgendwann gern wieder zu den Mönchen. Die Abgeschiedenheit und Stille sind der ideale Ort, sich auf sich selbst zu besinnen. Auf der anderen Seite gibt es auch in Deutschland immer mehr Möglichkeiten sich zurückzuziehen. Deswegen plane ich eigene Retreats, die losgelöst von einer Tradition und Lehrern sind.

Das auf einer Laguneninsel errichtete Kloster ist hervorragend geeignet, sich als Mönch auf Zeit eine Auszeit vom Alltag zu nehmen. Vor 100 Jahren gründete ein deutscher Mönch auf Polgasduwa die Insel Einsiedelei – wegen der umfangreichen deutsch- und englischsprachigen Bibliothek ist sie der ideale Ort für Westeuropäer, die sich für Buddhismus und Meditation interessieren. Die Aufenthaltsdauer ist auf sechs Wochen begrenzt und nur für Männer möglich. Wer auf Tuchfühlung mit dem Buddhismus gehen will, muss sich schriftlich anmelden, eine Einladung der Klosterleitung abwarten und wird dann mit dem Boot auf die Insel gebracht. Das Kloster erhebt keine Gebühren, Gäste geben eine Spende auf freiwilliger Basis.

Erik Hausstädler

Eremit auf Zeit

Bericht über eine Auszeit im Sinai / Ägypten

© *SKR Reisen, Köln*

Der Flug bringt mich nach Sharm el Sheik an die Südspitze des Sinai. Der Flieger ist voller Familien mit kleinen Kindern. Als ich das Rollfeld betrete, haut es mich fast um. Hier ist die Wüste, und sie ist heiß und unerträglich. Oh je, denke ich, was hast du da bloß gemacht!!

Im Shuttle zum Flughafengebäude wird mir dann schnell klar: Wir haben Feindesland betreten – eine Mutter gibt den Kindern und dem Ehemann lautstark letzte Anweisungen: »Kein Wasser trinken, kein Obst essen, nichts in den Mund stecken, nicht auf die Toilette setzen, Geld gut verstecken…«

In der Halle besorge ich mir rasch ein Visum, tausche Euro in ägyptische Pfund und bin schnell durch die Passkontrolle. Draußen steht dann er erste Beduine, ein Taxifahrer mit einem Schild und einer Flasche kühlem Wasser – und los geht's! Wir fahren zweieinhalb Stunden nach St. Katrin in die Berge. Ich lerne, dass das Licht nur kurz eingeschaltet wird, um dem

Fahrzeug auf der Fahrbahn gegenüber - so denn mal eines kommt - zu signalisieren: »Ich bin da«.

Die erste Nacht verbringe ich in einem Beduinencamp, abseits der größeren Hotels, die es am Katharinenkloster gibt. Es ist herrlich, das Klima ist hier wunderbar, ich bin der einzige Gast und mit einem feinen Abendessen empfängt mich der Reiseleiter Hussein, von dem es heißt, dass er ein wenig Deutsch spricht. Aber er spricht perfekt Deutsch – hat es sich selbst beigebracht, und so können wir alles im Detail besprechen.

Ich habe die Wahl, ich kann meinen Garten oben in den Bergen alleine für mich haben oder aber mit den Besitzern, einem Ehepaar, teilen, die dann am anderen Ende wohnen. Ich entscheide mich für das letztere und am nächsten Morgen geht's los – Gepäck auf dem Kamel – 3 Stunden bergauf auf 1.600 m Höhe zu meinem Platz! Die Landschaft ist karg und friedlich, es sind lauter Granitfelsen und Berge, die je nach Tageszeit grau oder rotgolden aussehen. Skulptur reiht sich an Skulptur und regt zum Staunen an. Dazwischen dann – stets unverhofft – die Gärten der Beduinen, kleine grüne Oasen. Es hat seit 18 Jahren fast nicht mehr geregnet in diesem Land, aber es gibt immer noch Wasser hier oben. In den Gärten wachsen Äpfel, Aprikosen, Mandeln, Feigen, Granatäpfel, Maulbeeren, Wein, Oliven, Tomaten….

Ja, und dann sind wir da: »Mein Garten« wird sichtbar, einen steilen Weg noch runter und Mohamed und seine Frau Selima nehmen mich in Empfang. Erst mal gibt's einen Begrüßungstee – schwarz mit unglaublich viel Zucker – und es wird gelacht, als mir beim ersten Schluck ein lautes »oh« entfährt. Der Garten zieht sich in verschiedenen Ebenen den Berg hoch und oben auf der letzten Ebene wohne ich. Es gibt ein kleines Steinhaus, dort befindet sich das Wasser, und mein Gepäck wird dort bleiben, und es gibt doch tatsächlich – welch unglaublicher Luxus – ein Stehklo und einen nach oben offenen Raum mit einem Schlauch: die Dusche! Ich weiß, dass ich mich hier wohl fühlen werde. So viel Luxus hatte ich nicht erwartet.

Zwanzig Minuten von mir entfernt wohnt noch eine Eremitin, Ursula, 68 Jahre alt. Und in der Mitte zwischen unseren Gärten ist das Logistikzentrum – dort ist ein junger Beduine – auch ein Hussein, der »kleine Hussein«. Er verwaltet die Lebensmittel, ist Ansprechpartner, kocht für mich, wenn ich das möchte, kann Tipps für Wanderungen geben und vieles mehr. Das erste Abendessen findet in diesem »Logistikzentrum« statt. Alle lernen sich kennen, und wir erhalten kurzerhand arabische Namen, da man unsere nicht aussprechen kann. Ich bin Salma und Ursula wird zu Senap. So einfach ist das.

Die nächsten zwei Tage zeigen, dass ich mit der Entscheidung »mit Familie« zu leben gut beraten war: Ich lerne das beduinische Kochen und Essen, den Rhythmus des Tages – »Entschleunigung by doing«. Ich sehe wie meine Gastgeber Tee kochen, wie sie ihm durch Hinzugabe einiger Kräuter vom Wegesrand den unnachahmlichen Geschmack geben, wie sie Brot backen. Ich beobachte ihren sorgfältigen Umgang mit Wasser, staune über ihre Gelassenheit, schweige mit ihnen.

Meine Nächte verbringe ich ausschließlich im Freien, mein wunderbares Moskitonetz, welches wie ein Tunnel meinen Schlafsack umhüllt, gibt mir die notwendige Sicherheit. Ich staune den Sternenhimmel an und wünsche mir bei der fallenden Sternschnuppe noch schnell etwas, bevor ich einschlafe.

Am ersten Tag kommt jede Menge Besuch um mich zu sehen. Das Gartentor geht auf, man nimmt auf dem Boden Platz, es wird Tee gekocht und getrunken und man staunt mich an! Mohamed, mein Nachbar, ist 65 Jahre alt, er hat in Israel studiert und gilt als guter Arzt in der Gegend! Ein Zahnarzt, das verstehe ich, als er mir sein Werkzeug zeigt und – ich gestehe es – ich schicke ein kurzes Gebet gegen Himmel, das mich vor plötzlichem Zahnweh beschützen soll. Selima, meine Gartenbesitzerin, wird am zweiten Tag zu ihrem Bruder gerufen, der sehr krank ist, und sie wird dort bleiben. Mohamed wird noch drei Tage bleiben und dann auch ins Dorf zurückkehren. Unsere Verständigung erfolgt mittels Händen und Füßen, aber ich verstehe, dass er am nächsten Tag einen Ausflug mit mir machen will.

Also geht es am andern Morgen los. Wir wandern abseits der Wege und müssen durch eine kleine steile Schlucht zwischen zwei Felsen. Mohamed klettert mit seinen Gummischlappen vor, rutscht aus, fällt leicht und geschmeidig wieder runter und will nun einen Umweg mit mir machen – aber ich versuche den Aufstieg, schaffe ihn mit meinen Schuhen viel leichter, ziehe erst das Gepäck und dann Mohamed hoch. Mit dieser Tat habe ich mir meinen Ruf als sichere Kletterin erworben, ab jetzt bin ich die, »die Mohamed hochgezogen hat«, ein Ruf, der sich schnell verbreitet, und man lässt mich in den folgenden Tagen beruhigt allein des Weges ziehen.

Irgendwann auf unserer Wanderung setzt mich Mohamed in eine kleine Höhle im Fels, lässt sein Gepäck bei mir und bedeutet mir zu warten. Ich schlafe ein wenig, froh über die Kühle des Schattens… Aber dann, nach 30 Minuten, setzten meine Phantasien ein: Was ist, wenn er mich hier abgesetzt hat? Ich werde nie mehr alleine zum Garten zurück finden! Ich überlege, ob ich eine Nacht hier überleben kann – was ich selbstverständlich kann, weil es nicht kälter als 15 Grad wird. Ob ich vielleicht doch entführt werde, wie so manche Stimmen in Deutschland geunkt hatten? Und plötzlich bin ich hautnah mit den gängigen Klischees vom Orient konfrontiert: Märchenland oder Schurkenstaat! Meine Angst lässt nicht viel Platz für gesunden Menschenverstand. Und ich bin heilfroh, als ich einen Beduinen kommen sehe, und ich bin beschämt als ich sehe, dass es Mohamed ist, der Brennmaterial gesammelt hat, um mir nun zu zeigen, wie man Brot in der Wüste backt – in der Glut!

Es schmeckt herrlich, und ich nehme mir vor, den Vorurteilen keine Chance mehr zu lassen. Ich bin völlig sicher in der wunderbarsten Landschaft der Welt! In den folgenden Tagen wandere ich viel alleine – die Orientierung ist viel leichter als ich geglaubt habe. Ich liebe diese Granitfelsen, es ist so leicht auf ihnen herum zu klettern, sie sind warm und bieten Schatten. Wenn ich den Weg verliere, klettere ich einfach hoch und schau mir das Ganze von oben an. Mein Lieblingsplateau, auf dem ich viele Stunden im Schatten der Felsen verbringe, ist der Beerdigungsplatz der Beduinen. Hier ist es absolut still. Eine Stille, von der ich nicht genug bekommen kann, ein unfassbare Stille, in der ich völlig neue Geräusche wahrnehmen kann: Ich höre, wie sich ein Zeh in meinem Schuh bewegt, wie der Wind in die Wasserflasche fährt und dort singt, ich höre mein Herz schlagen und beim Gehen das Glucksen des Wassers im Rucksack. Wegen dieses Stückchens Erde bin ich gekommen. Die Ruhe erfüllt mich ganz und gar, ich brauche nichts anderes mehr. Es ist so viel Frieden in dieser Landschaft und es geht mir durch den Sinn, dass es kein Wunder ist, dass Moses gerade hier die Gesetzestafeln in Empfang nehmen konnte, nur hier können sie auf ihn gewartet haben.

Im Nachhinein stellt sich heraus, dass es ein Informationssystem gab: Wer immer mich gesehen hat bei meinen Wanderungen, der gab es weiter, so dass der kleine Hussein stets wusste, wo ich so ungefähr gewesen bin. Man hätte mich stets finden können, wenn ich mich tatsächlich verlaufen hätte.

Am Nachmittag vor der Vollmondnacht wandern Ursula und ich mit Hamed, dem Englisch sprechenden Bruder des Reiseleiters, dem kleinen Hussein, einem weiteren Begleiter und zwei Jungen auf den zweithöchsten Berg des Sinai, den Abas Basha, 2.386m hoch. Drei Stunden brauchen wir für den Aufstieg mit großem Gepäck, wir verbringen die Nacht dort. Oben befinden sich die Reste eines Palastes, und ich staune über das einzigartige Panorama. Bergkette reiht sich an Bergkette, ein Blick bis zum Golf von Aqaba, das Ganze im Licht von Sonne und Mond, die sich noch in gleicher Höhe gegenüberstehen, als würde sie ihre Kräfte messen. Dann geht die Sonne unter, warm und weich, und überlässt es dem Mond, unsere Suche nach einem guten Schlafplatz zu begleiten.

Die Nacht hier oben ist kalt, und ich bin froh, einen guten Schlafsack zu haben, dessen Kapuze ich zuziehe und nur einen Spalt für die Nase offen lasse. Die Beduinen verschwinden unter einem Wust von Decken – man kann nicht sehen, wo Kopf oder Fuß ist.

Aber um 4 Uhr hält mich nichts mehr im Schlafsack, die Bergwelt beginnt schon sich zu verändern, und ich will dabei sein, mit allen Sinnen. Ich sehe gegenüber den Mosesberg, der ein wenig niedriger ist als unserer, und ich sehe sich bewegende Lichter. Erst denke ich an Sternschnuppen, aber schnell fällt mir ein, dass Hunderte von Touristen im Morgengrauen diesen Berg besteigen, um den Sonnenaufgang zu bestaunen: Ich sehe die Blitzlichter ihrer Kameras!

Ich freue mich über meinen Luxusplatz, und zwei Stunden später hat die Sonne alles wieder in die Wirklichkeit geholt. Ein eindrucksvolles Erlebnis in der Stille der Bergwelt. Ganz viel Dankbarkeit erfüllt mich.

Seit Samstag der ersten Woche bin ich allein in meinem Garten. Morgens kommt der kleine Hussein, bringt frisches Brot und fragt, ob ich mittags oder abends etwas essen möchte, ob wir zusammen essen wollen, Ursula und ich? Alles ist möglich und es bleibt auch Zeit für alles.

Ich fühle mich wohl allein im Garten. Jetzt kommt kein Besucher mehr. Als Mohamed noch da war, konnte es vorkommen, dass nachts noch jemand im Garten übernachtet hat, der auf dem Weg in die Berge nicht mehr weiter konnte, sich dann eben einfach bei uns ein Schlafplätzchen suchte. Jetzt passiert das auch nicht mehr. Mein Wunsch nach Alleinsein wird respektiert.

In einer der ersten Nächte allein bekomme ich allerdings richtig Angst. Ich höre Schritte in der Nähe meines Schlafplatzes! Ich gerate ein wenig in Panik, bekomme Herzklopfen und … schlafe wieder ein. Die Geräusche wiederholen sich in der folgenden Nacht, und als ich mich traue, richtig hin zu hören, merke ich, dass es ein wilder Esel ist, der den Platz hinter der Mauer regelmäßig aufsucht. Er hätte sicher auch Herzklopfen bekommen, wenn ich plötzlich ein Geräusch gemacht hätte.

Mit dem kleinen Hussein machen Ursula und ich zwei gemeinsame Wanderungen, die sehr schön sind. Sie führen uns durch Gebiete, die wir alleine nicht hätten erforschen können. Einmal besuchen wir einen kleinen Garten, bei dem es einen Swimmingpool gibt – unglaublich – aber unter zwei

Palmen ist ein kleines Becken, und wir können schwimmen. Das Wasser ist herrlich, und wir bekommen sogar einen Tee an den Beckenrand serviert! In einer Felsnische sitzt ein Beduine, der auf das Becken aufpasst. Hussein unterhält sich mit ihm, solange wir schwimmen. Später sehen wir, dass der Besitzer des Pools ein Handy hat: Man muss auf eine wackelige Öltonne steigen und dann höher auf einen alten Kanister und da hängt im Baum fixiert mit Schnüren ein Handy, welches nur an dieser Stelle Empfang hat. Mein iPhone hat dort keinen Empfang, aber der Beduine würde mit mir tauschen – mein iPhone gegen seinen Garten! Ich hatte ihm die Funktionen vorher erklärt.

Beim zweiten Ausflug zeigt uns Hussein, wo er geboren ist. Wieder ein Stück die Berge hoch, und dann sind Ruinen von Häusern erkennbar. In seinem Haus gibt es noch einen Raum, der bewohnbar ist, und hier kocht er uns Tee, wie es hier üblich ist: in einer alten Konservendose, die findet man am Wegesrand. Wir verschlafen die Mittagshitze im Schatten des Raumes, genießen die grandiose Aussicht und haben einen wunderschönen Abstieg. Ich fühle mich sehr reich beschenkt von diesen Menschen und ihrer Großzügigkeit, uns die schönsten Plätze mit größter Selbstverständlichkeit zu zeigen.

In meinem Garten gibt es einen Platz, der ab 16.30 Uhr im Schatten liegt und der Aussicht über das ganze Tal bietet – mit Blick auf den höchsten Berg: Gabel St. Katrin mit 2.600m. Hier sitze ich oft und gern. Manchmal reitet jemand auf einem Kamel vorbei – das Kamel in der Farbe des Granits, das Gepäck bunt und vielfältig. Einen Reiter kenne ich schon, er kommt jeden Tag vorbei, er ist jung und hat einen Radiorekorder am Kamel hängen, aus dem laute arabische Musik tönt. Hier ist alles möglich!

Am vorletzten Tag steigen wir wieder hinunter ins Dorf, und ich mache mit Ursula noch einen »Stadtbummel«. In einer kleinen Bar, in der natürlich nur Männer sitzen, bestellen wir einen Kaffee und erhalten den besten der Welt: Er ist mit Kardamom gewürzt, stark und süß! Die Frage nach Zucker

– »Sukaran?« – können wir schon auf Arabisch mit »schweija« (wenig) beantworten. Einfach herrlich!

Am anderen Morgen habe ich noch Zeit, alleine das Katharinenkloster zu besichtigen, und als ich dort im Schatten sitze und sehe, wie die Busse Reisegruppen aus Russland ausspucken, denke ich intensiv über ein Verschleierungs-Gebot für Touristen nach!

Es war eine wunderbare Reise, diese meine Reise, ich hatte Zeit, den Granitfelsen zuzuschauen und zuzuhören, sie erzählen Geschichten – erstaunlich oft solche mit biblischen Inhalten. Ich habe die leckersten Maulbeeren gegessen, die aromatischten Aprikosen. Alleinsein in Stille ist etwas, das süchtig machen kann – aber auch der offene Austausch mit Menschen, die mir begegneten, war großartig. Kulturen müssen sich bereichern – wir sollten uns nicht erzählen lassen, dass sie sich bekämpfen müssen.

Eine Szene in meinem Schlafsack mit Moskitonetz: Die Mücken schwirren um mich herum, keine 10 cm von mir entfernt – sie surren laut und wollen mein Blut, aber es berührt mich nicht. Ich bin in völliger Sicherheit, ich ruhe in mir selbst. Das will ich mitnehmen in meinen Alltag, dieses Gefühl, diese Ruhe den Stürmen des Lebens gegenüber – Raha fil bal – Ruhe im Gemüt.

Antonie Dauben-Frings

Auszeit auf der Fußmatte

Apothekerin Petra Groben: »Von der Überholspur herunter«

Petra Groben hat sich ausgesperrt. Ihr Mann kommt erst später. Und auch die Nachbarn mit dem Ersatzschlüssel sind nicht zu Hause. Petra Groben steht vor ihrem Haus in Bonn, und nichts geht mehr. Alle Pläne für den Abend geraten plötzlich durcheinander. Sie wollte sich umziehen und noch ein bisschen vorbereiten auf das Treffen, bei dem sie über ihre Art der Auszeit erzählen soll. Doch jetzt steht sie vor dem Haus und kommt nicht hinein.

Es gab eine Zeit, da hätte so eine unvorhergesehene Situation, die sie zum Nichtstun zwingt, Groben in den Wahnsinn getrieben. Heute bleibt sie gelassen. Sie nimmt die Fußmatte vor der Eingangstür, legt sie auf die Treppe, setzt sich darauf – und meditiert. Eine bessere Vorstellung, um darüber zu reden, gibt es wohl kaum.

Petra Groben ist 47 Jahre alt, eine zierliche Frau, Besitzerin zweier Apotheken in Koblenz. Früher war Groben mal Leichtathletin, ihre Disziplin war der Sprint. So wie bis vor einigen Jahren ihr Leben. »Die Langsamkeit fehlte mir, ich war immer nur schnell, schnell, schnell«, sagt Groben. Sie hat immer nur gearbeitet. Erst in Festanstellung. Dann als ihr eigener Chef, seit 16 Jahren inzwischen. Erst mit einer, heute mit zwei Apotheken. Ruhe gönnte sie sich selten, schon den Weg zur Straßenbahnhaltestelle legte sie am Morgen im Schnellschritt zurück.

Muss das Leben so sein? Diese Frage trieb Groben immer häufiger um, je älter sie wurde. Ihr Geist begann, sich nach Auszeiten zu sehnen, nach Pausen in diesem hektischen Alltag. Nach einem tieferen Sinn. Sie machte sich auf eine spirituelle Suche und fand die Meditation. Abschließende Antworten hat sie noch nicht gefunden. »Ich bin eine Suchende«, sagt Groben, »und erst am Anfang meines Weges.« Ihre christlichen Wertevorstellungen seien im Job immer wieder an ihre Grenzen gestoßen. Deshalb suchte sie nach einer Möglichkeit, ihre Spiritualität im Alltag umzusetzen. »Ich wollte das leben, was ich glaube«, sagt sie.

»Jede Lebensmitte ist auch eine Krise«, erklärt Groben. Sie ist gläubige Christin, schon immer gewesen. Doch jenseits der 40 begann sie, intensiver nach dem Sinn des Lebens zu suchen. Eine wichtige Rolle spielte dabei ein Buch, das ihr eine Freundin schenkte: »Mit Herz und allen Sinnen«. Dessen Autor ist der Benediktinerpater Anselm Grün. Hartnäckig bemühte sich Groben daraufhin um einen Platz in einem der ständig ausgebuchten Seminare von Grün. Erst 2003 war es endlich so weit, sie reiste für einige Tage ins Koster in Münsterschwarzach.

Groben war begeistert. Sie sagt: »Anselm Grün ist ein Mensch, der durch sein Sein wirkt. Er strahlt unheimlich viel aus.« Sie kam immer wieder. Die Seminare im Haus Benedikt in Würzburg wurden für sie zu dringend nötigen Auszeiten. Irgendwann reichten ihr diese verlängerten Wochenenden im Kloster aber nicht mehr aus. Sie wollte auch im Alltag raus aus der Hektik. Und so fing sie an, ihr Leben umzustellen.

Heute beginnen Grobens Tage mit einer guten halben Stunde Zeit für sich selbst. Ihr Wecker klingelt um 5.30 Uhr. Zeit für die Meditation. Und für ein kleines Gymnastikprogramm, Groben nennt das ihre »Energieübungen«. Von der Meditation ist sie so überzeugt, weil sie darin eine Möglichkeit gefunden hat, achtsamer mit sich selbst zu werden. »Wenn ich meditiere, stelle ich einen Kontakt zu meinem Inneren her«, erklärt Groben, »es kommen einem die blödsinnigsten Gedanken, man will gar nicht ruhig sein, aber man lernt loszulassen.« Sie, die Ungeduldige, genießt das. »Achtsamer zu sein im Jetzt, das scheint mir wichtig«, sagt Groben. Sich nicht mitreißen zu lassen von dem Sog des modernen Lebens, in dem in immer weniger Zeit immer mehr geschafft werden muss.

Inzwischen meditiert Groben nicht mehr nur am frühen Morgen, in dieser halben Stunde, die ihr ganz allein gehört, wenn ihr Mann noch schläft und alle Gedanken an die Apotheken ausgeblendet werden. Sie baut auch mal eine Gehmeditation auf dem Weg zur Straßenbahn ein, oder sie nutzt die wieder eingeführte Mittagspause bei der Arbeit für ein paar Energieübungen. »In der Meditation wird das Tun durch das Lassen, das Loslassen und Zulassen, ersetzt«, sagt Groben. »Der Lärm, einschließlich des Lärms unserer Gedanken, wird allmählich zur Stille.«

Deswegen bleibt sie gelassen, als sie vor ihrer Haustür steht und nicht hineinkann. »Ich habe mich gefragt, wofür das jetzt gut ist«, sagt sie. Es muss wohl so sein, dass sie in den letzten Tagen und Wochen doch wieder zu viel gearbeitet hat. Zu viele Termine, zu viel Hektik. Zu wenig Achtsamkeit. Kein Wunder, dass da mal der Schlüssel liegen bleibt. Die Zeit zum Meditieren in der Abendsonne auf ihrer Treppe nimmt Groben als Geschenk. Als unverhoffte Auszeit auf der Fußmatte.

Quelle: Kölner Stadt-Anzeiger

Den Horizont erweitert – Sabbatical in Nepal und Indien

Eine Kinderintensivmedizinerin berichtet über ihre Erfahrungen

Die Teilnahme am Weltkongress Intensive Care in Sydney im Oktober 2001 markierte das vorläufige Ende meiner Tätigkeit als Kinderintensivmedizinerin und den Beginn meines Sabbaticals. Die Kollegen im Amsterdamer Krankenhaus AMC reagierten überwiegend enthusiastisch, manche äußerten Zweifel über meinen Karriere-Bruch oder das Risiko des Arbeitsplatzverlustes. Meine Auszeit diente dem Aufbruch zu einer inneren Reise, zu einem Studium buddhistischer Philosophie in Asien, zu spiritueller Praxis, der Begegnung mit berühmten Lehrern, der Erfahrung mit östlicher Ganzheitsmedizin und der Fotografie. Erst spät bekam ich die mündliche Zusage, meine Stelle bis zu meiner Rückkehr nicht endgültig zu besetzen.

Meine Reiseziele Indien und Nepal waren mir aus meinen letzten 20 Jahren Reisen und humanitären Einsätzen wohl bekannt. Im eiskalten Winter des Himalaya begann meine geführte Zeit der Stille. Im Sechen-Kloster in Boudha, dem heiligsten Pilgerort der Tibeter in Nepal, studierte ich unter Anweisung des Lama Choeki Nyima buddhistische Philosophie, lernte und praktizierte verschiedene Techniken zur Erforschung des Bewusstseins und verbrachte viele Stunden in einsamer Meditation. In Dharamsala, dem Sitz des Dalai Lama und der tibetischen Exilregierung, setzte ich mein Studium der buddhistischen Philosophie fort. Dazu gehörte auch eine Einführung in die tibetische Gesundheitslehre.

Ziel für die nächsten Monate war die »Yogahauptstadt«, Rishikesh, an den Ufern des Ganges. Ein »Ort der Kraft«, in dessen schmalen Gassen sich Hunderte heilige Hindu-Männer (Sadhus), westliche Sucher, Bettler, aber auch eine Großzahl heiliger Kühe und Affen aufhalten. Die Begegnung mit einem modern ausgerichteten, Englisch sprechenden Guru, Swami Vivekanda, führte zu einem spannenden vierwöchigen Seminar über das Yogasystem. Eine Inspiration, die zu einer Vertiefung in die altindische, traditionelle Gesundheitslehre, die Ayurveda (Wissen vom Leben), führte. Ich lernte die Diagnostik kennen und experimentierte auch selber mit dem Spektrum ihrer therapeutischen Methoden: Ernährung, Lebensstil, Phytotherapie, Reinigungsexerzitien und Therapie über die Sinne (Farb-, Aroma- und Musiktherapie). Für mich als Intensivmedizinerin, deren Alltag sich fast ausschließlich auf mechanisch-physikalisch-pharmakologische Therapien reduziert hatte, eine wohltuende Ergänzung. Mir wurde klar, dass man als kranker Mensch beides braucht: die Errungenschaften der westlichen Technologie und die Ganzheitlichkeit der östlichen Gesundheitslehre.

Es folgten Wochen der Indienrundreise zu anderen großen Lehrern des Buddhismus und viele kleinere, medizinische Einsätze. Die Not der Bevölkerung ist einfach zu groß, als dass man die Kenntnisse, die man besitzt, nicht einsetzt, um den Kranken zu helfen. Auf den Wegen durch bunte Dörfer und chaotische Städte wurde die Behandlung von Mönchen mit Bluthochdruck, Frauen mit Gastritis, Kindern mit Durchfall, Unterernährung und vereiterten Hautkrankheiten zur Routine. So wurde mir die schwere Krise des indischen Gesundheitswesens bewusst. Durch die Ineffizienz der Staatskrankenhäuser hat die Bevölkerung nur Worte der Enttäuschung für die dort geleisteten Dienste. 80 Prozent der Ärzte arbeiten Voll- oder Teilzeit im privaten Sektor, wo sie ganz im Sinne der Marktwirtschaft und ohne jegliche Kontrolle horrende Preise verlangen. Besonders auffällig ist zudem die sehr fragwürdige Produktion und Verschreibungspraxis von Arzneimitteln. Da aufgrund der katastrophalen Armut nur zehn Prozent der Menschen die westliche Medizin nutzen können, sind oft ayurvedische oder homöopathische Ärzte mit ihren billigeren Medikamenten sowie Schamanen die einzig verfügbaren Helfer. Geistige Stille, innerer Frieden und Zufriedenheit, ein ganzheitliches Denken und ein bewusstes Sein im Hier und Jetzt sind bleibende Geschenke für den Weg zurück in den Alltag. Bereichert und mit viel Energie und Kraft werde ich wieder in meinen Beruf einsteigen, ausgerichtet auf eine integrative Kinderheilkunde.

Ines Alexandra Rosenstiel, Deutsches Ärzteblatt 2002

»Aufi, s'Vieh sammla!«

Eine Auszeit auf der Sennalpe Ornach im Oberallgäu

© Frank Heinzl

Ohne meinen Morgenkaffee geht gar nichts – das war einmal. Inzwischen brauche ich morgens zuallererst Frischluft und Bewegung. Nicht, weil ich meinen Schreibtisch-Job aufgegeben habe und unter die Fitnessfreaks gegangen bin, sondern weil mich ein Sommer auf der Alpe prägen sollte.

Aber von vorne. Als typischer Städter fehlte es mir eigentlich an nichts und doch plötzlich irgendwas. Na ja, eigentlich. Das tägliche Einerlei, die »Hektomatik« der Großstadt zehrte doch an meinem Seelenfrieden.

Und so krabbelte er plötzlich aus meinem Unterbewussten hervor, der irre Gedanke ans Aussteigen – aber auf Zeit natürlich. Schließlich muss man ja seinen Lebensunterhalt auch noch verdienen und Freundschaften lässt man auch nicht mir nichts dir nichts im Stich.

Das ich just in diesem Augenblick am Kaffeetisch bei Freunden im Oberallgäu saß, mag Zufall sein – oder ein Hauch von Schicksal. Auf jeden Fall nahm mein Aussteigersommer noch am selben Wochenende konkrete Formen an. Mehrere Telefonate, ein Besuch im Bergdorf Bolsterlang, ein Handschlag und schon stand fest: Ab Juni würde ich zusammen mit Marion und Mathias Martin, deren frisch geborenem Söhnchen Tobias und einem Hirten einen Sommer auf der Alpe Ornach, unterhalb der Hörnerbahn-Mittelstation, verbringen. Senn auf Zeit – das klang für mich urig, ein bisschen verrückt und: sehr verlockend.

Zumindest, bis Senn Mathias Martin am ersten Morgen auf der Alpe unbarmherzig an meine Tür pochte. »Aufi, s' Vieh sammla!«, schallte es durchs Holz. Ich traute weder meinen Ohren, geschweige denn meinen Augen. Mein Wecker signalisierte mir 4.45 Uhr und draußen war's noch fast stockdunkel. Erst zweieinhalb Stunden später hielt ich die erste Tasse Kaffee in Händen – nach 40 »eingesammelten« Kühen, verteilt auf knapp 30 Hektar, nach 250 Höhenmetern im viel zu steilen Gelände und nach viel Schweiß sowie einer dicken Blase an der Ferse. Zu diesem Zeitpunkt war ich mir nicht mehr sicher, ob mir der Sommer im klimatisierten Büro nicht besser behagt hätte.

Hätte er nicht. Das sage ich inzwischen aus tiefstem Herzen. Denn schon nach wenigen Tagen war ich es, der dem morgendlichen »Vieh sammla!« schier entgegenfieberte – dem wattebauschigen Morgennebel auf den Weiden, dem kitschig-schönen Morgenrot über den Bergen. Die Stille ohne Autolärm und der würzig-schweren Bergluft, die mich Städter das echte, tiefe Atmen erst lehren sollte. Und noch etwas lernte ich bald: Ich erfuhr, wie Essen schmecken muss. Nicht jenes Eingeschweißte aus dem Supermarkt, sondern grundehrliche, frische Produkte. Denn: Auf der Alpe Ornach werden nicht nur 600 Liter Milch am Tag zu Buttermilch, Trinkjoghurt, Quark, Fassbutter und preisgekröntem Käse verarbeitet – Berg- und Alpkäse, Schnittkäse, Kräuterkäse. Zur Sennalpe auf 1.350 Metern Höhe gehören Hühner, rund 20 Schweine und Ziegen. Und schier Unmengen an

Blaubeeren wachsen an den Berghängen. Da gab es also täglich frisch gelegte Frühstückseier statt Eier aus Legebatterien oder Cornflakes, dafür würzigen Bergkäse, Schinken, Speck sowie Landjäger von den »eigenen« Tieren und Marions grandiosen Blaubeerkuchen. Den backt sie zur Hochsaison jeden Morgen, denn: Zur Alpe gehören eine Sonnenterrasse und eine Gaststube. Täglich schauen Wanderer zu Kaffee, Kuchen, Brotzeit oder einem Glas frischer Milch vorbei. Kurzum: In den Monaten auf der Alpe habe ich mich zum echten Genießer entwickelt und weiß jetzt, was gute Lebensmittel wert sind.

Auch, weil ich Senn Mathias regelmäßig in der Sennerei und im Käsekeller zur Hand gehen durfte. Zugegeben, der säuerliche Geruch dort war für mich gewöhnungsbedürftiger als mein ständiges »Stallparfum«. Das Grundhandwerk des Senns kannte ich bald, Käse war für mich nun mehr als ein Produkt in der Frischetheke – Lab und Kultur, Molke und Käsebruch waren keine Fremdworte mehr. Vor allem beim Käseschmieren – also der Pflege des reifenden Käselaibes – war ich gern dabei. Auch wenn es echte Männerarbeit ist, die bis zu 15 Kilo schweren Stücke aus den Regalen zu heben und zu wenden. Hier lag der eigenen Hände Werk in gelbbraun schimmernden Rädern sichtbar vor Augen. Edlen Käse, wie jenen von Mathias Martin, kreiert nur, wer mit Liebe, Leidenschaft, Zeit, Wissen und Erfahrung an das alte Handwerk rangeht.

70 Hektar Weide gehören zur Genossenschaftsalpe Ornach – und so ging es bei fast jedem Wetter zudem raus in die Natur. Denn: Ohne eine entsprechende Pflege würden Weiden schnell verwachsen, das grüne Allgäu wäre bald nicht mehr so grün, wie es die Urlauber kennen und lieben. Für mich bedeutete dies: Weiden mähen, Unkraut jäten, Steine wegräumen, Kuhfladen auf den Wiesen verteilen, Brennholz hacken, zwei Mal am Tag »s'Vieh sammla« gehen, melken sowie Ställe ausmisten und natürlich Käsen. Kurzum: Zwölf bis vierzehn Stunden umfassten meine Arbeitstage, geschlafen habe ich, soweit ich mich erinnern kann, in meinem Leben noch nie so gut, wie auf der Alpe Ornach.

Mein Sommer auf der Alpe war hart, keine Frage. Ich kenne jetzt Muskeln, die ich in meinem Körper nicht vermutet hätte. Trotzdem werde ich vielleicht in ein, zwei Jahren noch einmal den Schreibtisch im Stich lassen und die Bergstiefel packen. Denn der Lohn meines Alpensommers war für mich immens: Enzian, Silberdisteln und Alpenrosen vor grandioser Bergkulisse, der weite Blick ins Illertal, das Rehkitz auf der Lichtung, der kreisende Steinadler, die deftige Brotzeit in der Abenddämmerung. Selbst das Schweinderl Felix, das mir so ans Herz wuchs. Ich habe wieder jene innere Gelassenheit gewonnen und das Gefühl, mitten in der Natur einen Sommer lang einfach glücklich gewesen zu sein. Mein Motto als Fazit: »Burnout? Come out! – und wenn es nur für einige Tage ist«.

Frank Heinzl

100 Tage Abgeschiedenheit

Eine Schweizer Familie berichtet über ihren Aufenthalt bei den »Guschtis« der Soliva Alp

»Weißt du noch …« – immer wieder tauchen bei Christof Bieri und Irène Blum Bilder auf. Bilder vom Aufenthalt auf der Alp. Bilder, die aneinander gereiht fabelhafte Geschichtchen mit Symbolgehalt liefern. Die Kinder, Elia und Ursina, hantieren mit Hammer, Besteck und Blumen vor der Hütte – eins mit sich und der Welt. Ein Dia mit Aussagekraft, groß an die Wand projiziert. »Weißt du noch, wie ausgeglichen die beiden gespielt haben?« Ohne Bauklötze, Playmobil und Kasperletheater. »Die Kinder haben die Umgebung sofort akzeptiert und mit dem gespielt, was da war«, erinnert sich Christof. Kinderwelten sind offen wie Scheunentore, da hat alles Platz, egal wie, wo … und die Frage nach dem »Warum« stellt sich gar nicht erst. Kleinkinder haben die Gabe, Situationen zu nehmen, wie sie sind.

Wer sich für den Sommer eine Alpstelle organisiert hat, lebt im Wonnemonat Mai unruhig. Vieles erinnert jetzt an die kommende Alpsaison, das helle Licht, Kuhglocken auf den Weiden und der letzte Schnee auf den fernen Berggipfeln. Die Sehnsucht nach dem Alpleben, im Volksmund auch als Alpfieber bekannt, ist voll entbrannt. Das große Packen ist angesagt – Stiefel, Kleider, Nahrungsmittel bis zur homöopathischen Hausapotheke – die Liste ist lang. Jetzt heißt es Abschied nehmen vom Unterland für vier Monate.

Zwei Jahre ist es her, dass Christof und Irène eine Zwischenstation auf der Alp eingelegt haben. In ihren Aufzeichnungen nennen sie es »Seitenwechsel«. 100 Tage Abgeschiedenheit, Auszeit, Natur pur auf der Alp »Soliva«, im Austausch mit all den Annehmlichkeiten und Ablenkungen des zivilen Wohlstandslebens im emmentalischen Langnau. Versehen mit einer anspruchsvollen Aufgabe: Die Verantwortung für 120 »Guschtis«, oder, wie Irène sich ausdrückt, »pubertierende Rinder«, zu übernehmen. Die Alpsaison 2003 setzten sie aus, um Sohn Elia einen optimalen Schuleinstieg zu ermöglichen.

Das Abenteuer Alp mache bewusst, was es bedeutet im Einklang mit der Natur zu leben, was es heißt, Vertrauen in die eigenen Fähigkeiten und in diejenigen des Mitmenschen zu entwickeln: Zäune ziehen, um den Guschtis Grenzen zu setzen; Holz spalten, um zu kochen und um es warm zu haben; Nahrung hoch schleppen und den Abfall runter. Anstrengende Körperarbeit, die besonders am Anfang der Saison ins Gewicht fällt. Mit der Zeit seien Ausdauer und Leichtigkeit gekommen, »bis zum vollen Vertrauen in den Körper«, beschreibt Christof den Gewöhnungsprozess.

Irène und Christof klagen nicht. Sie empfinden die Anstrengungen, die es braucht, um die Grundbedürfnisse im Lebensraum Alp zu befriedigen, als »wahrhaftige Natur-Erlebnisse«, als »spirituelle Erfahrung«. Der Blick über die unendlich erscheinende Weite der Bergwelt, die unzähligen Momente der Stille, der Duft von frischen Alpenkräutern, mit den Kindern Pilze und Beeren sammeln – all das sind unvergessliche Sinneseindrücke.

»Wir haben gewusst, worauf wir uns einlassen«, betonen beide unisono. Kein Zweifel: Es ist ein bewusster Entscheid für ein unbeschwertes Leben in Beschwerlichkeit. Irène ist erfahrene Hirtin und Älplerin, Christof Ökologe, Naturliebhaber und seit Kindheit in tiefer Beziehung zur Natur. »Es ist nicht immer die reine Alp-Idylle«, stellt Christof klar, »aber die Alp ist ein guter Raum, um Distanz zu schaffen, um klarer zu sehen, was man im Alltag macht.«

Das Wetter gestaltet den Tagesablauf. Auf längeren Ausflügen kann es passieren, dass man mit dem Regen verschmilzt und klatschnass zurückkehrt. Heikel sind Gewitter. Vor lauter Spannung stehen die Haare zu Berge. »Wenn es losgeht, kauere ich unter ein Guschti«, sagt Irène, »und überquere keine Wasserläufe.« Christof gibt es ein gutes Gefühl, wenn die Launen der Natur den menschlichen Handlungsspielraum einschränken, wenn sich der Mensch als Teil der Natur erlebt.

Ein weiteres Kapitel ist der Nebel. Einmal habe der Alpchef Alarm geschlagen, erzählt Irène. Mehrere Tiere hatten sich auf der Nachbarweide verirrt. »Wir sind sofort los, bei Sichtweite gleich null. Wie sollten wir auch bei diesen Umständen die Rinder sehen?« Sich dennoch auf den Weg zu machen, sich nur an Steinen, Blumen und Bächen zu orientieren, verlange Mut und Gelassenheit. Die Suche blieb erfolglos; zum Glück tauchten Hirtin und Rinder unversehrt wieder auf. Das ist nicht immer so. Es kommt vor, dass ein Guschti abstürzt. »Jede Rettungsaktion ist eine Herausforderung«, sagt Irène. In unwegsamem Gelände müsse ein Helikopter zur Bergung eingesetzt werden. Verletzte Tiere landen meistens im Tal auf der Schlachtbank. Auch das ist ein Stück Alp-Realität, fernab aller Heidi-Romantik. Die Bergwelt kennt Grenzen und Abgründe. Leben auf der Alp bedeutet, Risiken einschätzen und Grenzen akzeptieren zu lernen. Dazu gehört auch die Konfrontation mit der Begrenztheit des eigenen Lebens.

Um Abgrenzung geht es auch in der Paarbeziehung. Einerseits ist man viel alleine, auf sich gestellt, andererseits auf den anderen angewiesen. Sich aufeinander verlassen zu können, sagt Irène, sei genauso eine Grundvoraussetzung wie den Partner im Anderssein zu respektieren, ihn sogar zu unterstützen. Es gelte, Gefühlsausbrüche zu dulden, die richtige Mischung aus Nähe und Distanz zu finden, Erlebtes zu teilen. Manchmal brauche es blindes Vertrauen, manchmal eine vorher vereinbarte Zeichensprache, um aus der Ferne den Daheimgebliebenen zu erklären, dass es später wird, weil ein Problem gelöst werden muss. »Es gibt in der Paarbeziehung Momente der Vertrautheit, die sind so intensiv, dass man sich wieder ineinander verlieben kann«, schwärmt Christof. Wenn der Hund plötzlich Mäuse frisst, weil er eifersüchtig auf die Katze ist, offenbart er menschliche Züge und braucht Zuwendung. »Hier oben sind die Tiere Partner. Bei der Betreuung der Herde spielt der Hund eine wichtige Rolle. Diese Zusammenarbeit muss klappen«, erklärt Christof. Nach einiger Zeit entwickle man zu den Tieren eine enge Beziehung. Man lerne unterschiedliche Charaktereigenschaften kennen, wisse, welches Guschti eher neugierig, welches zurückhaltend und welches draufgängerisch ist.

»Die Alp ist ein kraftvoller Ort« – Christof hat es an Leib und Seele erfahren. Sie beruhige, wecke Ressourcen, mobilisiere Kräfte und schaffe Raum für Neues. »Sie ist ein idealer Ort, um innezuhalten, um zu spüren, wo man im Leben steht, wie es einem geht und was ungelöst ist.« Leben in der Natur sensibilisiert die Befindlichkeit. »Hier oben gibt es keine Ablenkung, kein TV, keinen Computer, keine Unterhaltungs-Industrie«, sagt der Biologe.

Christof hat die Konsequenzen gezogen und den individuellen Berufsweg eingeschlagen. Er arbeitet Teilzeit in einem Umwelt-Ingenieurbüro; daneben hat er »Perspektiven« entwickelt, ein Kursprogramm zur »Selbstfindung«. Christof begleitet Menschen in beruflichen Veränderungsprozessen. Und das mit Vorliebe in der Natur, unterwegs mit Rucksack, mal kauernd auf dem Boden, mal verweilend auf der Bank, meistens in Bewegung. Im Gespräch sammelt er Informationen, sucht nach Schwierigkeiten und Stärken, Visionen und Illusionen, Werten und Lebensvorstellungen. Bewegung bedeutet Ablenkung, Ablenkung bedeutet weniger kopflastig zu sein und damit schneller an Empfindungen und Gefühle heranzukommen. »Manchmal muss ich irritieren, um etwas in Gang zu bringen«, sagt er fast entschuldigend. Ihm liege es am Herzen, »Menschen zu unterstützen, die eigenen Fähigkeiten zu erkennen, zu entwickeln, so dass aus Begabung, Berufung und daraus schließlich ein zufriedenstellendes Berufsleben wird.« Ein Prozess, den die meisten Menschen ausgelassen haben, glaubt Christof. »Arbeit kann ermüden, sie darf aber nicht zermürbend sein.« Zu ihm kommen Menschen, die Zerrissenheit erleben, in der Sackgasse stecken oder in der Luft hängen, »viele kommen erst, wenn sie mitten im Scherbenhaufen stehen.« Gerade diese Kandidaten bräuchten eine Auszeit, zum Beispiel auf der Alp.

Und schon sind Christof und Irène in Gedanken wieder auf der Alp, bei sanft blühenden Wiesen, mystischen Abenddämmerungen und außergewöhnlichen Geschichten. Eines der letzten Dias zeigt die Hüttenwand mit aufgehängter Wäsche, Geschirr, herumliegendem Holz. So leben Menschen unterhalb der Armutsgrenze, ist man geneigt zu denken. Von wegen: Irène und Christof können es kaum erwarten, wieder ins einfache Leben auf der Alp einzutauchen.

Quelle: »Natürlich«, das Magazin für ganzheitliches Leben, Aarau Schweiz, Heft 5/2004

»Ich will dann auch mal weg…«

Als 50-jährige ein Jahr allein in der Welt unterwegs

© Nepomuk Karbacher Bilder.n3po.com

Der Wunsch, ein Jahr lang auszusteigen und ganz anders zu leben als bisher als Lehrerin, Hausfrau und Mutter, am besten irgendwo unterwegs sein, verfolgte mich schon eine kleine Ewigkeit. Aber wohin alleine und was dort tun und überhaupt in meinem Alter? Was wird mit der Arbeit und der Familie sein, wenn ich wiederkomme? Was geht noch, außer Dauerurlaub, der sowieso viel zu teuer wäre und ungerecht meinem Mann gegenüber? Schnell kam ich beim Überlegen auf die Möglichkeit der Unterstützung sozialer Projekte.

Durch eine Freundin lernte ich Rosy, Paulus und ihre Kinder kennen, heute nenne ich sie gerne meine indische Familie. Sie leben in Madurai, im äußersten Süden Indiens und arbeiten in der Verwaltung von sozialen

Einrichtungen. Dadurch konnten sie mir ermöglichen, probeweise in meinen Ferien mehrmals für einige Wochen in einer Schule zu helfen. Ideen, worin meine Unterstützung bestehen sollte, musste ich jedoch selbst mitbringen. Ich habe mich dann auf Basteln vorbereitet. Das hatte enorme Vorteile für mich und brachte außerdem viel Zustimmung bei Schülern und Lehrern. Da bei Handarbeiten das Demonstrieren von Arbeitsschritten oft schon ausreicht, kam ich auch ohne perfekte englische Sprachkenntnisse ganz gut zurecht. Meine Bastelangebote konnte ich auch sehr gut differenzieren, das heißt, den vorhandenen, manchmal auch nicht vorhandenen, Fähigkeiten der Kinder anpassen. Ebenfalls konnte ich vor Ort alles was an Material und Werkzeug benötigt wurde, sehr günstig besorgen. Nach meinem dritten Besuch war für mich klar, dass ich mich auf diese Art gut ein Jahr lang beschäftigen könnte. Natürlich war es nicht ganz so einfach, die endgültige Entscheidung zu treffen, wie es sich hier vielleicht liest. Man wirft vieles in die Waagschale, wird von allerlei Überlegungen und Gewissensbissen geplagt, doch wenn man eines Morgens aufwacht und sich ganz sicher ist, das Richtige zu tun, dann teilt man es allen mit und zieht die Sache durch.

Letztendlich war ich nicht ein Jahr lang nur in Indien. Nach viel Literaturstudium und Internetrecherche glaubte ich, die ganze Welt bereisen zu können, was aber schnell durch selbst auferlegte finanzielle Grenzen und auch durch mein fortgeschrittenes Alter relativiert wurde. Doch mehr als nur ein Reiseziel sollte es dann schon sein.

Nachdem auch mein Arbeitgeber, das Kultusministerium in Erfurt, recht unkompliziert meinem Antrag auf ein Schuljahr unbezahlte Freistellung zugestimmt hatte, konnte ich meine Vorbereitungen konkretisieren. Bei der Variante der Auszeit verliert man allerdings ein Arbeitsjahr zur Rente, deswegen wäre Zeit und Lohn rauszuarbeiten sinnvoller, man muss nur eher mit der Organisation beginnen.

Ich plante als erstes bis zum Jahreswechsel in Indien zu bleiben und dort zu helfen, wo Rosy und Paulus mich hinschicken würden. Danach wollte ich zu Hause eine dreiwöchige Halbzeitpause einlegen. Für die Gestaltung des zweiten halben Jahres habe ich mich dann bei einer Organisation angemeldet, die auch Volontärs älteren Jahrgangs gegen ein gewisses Entgelt in soziale Hilfsprojekte mit Familienanschluss vermittelt und durch Mitarbeiter vor Ort betreut. Ich wählte aus dem umfangreichen Angebot einen dreimonatigen Aufenthalt in Nepal und einen ebenso langen Einsatz auf den Fidschi-Inseln.

Obwohl ich glaubte zu wissen, was mich in Indien erwartete, startete ich mit einem ziemlich flauen Gefühl im Magen. Noch nie zuvor war ich eine so lange Zeit am Stück von zu Hause fort, dazu musste ich erst fünfzig Jahre alt werden. Zwei Tage nach der Ankunft verließ ich Madurai wieder, die Stadt, die mir bisher schon sehr vertraut war, um noch weiter in den heißen Süden zu fahren. In der Provinzstadt Tuticorin, am Golf von Bengalen, bastelte ich die ersten Wochen mit den Bewohnern eines Altenheimes und später mit den Tagespatienten eines katholischen Krankenhauses. Wohnen konnte ich in einem Heim für elternlose Mädchen und obdachlose alte Damen. Für Anschluss ans indische Leben und stetige Unterhaltung war also gesorgt, auch, weil in dieser Stadt Rosys Mutter lebte.

In Tuticorin habe ich bereits meinen ursprünglichen Plan über den Haufen geworfen und ein Flugticket nach Melbourne, mit einwöchigem Zwischenstopp in Dubai, gekauft. Flexibel sein zu können, ist ein riesiger Vorteil während eines freien Jahres.

Eine besondere Schulform lernte ich in Bangalore kennen. Paulus Schwester leitet hier eine kleine Einrichtung, die sich durch indische und ausländische Sponsoren finanziert, und die sich zur Aufgabe gemacht hat, jungen Mädchen ohne Schulabschluss berufliche Grundlagen zu vermitteln, damit sie eine Chance auf dem Arbeitsmarkt haben. Das Leben in der Riesenmetropole Bangalore war für mich natürlich äußerst interessant, es gab wahnsinnig viel zu entdecken und beobachten.

Von Bangalore aus fuhr ich mit dem Zug nach Chennai. Bevor mich mein Heimflug Ende Dezember von dort wieder nach Frankfurt bringen würde, machte ich also einen Abstecher nach Dubai und Australien. Was mich in Australien erwarten würde, darüber hatte ich mir vorher keine Gedanken gemacht, es war eine Fahrt ins Blaue und wohl deshalb auch besonders spannend. Mein Sohn, der schon ein Jahr in Australien verbrachte hatte, suchte mir aus seinen australischen Adressen Leute heraus, von denen er dachte, dass sie gut zu mir passen würden. Ich habe daraufhin im Verlauf von reichlich zwei Monaten die tolle Erfahrung machen dürfen, dass, wenn man erst einmal einen Australier kennt, bald den nächsten kennenlernt und den nächsten und so weiter. Jeder freut sich über weitgereisten Besuch, so dass man allen Freunden und Bekannten vorgestellt wird, und wenn man weiterreist, an deren Freunde und Bekannte weitervermittelt wird, es ist ein wahres Phänomen. Manchmal war ich aber auch allein mit einem Mietwagen auf Entdeckungstour. Damit sich die Kosten in Grenzen hielten, habe ich immer auf Campingplätzen im Auto übernachtet.

Nach der Australienreise folgten drei Wochen Urlaub vom Urlaub. Die Tage in der Heimat waren angefüllt mit vielen Events, was trotzdem nicht in Stress ausartete. Ich hatte ja sonst keinerlei Verpflichtungen und war zudem total ausgeruht. Manchmal war diese Situation aber schon eigenartig, besonders zu dieser Zeit des Jahres. Deswegen war ich auch ganz froh, als ich am 21. Januar wieder auf Tour gehen konnte, denn das war ja meine eigentliche Bestimmung.

Wie bereits erwähnt, hatte ich die Hauptverantwortung für mein zweites halbes Jahr in die Hände einer Organisation gelegt. Dazu noch etwa 4.400€, womit Unterkunft und Verpflegung in einer einheimischen Gastfamilie, die Bereitstellung einer Wirkungsstätte, die Vorortbetreuung und diverse Versicherungen, nicht jedoch die Flüge zu den Traumzielen abgegolten waren. Zur »Vorortbetreuung« und den ersten Eindrücken von meiner mir zugewiesenen Internatsschule in Kathmandu, Nepal hier ein Ausschnitt aus meinem Buch:

»Landeanflug auf Kathmandu, Ortszeit 20.30 Uhr. Aber wo war die Stadt? Kein Lichtermeer, wie es sonst überall auf der Welt vom Flieger aus zu beobachten ist. Jede Stadt in Indien ist nachts heller. Man musste schon genau hinsehen, um ein paar Straßenzüge erkennen zu können. Natürlich hatte ich von den Stromversorgungsproblemen in Kathmandu gehört, war aber trotzdem überrascht, dass es von hier oben so düster aussah. Wie wird es dann erst unten sein?

Da wartete auch gleich der nächste Höhepunkt auf mich: nämlich niemand! Hier sollte jetzt eigentlich jemand mit einem Empfangsschild in der Hand von »Projects Abroad«, der Organisation, der ich mich und mein Geld anvertraut habe, stehen und mir bei den ersten Schritten in mein nepalesisches Leben behilflich sein. Dem war aber auch nach einer halben Stunde noch nicht so. So lange habe ich die vielen hartnäckigen Taxifahrer abgewimmelt. Zum Glück war da aber einer so beharrlich und hat bis zu dem Zeitpunkt gewartet, als ich das Warten für sinnlos ansah und ihm das Wenige erzählte, was ich von meinem neuen Dasein überhaupt wusste. Nämlich nur, dass ich die erste Nacht im Hotel »Excelsior« untergebracht sein würde, mehr nicht, keine Telefonnummer, keine Namen. Jedenfalls hatte ich mir aus den Mails nichts dergleichen notiert, nur blind vertraut.

Der gute Mann hat das Hotel angerufen. Ich selbst habe mich am Telefon versichern können, dass eine Buchung der Organisation auf meinen Namen vorliegt, aber erst für den 25. Januar, heute war jedoch der 22. Januar! Zum Glück hatte das Hotel noch freie Zimmer, so konnte der Taxifahrer seine Mission fortsetzen und mich in die Stadt chauffieren. Sein Geld bekam er dann vom Hotel, wie es hier fast generell bei Neuankömmlingen gehandhabt wird. Die Taxifahrt gestaltete sich bereits sehr abenteuerlich. Die besten Straßen sind wahrscheinlich nicht immer die kürzesten Strecken, das war jedenfalls meine Hoffnung, denn die ausgewählte Route war grausam, eng, löchrig, staubig und stockfinster.

Irgendwann waren wir dann in Thamel, dem Touristen-Viertel von Kathmandu, in dem sich auch das »Excelsior« befindet. Hier laufen unendlich viele und vor allem laute Generatoren, wegen den regelmäßigen Stromabschaltungen, denn die Touristen kann man ja nicht im Dunklen »ausnehmen«.

In einer Gasse, die schon Fußgängern kaum genügend Platz bot, weil sie unglaublich schmal und mit Motorrädern zugestellt war, musste mein Taxifahrer unbedingt noch 50 Meter bis zur Hotelpforte fahren. Ein kleiner Hotelboy trug meinen 26-Kilo-Koffer auf der rechten Schulter in die Hotelhalle, zum Rollen war kein Platz.«

Neben der Arbeit mit den Kindern in der Internatsschule gab es natürlich auch in Nepal wieder viele Möglichkeiten für Unternehmungen, so dass es niemals langweilig wurde. Am liebsten stromerte ich durch das Straßenlabyrinth von Kathmandu und betrachtete einfach nur das Treiben der Menschen. Manchmal fuhr ich mit einem Linien- oder Überlandbus in andere Orte des Kathmandu-Tales oder an den Rand des Himalayas. So auch, als mich mein Mann und mein großer Sohn für einige Tage in Nepal besuchten. Nachdem ich ihnen, nicht ohne Stolz, mein nepalesisches Leben gezeigt hatte, waren wir sechs Tage lang mit Rucksack und Guide auf einer Trekkingtour über extrem steile Pfade, durch abgelegene Himalaya-Dörfer, immer in Sichtweite der Sieben- und Achttausender unterwegs.

Nach drei Monaten Asien ging es wieder nach Australien, diesmal jedoch nur zum Zwischenstopp auf dem langen Weg in die Südsee. Fairerweise muss ich noch erwähnen, dass ich auch aufs Geld geschaut habe und ein Einsatz auf Fidschi zu den preiswertesten Angeboten der Organisation gehörte. In Rumänien helfen wäre teurer gewesen. Wenn man dann wegen der hohen Flugkosten gleich noch eine exotische Urlaubsreise anhängt, rechnet sich der Aufwand auch wieder. Die Gesamtkosten für mein Sabbatjahr beliefen sich auf ca. 13.000€, inklusive Flüge und Urlaube. In einem gewöhnlichen Arbeitsjahr kostet mein Leben mehr Geld, eine Tatsache, die mich hinterher selbst überrascht hat. Ein großes Einsparpotenzial lag sicher auch darin, dass ich größtenteils in Ländern unterwegs war, in denen wir Westler mit wenig Geld viel anfangen können. Im Nachhinein kann ich auch behaupten, dass man nicht unbedingt über eine Organisation gehen muss. Hilfebedürftige Einrichtungen oder anderweitige Projekte findet man auch problemlos selbst im Internet. Mit diesen kann man persönlich Kontakt aufnehmen, so wie das auch einige Freiwillige gemacht haben, die ich getroffen habe. Die Schule in Kathmandu hat jedenfalls eine eigene Homepage.

Auf den Fidschi-Inseln traf ich wieder auf völlig neue Bedingungen, und dazu zählten nicht nur das schweißtreibende Klima und die beeindruckende tropische Vegetation. Hier war ich einem kleinen Heim mit nur zwanzig Kindern und ebenso vielen Betreuerinnen zugeteilt. Wären die Erzieherinnen nicht so träge und bequem gewesen, es gäbe für uns Freiwillige kaum etwas zu tun. Auf Fidschi traf ich auch zum ersten Mal eine Helferin meiner Generation, eine Schweizerin. Mit ihr zusammen habe ich mich besonders um die pädagogische Förderung der Kinder im Kindergartenalter gekümmert. Obwohl viele ausländische Besucher, meist australische und neuseeländische Urlauber fast täglich Spenden und Geschenke brachten und somit für alle materiellen Bedürfnisse der Kinder gesorgt war, waren ihre motorischen und kognitiven Fähigkeiten nur sehr gering entwickelt. Diese Feststellung bot uns ein breites Betätigungsfeld, auf dem uns niemand in unserem Tatendrang einschränkte, was aber leider bei den Betreuerinnen auf kein sonderliches Interesse stieß. Nach meinem Aufenthalt in Fidschi hatte ich über andere Freiwillige noch einige Zeit Kontakt zum Heim, wo sich dann meine Vermutung, dass unsere Ideen keine Weiterverwendung finden würden, bestätigte.

Mein Inselleben bestand aber nicht nur aus Arbeiten und Spielen mit den Kleinen. In meiner Freizeit war ich wieder viel unterwegs, meistens mit dem Fahrrad, das ich mir gebraucht gekauft hatte. Für einige Tage unternahm ich einen Ausflug auf die Insel Taveuni, durch die der 180. Meridian, die Datumsgrenze, verläuft und die ich als Geographielehrerin besucht haben musste. Es gibt auf der Insel äußerst wenige, versteckte, kleine und sehr teure Hotels und ebensolche Restaurants. Leider gibt es noch weniger preislich akzeptable Unterkünfte, wo man, wie zum Beispiel in Sachen Stromversorgung, Abstriche in der Ausstattung machen muss und die man nur in »cash« bezahlen kann. Ist man darauf nicht vorbereitet, hat man auf der ganzen Insel nur eine Möglichkeit, um Bargeld zu ziehen. Für jeden Karteneinsatz, wenn er denn überhaupt irgendwo möglich ist, werden 3-6% vom Verkäufer oder Hotelier aufgeschlagen. Ich weiß nicht, wie meine Gastmutter so locker behaupten konnte, auf der Insel kann man gut und gerne eine Woche Urlaub machen, ohne zu erwähnen, dass man dafür ein dickes Portemonnaie und nach Möglichkeit auch noch selbst ein paar Lebensmittel mitnehmen sollte. Letztere sind nämlich nicht nur unheimlich teuer, sondern in der Auswahl auch stark eingeschränkt. Das heißt, wenn man nicht gerade säckeweise Mehl, Zucker, Linsen, Reis oder einen Arm voll pappiges Weißbrot kaufen möchte. Auch frisches Obst und Gemüse sucht man auf dieser fruchtbaren »Garteninsel«, so ihr Zweitname, vergeblich. Und an einem Sonntag könnte es passieren dass man unfreiwillig einen Fastentag einlegen muss, da alles geschlossen ist.

Am Sonntagnachmittag bin ich dann mit dem einzigen Bus des Tages, der dazu noch über eine Stunde Verspätung hatte, bis ans Ende der Inselstraße, die nur am Anfang asphaltiert ist, gefahren. Nach anderthalb Stunden Fahrt war die Straße und damit auch die Reise schon wieder zu Ende. Da hier der Eingang zu einem Nationalpark liegt, der zudem überall angepriesen wird, erwartete ich mehrere Unterkunfts- und Einkehrmöglichkeiten. Doch das einzige, was ich um die Zeit noch erkennen konnte, war eine jugendherbergsähnliche Lodge und wieder ein Dorf. Von den lediglich vier Zimmern der Lodge war eines mit drei Betten für mich telefonisch reserviert. Mit Einkehrmöglichkeit zum Abendbrot war es nichts. Ich hätte mir von den Dorfbewohnern etwas kochen lassen können, wollte jedoch auf Nummer sicher gehen und wissen, was ich auf dem Teller habe. Deshalb habe ich mir im winzigen Dorfkonsum ein Instant-Nudelgericht gekauft und in der Küche der Herberge zubereitet. Als ich mir dann die Hausregeln durchgelesen hatte, wurde mir schlagartig bewusst, dass es Strom nur bis 22 Uhr gibt. Also machte ich mich nochmals auf zu dem Kaufmannsladen, um Streichhölzer und Kerzen zu besorgen.

Der letzte Höhepunkt meines besonderen Jahres war dann der gemeinsame Urlaub mit meinem Mann, der nach zwei Tagen Anreise im Südseeparadies eintraf. Eine Woche lang war ich seine Reiseleiterin auf Viti Levu, hier kannte ich mich ja inzwischen bestens aus.

Was wir beide noch nie zuvor gesehen hatten, war Neuseeland. So dicht dabei, hatte ich kurzentschlossen in Nadi Flugtickets dorthin gekauft, so dass wir uns in echter Winterluft ein wenig abkühlen konnten. Bevor es wieder nach Deutschland ging, statteten wir auch Sydney noch einen mehrtägigen Besuch ab. Zurück zu Hause, ging bereits am nächsten Tag die Arbeit in meiner Schule wieder los, nicht anders als nach einem etwas längeren Urlaub. Sehr häufig ertappe ich mich dabei, wie ich darüber nachdenke, was sich in meinem Leben und in meinen Einstellungen über die Zeit hinweg und durch das besondere Jahr verändert hat. Natürlich ergibt sich nichts von heute auf morgen, vielmehr ist es ein schleichender Prozess, den man auch nur bemerkt, wenn man weiß, wie das eine oder andere früher gesehen und gemacht wurde. Jeder Mensch setzt andere Prioritäten, deshalb wird auch jeder Mensch nach so einer besonderen Zeit ein anderes Fazit für sich ziehen. Allen Sabbatical-Interessierten sei folgendes mit auf den Weg gegeben:

Vieles ist einfacher, als man zuvor denkt! Es gibt für alles eine Lösung! Der Alltag ist überall gleich. Alle kochen nur mit Wasser! Was du ernsthaft willst, kannst du auch verwirklichen! Man lernt, wozu man alles fähig ist! Kümmere dich nicht um Sachen, die du nicht ändern kannst, akzeptiere sie! Nimm dir Zeit für wichtige Entscheidungen, habe Geduld, es lohnt sich! Man kann niemals alles erreichen!

Sicherlich ist das alles nichts Neues, aber für mich hat es sich hundert Mal bestätigt und das zu spüren hilft ungemein.

Carmen Klemm

Das Buch »*E-Mails aus dem Sabbatjahr*« ist über das Internet oder in jeder Buchhandlung erhältlich.

Unter Schafen, Kühen und coolen Kiwis

Ein Sabbatjahr in Neuseeland

© *Alexander Reeh*

»Gleich der erste Tag meines neuen Lebens fing schon sehr skurril an. Nachdem ich ein wunderschönes, reichhaltiges neuseeländisches Frühstück, bestehend aus Cornflakes mit Milch und Milch mit Cornflakes ... sowie einer Tasse Instantkaffee zu mir genommen hatte und auf dem Weg zurück in mein Zimmer auf einen etwas baufälligen Balkon trat, fiel plötzlich die Tür hinter mir zu. Und da stand ich nun auf diesem wackligen Gerüst, in der Tiefe unter mir ein verwahrloster Hinterhof, in einer großen anonymen Stadt eines mir völlig fremden Landes, wo mich keiner kannte, der mich hätte vermissen können. Und da war es wieder dieses Gefühl des Mutterseelenalleinseins – sollte das schon das Ende meiner Reise sein, auf einem alten, bruchreifen Balkon in einem stinkigen Hinterhof? Ich konnte schon die Schlagzeilen in der Zeitung lesen: Unbekannte, verwirrte Frau mit Selbstmordabsichten vom Balkon eines stadtbekannten Hotels in Auckland City gerettet. Die Rettung war schließlich eine noch viel bruchreifere Feuertreppe, über die ich mich in den stinkigen Hinterhof retten konnte. Dort wurde ich schließlich von einem Zimmermädchen aufgegriffen und sicher in mein Zimmer geführt. Nach solch einem morgendlichen Drama konnte eigentlich nichts mehr schief gehen.«

Das nächste Abenteuer galt dem Kauf eines Autos. »Schnell entschied ich mich für einen wunderschönen, altmodischen Mitsubishi Galant, ein richtiges Opa-Garagenfahrzeug, das in 14 Jahren nur 40.000 km gefahren war. Es fehlten nur noch der Wackelkopfdackel und die umhäkelte Klopapierrolle auf der Hutablage. Der Papierkram war in Minutenschnelle ganz unbürokratisch erledigt und so war ich in weniger als 30 Minuten stolze Besitzerin eines knallroten Mitsubishi Galant geworden. Dabei verbringe ich manchmal Stunden in diversen Klamottenläden, um eine passende Hose für mich zu finden. Und so konnte das Abenteuer Neuseeland beginnen.«

Es folgte eine Reise ins Ungewisse, die mir viele schöne, neue Eindrücke vermittelte, mich an Erfahrungen und Lebensweisheiten reich machte und mich viele liebe, nette und sehr interessante Menschen kennen lernen ließ. Als Lehrerin bin ich von einem bestimmten Virus, dem Fernweh befallen. Man braucht sich nur in den Lehrerzimmern der deutschen Auslandsschulen rund um den Globus umzuschauen, um zu bemerken, dass diese Spezies von Mensch verstärkt von einem unstillbaren Fernweh angetrieben wird. Die meisten sind Wiederholungstäter, so auch ich. Es fing mit einem Austauschjahr als 16-jährige an, es folgten die ersten Fluchtversuche als ausgeflippter Hippie, ein Austauschjahr als Studentin und schließlich der erste Auslandsjob. Als ich aber nach zwei Jahren Brasilien mit meinem schulpflichtigen Sohn nach Deutschland zurückkehrte, wusste ich, dass ich von nun an sesshaft sein würde. Das war auch gar nicht so schwer, denn das Zuhause und die Alltagsroutine verschafften meinem Leben einen guten Halt. Doch als mein Sohn dann selbst als Austauschschüler in die

Welt zog, hielt ich es nicht mehr aus und suchte mir die nächstbeste Gelegenheit, die sich für mich ergab, um mal wieder den Duft der weiten Welt zu spüren und das einfache und freie Leben aus dem Koffer zu genießen.

Auf die Schnelle und für die begrenzte Zeit ließ sich kein Lehrerjob auf dieser Welt finden, außerdem kam ich als freischaffende Dozentin sowieso nicht in den Genuss eines bezahlten Sabbatjahres, daher blieb für mich nur das große Abenteuer. Ich untervermietete kurzerhand unsere Wohnung an ein Austauschpärchen, meldete mich bei der Wwoofing-Organisation an und buchte den Flug nach Neuseeland – so leicht ist es, sein gesamtes Leben in kürzester Zeit komplett umzukrempeln.

Das Wwoofing (= World Wide Opportunities on Organic Farms) ist eine gute Art des Reisens gerade für Alleinreisende, da man überall eine Anlaufstelle hat, niemals allein ist, wenn man es denn nicht möchte, und auf diese Weise mit Land und Leuten sehr intensiv in Kontakt kommen kann. Außerdem lernt man äußerst interessante Tätigkeiten kennen, angefangen vom Kühe melken und Käsemachen, über Schafe hüten und scheren bis hin zum Gärtnern, Babysitten und Haushüten.

Es bleiben die schönen Erinnerungen, zum Beispiel an das Haus in Christchurch, das man mir vertrauensvoll zur Obhut überließ, obwohl die Besitzer mich überhaupt nicht kannten. »Christchurch hat – auch unter Neuseeländern scheinbar fast unbemerkt – einen herrlich langen, breiten Strand, der flach ins Wasser hineinführt und von der Straße durch hohe Dünen abgegrenzt wird. Für mich kam es dem Paradies gleich, direkt hinter unserem Haus kilometerlang am Strand spazieren gehen zu können, mich morgens fast als einzige – es war November, also noch Vorsaison – in die leichte Brandung zu stürzen und später am Nachmittag dieses wunderschönen Sommertages einen Einkaufsbummel durch die weihnachtlich dekorierte Innenstadt zu machen und durch den Botanic Garden unter den riesigen, alten Bäumen an den Ufern des Avon entlang zu flanieren.«

Ein anderes besonderes Erlebnis machte ich auf einer großen Schaffarm in Hawkes Bay, wo ich in einer kleinen Hütte mitten in der Wildnis, fernab

jeglicher Zivilisation übernachtete. »Die erste Nacht hier allein im Kerzen-
schein, ohne Strom, aber mit Wasser aus einem Wassertank auf dem Dach
(ausreichend für die nächsten drei Wochen) und einem Plumpsklo im
Gebüsch war schon ein wahres Erlebnis. Am ersten Abend stieg ich auf
einen der umliegenden Hügel, um mir bei einem Glas Wein den herrlichen
Sonnenuntergang zu Gemüte zu führen. Dabei wurde mir meine einsame
Lage in den Weiten der neuseeländischen Hügellandschaft erst so richtig
bewusst. Noch nie zuvor in meinem Leben war ich so allein gewesen –
mutterseelenallein, ohne einen Begleiter, und meine Gastgeber eine Stunde
über Stock und Stein, hinter mehr als sieben Bergen entfernt. Da ich
sowieso kein Handy dabei hatte, ist mir auch nicht aufgefallen, dass es hier
schon lange keinen Empfang mehr gab. Meine nächsten Nachbarn waren
ein paar Frösche in dem Tümpel vor meiner Terrasse, ein paar exotische
Vögel im angrenzenden Urwald und jede Menge Schafe, die mich mit
einem freundlichen Blöken von den Hügeln links und rechts begrüßten.
Hier war ich nun das einzige menschliche Wesen weit und breit – ein
wahres Robinson-Crusoe-Feeling, mit der wunderbaren Sicherheit, am
nächsten Morgen ein warmes Frühstück bei meiner Gastfamilie bekommen
zu können.«

Besonders eindrucksvoll für mich waren auch meine ersten Begegnungen
und mein Job auf einem Milch-Bauernhof in der Nähe von Matamata, wo
ich in die Kunst des Melkens eingewiesen wurde. »Als ich am frühen
Abend, wie verabredet auf den Hof fuhr, war aber von meinen Gastgebern
nichts zu sehen. So konnte ich mich in Ruhe einmal umschauen … Erst
weiter abseits befanden sich einige landwirtschaftliche Gebäude, doch von
Kühen, Schweinen, Schafen und meinen Gastgebern war immer noch
keine Spur zu erblicken, bis endlich einer der Söhne mit seinen Freunden in
laut dröhnenden Fahrzeugen auf den Hof gebraust kam. Er schien es wohl
für ganz normal zu erachten, dass da eine fremde Person auf ihrem Grundstück herumspionierte, doch nachdem ich ihm hartnäckig bis in sein kleines
»Sleepout«, eine kleine Hütte hinter dem Haus, gefolgt war und ihn zur

Rede gestellt hatte, gab er mir bereitwillig Antwort, führte mich ins unverschlossene Haus und zeigte mir mein Schlafzimmer – das unaufgeräumte, mit Starpostern zugekleisterte Kinderzimmer seiner Schwester, die jetzt in Hamilton studierte und nicht mehr bei den Eltern wohnte. Nach diesem anfänglichen Schock machte ich es mir daraufhin erst einmal im Wohnzimmer der Familie gemütlich, las die Zeitung und studierte die Familienfotos an der Wand. Ebenso hätte ich wohl auch in aller Ruhe das ganze Haus nach Geld und Schmuckstücken absuchen und mit der Beute gemächlich davonfahren können, ohne dass irgendjemand von mir Notiz genommen hätte. Aber vielleicht interessierte die Leute das auch gar nicht. Es wurde mir jedenfalls immer mulmiger zumute, allein in diesem fremden Haus zu sitzen, dessen Besitzer ich nur von Fotos her kannte, doch was sollte ich machen? Also ging ich schließlich ins Bett, noch immer nichts ahnend, unter wessen Dach ich gerade meine müden Glieder ausstreckte.

Plötzlich sprang mitten in der Nacht im Raum nebenan ein lauter Radiowecker an, daraufhin hörte ich laute Stimmen, dann brauste ein lärmendes Quad davon und nun war wieder Stille. Etwas später vernahm ich in der Ferne neben dem Motorengeräusch des Quad ein leises Trappeln über Grasboden, durchbrochen von einigen Muhs und einer schreienden Frauenstimme, bis es wieder still war. Kurz danach hörte ich wieder ein Geräusch, das diesmal aus der Küche kam und nach Frühstückmachen klang, sodass ich mich aus meinem Unterschlupf herauswagte, um mich endlich jemandem vorstellen zu können. Die Person in der Küche war der andere erwachsene Sohn der Familie, der es eilig hatte, zu seinem Melkjob in der Nachbarschaft zu kommen. Immerhin konnte er mir den Weg zu unserem Melkstall weisen, sodass ich kurz darauf endlich meine Gastgeber, Elizabeth und Michael, ein Ehepaar mittleren Alters, dort begrüßen konnte. In ihren grünen Arbeitsoveralls und den hohen Gummistiefeln ähnelten sie aber keineswegs den Personen auf den Fotos im Wohnzimmer. Doch für ein langes Begrüßungsritual war jetzt keine Zeit und so konnte mein Job gleich beginnen. Eigentlich hatte ich noch nie zuvor einen richtigen Melkstall betreten und nun wurde ich gleich in einem Schnellkurs in die Kunst des Melkens eingewiesen. Aber ganz so einfach, wie man sich das vorstellt, ist es gar nicht. Die Kühe, sanft aussehende Jersey-Kühe mit großen Augen und einem hellbraunen Fell, standen noch in einem Gatter draußen vor dem offenen Gebäude und warteten darauf, dass sie in das Melkkarussell einsteigen konnten. Nun kletterte eine nach der anderen auf die sich langsam rotierende Scheibe, ähnlich denen, die man auf Kinderspielplätzen findet, während ich jetzt vier Saugnäpfe der Kuh von hinten zwischen die Beine an die Euter stecken musste. Für diese scheinbar simple Tätigkeit brauchte ich mehrere Tage, bis die Saugnäpfe 100-prozentig saßen und nicht nach kurzer Zeit wieder abfielen. Außerdem entging ich mehrmals nur knapp einer Attacke aus dem Darm einer dieser eigentlich doch sehr sanftmütigen, aber manchmal auch etwas störrischen Geschöpfe, deren After sich beim Melken meistens direkt über meinem Kopf befand und bei gewissem Unmut der Kuh einfach dort vor Ort und Stelle entleert wurde. Schnell war ich auf die kleinsten Vorzeichen solcherart stinkenden Duschen gefasst, um mich rechtzeitig in Sicherheit zu bringen. Anschließend aber musste die Hinterlassenschaft vom Karussell gewischt werden, damit die Kuh nicht ausrutschte und die braune, breiartige Soße nicht in die Milch geriet. Hatte ich anfangs noch starken Ekel davor, so war es am Ende ein Kinderspiel, die Hinterlassenschaft mit bloßen Händen wegzuwischen – war ja alles 100% Bio. Sowieso verlor ich allmählich sämtliche Scheu und war stolz darauf, immer mehr dieser verantwortungsvollen Aufgaben im Melkstall zu übernehmen.

… Als ich schließlich nach getaner Arbeit zum Frühstück kam, saß Michael, der Bauer, der einst seinen Lehrerjob zugunsten der Landwirtschaft aufgegeben hatte, schon mit zufriedenem Gesicht am Frühstückstisch – denn gerade hatte er mal wieder über 300€ verdient und genoss seinen Feierabend – um 9 Uhr morgens!

Ergebnis dieses sehr abenteuerlichen, abwechslungsreichen Jahres sind für mich nicht nur die schönen Erinnerungen, die wertvollen Erfahrungen, die netten Kontakte und der hautnahe Einblick in das neuseeländische Leben »down-under«, sondern es ist vor allem auch die Zuversicht, dass sich immer irgendeine Möglichkeit bietet, einmal für kurze Zeit aus dem täglichen Trott auszusteigen und auch ohne regelmäßigen Job mit Rundumversicherung auszukommen.

Theda Garnholz

Das Buch *»Neuseeland – unter Schafen, Kühen und coolen Kiwis«*, ist erhältlich im Internet bei Amazon oder dem Mana-Verlag

Tausche Schule gegen Welt
Eine Lehrerin verwirklicht ihre Träume

Sabbatjahr – davon hat man irgendwie, irgendwo schon mal was gehört. Ein Jahr von der Arbeit frei nehmen, toll. Aber wer leistet sich das? Und schon gar im Osten?

Christiane Schierhorn hat es getan. Die Wernigeröder Lehrerin hat die Chance für sich ergriffen und findet: »Es geht problemlos!« Allerdings nur, wenn man im öffentlichen Dienst angestellt ist. »Nach 29 Jahren Schuldienst habe ich im Sabbatical eine Chance gesehen, einmal Abstand zu gewinnen, neue Sichtweisen kennenzulernen und manches nachzuholen, was mir mit 20 nicht möglich war.«

Von den verschiedenen Modellen wählte sie das »schnellste«: drei Jahre Vollzeitarbeit bei 75 Prozent Bezahlung und das vierte Jahr, ebenso besoldet, frei. Bedingungen für dieses Ausnahmejahr wurden ihr nicht gestellt, die stellte sie sich selbst.

Erste Aufgabe: das Englisch verbessern. Nein, eigentlich begann das ja viel früher: Schule und Familie rechtzeitig auf ihre zeitweilige Abwesenheit einstimmen (bis hin zum Oberhemden-Bügelkurs für Ehemann Christoph) und Möglichkeiten zur Gestaltung des Sabbatjahres erschließen. Ihr Ziel war, etwas zu tun, wozu sie während des normalen Schuldienstes mit festen Ferienzeiten niemals Gelegenheit hätte.

Ihr Englisch polierte die Deutsch- und Geschichtslehrerin bei Kursen und Lehrgängen an der Volkshochschule sowie in Dublin und auf Malta auf. Denn eines wusste sie: Die englische Sprache würde sie brauchen, egal wo. Drei Träume wollte sich die 52jährige erfüllen: ihr Englisch bei Arbeit in der Landwirtschaft perfektionieren, Israel erleben und Skilaufen.

Zunächst also ein Vierteljahr nach England. Die WWOF (World Wide Opportunities on Organic Farms) organisiert Freiwillige, die gegen Verpflegung und Logis auf Ökobauernhöfen helfen. Christiane Schierhorn leistete Gartenarbeit auf drei Höfen in Südengland. »Das war mein Traum

– Gartenarbeit an frischer Luft! Von leicht bis kompliziert und körperlich schwer war alles dabei, ich konnte viel lernen. Und ich habe noch mehr Achtung vor Lebensmitteln gewonnen«, resümiert sie diesen ersten Teil ihres Sabbatjahres.

Dann der wohl größte ihrer Träume: Israel. »Vor zehn Jahren war ich für zwei Wochen dort auf einer straff organisierten Bildungsreise, seitdem wünsche ich mir, dieses Land noch einmal zu erleben.« Sie bekennt, dass es nicht die Politik ist, die sie an Israel begeistert. »Fasziniert haben mich die Natur, die Vielfalt der Menschen, die dort leben, und die Mischung aus Moderne und sehr Altem.«

Nach Israel zu gelangen, war gar nicht so leicht. Im Allgemeinen werden junge Leute als Volontäre vermittelt, in einem Alter so um die 20. Die Überlegung dahinter scheint einleuchtend: Menschen, die schon eine Menge Lebenserfahrung gesammelt haben, sehen manches vielleicht kritischer, sind möglicherweise nicht mehr so »handsam«. Auch zweifelt man an deren Leistungsfähigkeit. Aber es gibt eben auch Ausnahmen. Im Internet fand sie nach langem Suchen eine Friedensorganisation, die im Sinne der Völkerverständigung Freiwilligen soziale Aufgaben überträgt, selbst wenn sie schon in der zweiten Lebenshälfte stehen.

Drei Wirkungsstätten bot man Christiane Schierhorn an: ein Krankenhaus in Tel Aviv, ein Hospiz in Jerusalem und ein Pflegeheim in Dabburiya. Wie's der Zufall will – sie entschied sich für das Pflegeheim und damit nichtsahnend für den Wohnort von Melanie, der Tochter der in Wernigerode lebenden Familie Hamel. Zwar wusste Christiane Schierhorn, dass Hamels Tochter in Israel mit einem arabischen Israeli verheiratet ist, schließlich kennt sie Frau Hamel durch ihre Arbeit in der Stadtführergilde gut, doch den Ort wusste sie nicht. »Für mich war das ein überaus beruhigender Gedanke: Da ist jemand, zu dem du gehen kannst, den du fragen kannst, wenn du nicht weiterweißt.«

Im Rückblick fällt die Arbeitsbilanz in Israel differenziert aus: »Es war eine große Herausforderung und nicht unbedingt das, was ich mir gewünscht hatte. Menschen zu windeln, da bin ich schon an meine Grenzen gestoßen. Aber ich hab's geschafft, ich kann es, und das ist das Beste, was ich mit zurückgebracht habe.«

Der Bezug zur Arbeit mit pflegebedürftigen Menschen hatte ihr vor der Fahrt nach Israel völlig gefehlt. Das einzige war das Vorbild der Kinder. Sohn Florian hatte in einem Berliner Pflegeheim, Tochter Karen im Hospiz in Jerusalem ein Praktikum geleistet. Denen wollte sie nacheifern.

Nun war sie also neun Wochen lang fünf Tage in der Woche von 6 bis 14 Uhr dafür zuständig, dass 25 alte Leutchen genug aßen und tranken, sie half bei ihrer Morgentoilette und beschäftigte sich mit ihnen. »Es war fast wie in der Krippe, ein ganz liebevoller Umgang und leuchtende Augen als Lohn!« Unterhalten konnte sie sich eher mit den Männern, weil die aus der Besatzungszeit noch etwas Englisch parat hatten. Bei den Frauen lief das »Gespräch« meistenteils über Gesten.

Ihre Freizeit verbrachte die Wernigeröderin fast immer in der Natur. »Da konnte ich abschalten und neue Kraft sammeln!« Allein auf den Berg Tabor in der Nähe von Dabburiya ist sie fünfmal gestiegen – allein. »Das tun Einheimische nicht, höchstens ein paar Sportorientierte. Deshalb hielten auch bei jeder Wanderung mehrmals Autofahrer an und wollten mich mitnehmen, wie sie nicht verstehen konnten, dass eine Frau allein auf den Berg geht.«

Hat sie diese Angebote dankend abgelehnt, so ist sie doch bei anderen Gelegenheiten oft und gern als Anhalterin gefahren. »Nicht ein einziges Mal habe ich dabei ein ungutes Gefühl gehabt. Ich habe die unterschiedlichsten Typen kennengelernt und bin auf Offenheit und als Deutsche auf großes Interesse gestoßen. Fast jeder der Fahrer konnte aus eigenem Erleben oder von einem Familienmitglied oder Freund berichten, der schon mal in Deutschland war. Deutsche Autos, deutsche Fußballer, deutsche Wirtschaftskraft und deutsche Sauberkeit, das imponiert Arabern wie auch Juden, die ich dort kennenlernte.«

Araber, meint Christiane Schierhorn, sind sympathische Menschen, doch ihr Ordnungssinn endet vor der Haustür. Freie Flächen im Ort werden bedenkenlos in Müllkippen verwandelt, und auf einer solchen landeten bei hochsommerlichen Temperaturen auch die Reste des Opferschafes beim Opferfest Attra.

Apropos Temperaturen: Das Wetter hat Christiane Schierhorn besonders beeindruckt. Hitze und braune, verdorrte Landschaft empfing sie, und dann erlebte sie, wie nach mehr als sieben Monaten der erste Regen fiel - diese Freude bei den Einheimischen! Und dann, fast über Nacht, begann das Land zu grünen, die ersten Blumen zeigten sich, und die Temperaturen pendelten sich bei angenehmen 20 Grad ein.

Zu den großartigen Erlebnissen gehört für sie ein Ausflug nach Jordanien und dort auf ziemlich abenteuerliche Weise auch ein Ausflug in die rote Felsenstadt Petra.

Im Westjordanland erinnerte sie der Anblick der acht Meter hohen Sperrmauer an DDR-Zeiten (am 9. November 2009 versuchten Palästinenser quasi als Aufschrei, ein Segment aus der Mauer herauszubrechen). Imponiert hat ihr ein israelischer Palästinenser, der fröhlich zu ihr sagte: »Ihr habe eure Mauer weggekriegt, und wir kriegen unsere auch noch weg!« Tatsache ist, dass die Selbstmordattentate, seit die Mauer steht, zurückgegangen sind.

Die letzte Woche Israel war bei allem Erlebten die schönste: Christiane Schierhorn konnte sie mit Mann und Tochter gemeinsam verbringen. Endlich konnte sie sich mit vertrauten Menschen über das Erlebte austauschen! Es war die Weihnachtswoche, und am 24. Dezember bei 24 Grad und prallem Sonnenschein grüßten die Leute auf der Straße mit »Merry Christmas!«

Ihr Fazit nach zehn Wochen Israel konnte eindeutiger nicht ausfallen: »Israel ist ein wunderschönes Reiseland, in dem man sich nirgends unsicher fühlen muss, wo man aber auch mit der allgegenwärtigen Sicherheitspräsenz und den dazugehörigen Kontrollen klarkommen muss. Die Medien liefern uns jedenfalls ein verzerrtes, einseitiges Bild von Israel!«

Und nun läuft Christiane Schierhorn, glücklich wieder zu Hause zu sein, dem dritten Höhepunkt ihres Sabbatjahres entgegen – auf Skiern durch die herrliche Harzer Schneelandschaft. Die Bedingungen könnten besser nicht sein, um für den Vasalauf in Schweden zu trainieren. 80 km will die leidenschaftliche Skiläuferin unter die Bretter nehmen, gemeinsam mit Christoph, ihrem Mann, der den Vasalauf dann schon zum vierten Mal absolviert. »Wenn ich es nicht schaffe, dann bin ich wenigstens mal dabei gewesen«, meint Christiane Schierhorn. Vorab will sie ihre Kräfte schon mal beim 50 km langen König-Ludwig-Lauf in Oberammergau erproben.

Quelle: Christine Trosin, Neue Wernigeröder Zeitung 1/10

Freiheit auf dem Kamelrücken

Eine Auszeit in der jordanischen Wüste

© *Jörg Tillmann*

Als Kind hat sie Ali Baba gelesen. Und Karl Mays »Durch die Wüste«. »Ich war immer schon fasziniert von der arabischen Welt«, sagt Beate Kampmann (57), Lehrerin für Französisch, Englisch und Sport am Rheinenser Berufskolleg. Jetzt macht sie daraus ihr eigenes Abenteuer. In ihrem Sabbatjahr zieht sie für dreieinhalb Monate nach Jordanien. Ein Kamel hat sie dort schon.

Wadi Rum: »Das ist die Wüste, in der Lawrence von Arabien gespielt hat«, sagt Kampmann in ihrer kleinen Wohnung in Gievenbeck, die mit Andenken an viele Reisen vollgestopft ist. Das Wadi kennt sie schon seit Jahren, in den Oster- und Herbstferien hat sie dort Urlaub gemacht, nahe der Felsenstadt Petra. Im vergangenen Jahr war sie auch in den Sommerferien da. »Ich bin ein Wärmemensch«, sagt sie. Bei 40 Grad durch die Wüste zu marschieren, das macht ihr nichts aus.

Wochenlang hat sie bereits die jordanische Wüste durchstreift. Allein mit ihrem Führer Abdullah: »Für den war das genauso exotisch wie für mich.« Wobei eins klar ist: »Das ist nicht so ein om-mäßiges Vergnügen. Das ist harte Alltagsbewältigung.« Auf dem heißen Sand und Stein muss Feuerholz gesammelt werden, natürlich gibt es kein warmes Wasser, die Zelte müssen auf- und abgebaut werden. Aber die Wüste sei »einfach wunderschön«.

Beate Kampmann ist das Alleinreisen gewöhnt. Als Studentin in Münster tourte sie per Interrail durch Europa. »Wer allein reist, kriegt viel mehr Kontakte«, weiß sie.

Auch als Reisende in Jordanien ist sie begeistert von den Menschen dort, ihrer Hilfsbereitschaft, der Höflichkeit – und dem Humor.

Die Wüste wirkt wie eine Kopfwäsche. Man konzentriert sich. »Wenn ich dann wieder in Münster bin«, sagt Kampmann, »bin ich sofort reizüberflutet.«

Für ihr Sabbatjahr verzichtet sie drei Jahre lang auf ein Drittel ihres Einkommens. In Jordanien hat sie sich eine Wohnung gemietet: «Mitten unter Arabern.« Dort trägt sie auch das gelbe Dschellaba-Gewand und ein Hijab – ein Kopftuch: »Damit fühle ich mich besser – die Männer starren einen nicht so an.«

Ihr eigenes Kamel heißt Samhann, ein Hengst. Anstatt bei jeder Reise für viel Geld ein Kamel zu mieten, sagte sie sich, könne sie besser ein Tier von ihrem Führer kaufen: »Das macht die Sache für mich insgesamt billiger.«

Wenn sie dann nach über drei Monaten aus der Wüste zurückkommt, geht es gleich weiter: Asien, Australien, Neuseeland, Südsee – ein richtig ausgefüllter Sabbat wird das. »Und vielleicht«, sagt Beate Kampmann, »fahre ich danach auch noch mal in die Wüste.«

Quelle: Günter Benning, Westfälische Nachrichten 6/12

Sabbatical auf zwei Kontinenten

Während seiner einjährigen Auszeit nimmt der Berliner Manager Tim Lund an freiwilligen Arbeitsprogrammen in Südamerika und Afrika teil

Manchmal nimmt man sein Leben in die eigene Hand. Das ist ein toller Moment, ein richtiges Glücksgefühl. Aber es erfordert auch Mut, ist es doch sehr viel einfacher, sich wie immer durch den Alltag treiben zu lassen. Diesen schönen Augenblick hatte ich Anfang März 2006. Und eigentlich war er überhaupt nicht schön. Vorausgegangen war nämlich die Trennung von meiner langjährigen Lebensgefährtin. Nach ziemlich genau gemeinsamen zwölf Jahren und zwei Monaten hatten wir uns auseinander gelebt. Nun ging alles ganz schnell, ich war ungebunden, brauchte sicherlich etwas Abstand und arbeitete in einem großen amerikanischen Unternehmen, das ein unwiderstehliches Sabbatical-Programm anbietet: Unbezahlte Auszeit zwischen sechs und achtzehn Monaten und zusätzlich ein einmaliger Ausgleich vom Arbeitgeber von 25-35% des in der Zeit normalerweise anfallenden Lohns. Also kein Ansparen, sondern sofort Geld von der Firma für die Auszeit! Sehr verlockend, trotzdem kannte ich keinen Kollegen, der das schon in Anspruch genommen hatte. Und es gab eine Hürde: das Management musste dem Antrag zustimmen. Ein Personalgespräch war sowieso schon für Mitte März anberaumt. Meine neue Chefin und der neue Hauptabteilungsleiter wollten sich vorstellen, um sich einen Überblick über ihre Mitarbeiter zu verschaffen. Kein idealer Zeitpunkt für die Frage nach einer Auszeit. Als ich jedoch darstellte, dass ich mich in der Zeit im Freiwilligendienst engagieren wollte, nickte der Hauptabteilungsleiter nach kurzem Nachdenken. Glück gehabt!

Nur vier Monate später saß ich im Flugzeug nach Ecuador, was einiges in meinem Leben verändern sollte. Sechs Jahre später schreibe ich diese Zeilen ebenfalls wieder während eines Fluges in dieses Land, meine ecuadorianische Frau und meine dreijährige Tochter sitzen neben mir. Doch alles der Reihe nach ...

Ich habe mein Leben in Berlin verbracht, von einem viermonatigen Studienaufenthalt und vielen Urlauben in den USA mal abgesehen. Auch in Europa bin ich viel herumgereist. Im Sabbatjahr wollte ich nun andere Kulturen kennenlernen, meine Freiwilligendienste führten mich sechs Monate nach Ecuador und danach weitere sechs Monate nach Uganda. Wohnen und arbeiten bei Einheimischen bedeutet einerseits, seine Ansprüche radikal zu senken, aber auch von Anfang an Land, Leute, Kultur und Alltag intensiv kennenzulernen. Schlafen in einem Fünfbettzimmer, Duschen mit kaltem Wasser, Strom- und Wasserausfälle, all das wurde bei weitem wett gemacht durch Gastfreundschaft ohne Gleichen, die Teilnahme an Verlobungen, Hochzeiten, auch Trauerfeiern, Fahren in überfüllten Autos, Sammeltaxen, auf der Ladefläche von Pick-ups, hinten auf Mofa-Taxen und das Filmstargefühl, das einem überall gegeben wird. All die Sachen möchte ich nicht missen.

Organisiert habe ich mein Sabbatical über zwei Freiwilligenorganisationen, die die Vorbereitungen, die Auswahl der Projekte und Gastfamilien sowie die Betreuung vor Ort übernommen haben. Den Kontakt zu meiner Familie, meinen Freunden und den Kollegen habe ich über meinen Internet Blog »Tims Weltensammlung« aufrechterhalten.

Dabei war ich besonders fasziniert von den Dingen des Alltags, über die normalerweise nicht viel berichtet wird. Meine privaten und freiwilligen Projekte in diesem Jahr waren:

Spanisch lernen: Ohne Vorkenntnisse mit zwei Wochen Intensivkurs in Berlin und nochmal einer Woche vor Ort in der Nähe von Quito, kam danach der Sprung ins kalte Wasser. Meiner Meinung nach die schnellste Art und Weise, eine Sprache zu lernen.

Im Zoo von El Pantanal in Guayaquil, Ecuador: Führung von Besuchergruppen, Zuchtstation, Anbahnung einer internationalen Kooperation mit dem Zoo Schönbrunn in Wien (Tierspende von Affen und Zwergkängurus), handwerkliche Hilfe beim Gehege-Ausbau.

Im Africa Mentoring Institute Kajanski, Uganda: Erarbeitung und Durchführung mehrerer Computer-Grundlagenkurse und eines Projektmanagementkurses sowie Unterrichten an einer Oberschule für Physik und Informatik.

Luganda: Diese Bantu-Sprache wird in Zentral-Uganda neben der Amtssprache Englisch gesprochen. Im Gegensatz zu Spanisch fand ich sie sehr schwer zu lernen. Ich konnte aber doch mit einigen Sätzen und Begrüßungsritualen Erstaunen und Respekt bei den Einheimischen auslösen.

Zurück in Berlin, erregte auf dem Weg zu einem Museumsbesuch eine riesige ecuadorianische Flagge vor einem Hotel mein Interesse. Im Hotel lernte ich Silvia kennen, die dort Kunsthandwerk aus Ecuador verkaufte. Es war Liebe auf den ersten Blick; wir haben nun eine gemeinsame Tochter und unsere Hochzeit feierten wir ausgiebig standesamtlich in Berlin und kirchlich in San Francisco, Ecuador.

Von meiner Auszeit in Ecuador und Uganda zwei Berichte aus meinem Blog:

Sorglosigkeit in Ecuador

Was ist der markanteste Unterschied zwischen der ecuadorianischen und der deutschen Mentalität? Für mich ist es hauptsächlich das Planen und Vorausdenken der Deutschen im Gegensatz zur Sorglosigkeit der Ecuadorianer.

Dazu ein Beispiel: Einen Sonntag verbrachte ich mit Annika, einer Freundin, den Tag am Strand von Salinas, ungefähr zwei Busstunden von Guayaquil entfernt. Wie würde man einen solchen Ausflug in Deutschland planen? Zum einen sicherlich Busverbindungen für die Hin- und Rückfahrt aus dem Fahrplan heraussuchen und eventuell Plätze reservieren. Zum anderen Reiseproviant für die Fahrt besorgen und vorbereiten.

Wir sind das zum größten Teil ecuadorianisch angegangen: Da es hier sowieso keine Fahrpläne oder Liniennetze gibt, hatten wir uns für acht Uhr morgens am zentralen Busbahnhof verabredet. Es war gerade Präsidentenwahl, schon zwei Tage vorher, also seit Freitag galt das *ley seca*, die Sperrstunde in Ecuador: das heißt kein Alkoholausschank in Kneipen, Restaurants oder Diskotheken. Wir wussten nicht, ob es auch Einschränkungen im Busverkehr gab, da auch keine Museen oder sonstige touristische Einrichtungen geöffnet hatten; es herrscht nämlich Wahlpflicht in Ecuador. Trotzdem riskierten wir es. Am Terminal angekommen, sahen wir schon von weitem eine ellenlange Schlange am Schalter anstehen. An diesem Tag reisten nämlich viele Ecuadorianer zum Wählen in ihre Heimatstadt, wo sie gemeldet sind. Doch nun setzte das Prinzip der ecuadorianischen Sorglosigkeit ein: Wir standen erst einmal eine Weile herum und warteten, was passieren würde.

Schon eine Minute später wurden wir angesprochen; wir verstanden den Mann erst nicht, er sagte etwas von einer Cola, was hier entweder Limonade, Warteschlange oder Schwanz bedeuten kann. Wir waren der Meinung, er wolle uns eine Cola verkaufen. Er entfernte sich kurz, kam zurück, deutete auf die lange Warteschlange und gab uns zu verstehen, dass wir sie mit einem *Propina* (Trinkgeld) von einem Dollar umgehen könnten. Er würde uns Tickets verkaufen, für den Bus, der als nächstes abfuhr, da er bei der Buslinie arbeite. Kurzer Blickkontakt mit Annika, handelte es sich um einen Trickbetrüger, der Touristen ausnehmen möchte? Der Mann sah relativ harmlos aus, somit entschieden wir uns, das Angebot anzunehmen. Und wirklich, der Mann kaufte für uns an der Schlange vorbei zwei Tickets, schleuste uns durch das Drehkreuz, begleitete uns zum Bus – und bekam sein Trinkgeld. Drei Minuten später fuhren wir schon los. Für vieles gibt es in Ecuador mit *Propinas* eine Lösung.

Annika hatte morgens zum Erstaunen ihrer Gastschwester vier Brote geschmiert, so viel Vorausplanung hatte diese noch nie zuvor gesehen. Zusätzlich hatten wir Kekse gekauft. Es wäre nicht unbedingt nötig gewesen, denn im Bus gab es wie immer von den fliegenden Händlern alles Mögliche Essbare zu erwerben: frittierte Bananenspezialitäten, Ananas, Kokossaft und diverse andere Getränke. Der Ecuadorianer kauft im Bus und die Sachen sind nicht viel teurer als im Supermarkt: eine Halbliter Flasche eisgekühltes Wasser ist für 25 Centavos zu haben, warm im Supermarkt kostet sie 18 Centavos.

Die Rückfahrt gingen wir ähnlich sorglos an. An der nächsten großen Straße gaben wir dem bereits nach einer Minute vorbeikommenden Bus ein Handzeichen und fragten, ob er nach Guayaquil fahre. Das war natürlich nicht der Fall, aber für 50 Centavos brachte er uns beide zum Busbahnhof von La Libertad, der nächstgrößeren Stadt. Kaum angekommen, näherte sich uns ein Mann und fragte »Guayaquil«? Als wir nickten, führte er uns zum Schalter, wir kauften die Tickets und Getränke und wieder ging es ohne Wartezeit sofort los. Irgendwie kundenfreundlich, bei diesem System braucht man keine Fahrpläne, Liniennetze oder Reiseproviant.

Wochenendimpressionen aus Uganda

Donnerstagvormittag, vor dem Institut: Ein plötzliches lautes Krachen. Vor dem Institut ist ein Radfahrer auf der falschen Seite gefahren, wollte die Straße überqueren und hat den entgegenkommenden Toyota nicht gesehen. Dieser weicht aus, fährt ein Vorfahrtsschild um und kommt im Abwassergraben neben der Straße zum Stillstand. Der Radfahrer flüchtet, schnell finden sich zahlreiche Helfer, die das Auto aus dem Graben heben. Der Toyota ist natürlich so robust, dass er weiterfahren kann, als Pfand (oder Beweismittel) wird das zurück gelassene Fahrrad inklusive aufgeschnalltem 20l Wasserkanister gleich hinten eingeladen. Eine halbe Stunde später sieht alles wieder aus wie vorher, nur das Vorfahrtsschild ist nicht mehr zu sehen – Altmetall ist wertvoll …

Donnerstagabend, zu Hause in Entebbe: Die gesamte Familie freut sich über gebratene Heuschrecken. Hier wurden sie im Ganzen, also mit Flügeln und Beinen gebraten. Ich kann nicht hinsehen, lasse mir Flügel und Beine von der Familie abpulen und esse nur die Körper. Diese sind überraschend lecker.

Freitag, 16 Uhr, vor dem New Taxi Park Kampala: Ich bin auf dem Weg nach Masaka, zusammen mit Paul aus dem Institut wollen wir einer Successor Ceremony (s.u.) beiwohnen. Paul warnt mich: »Pass auf deine Tasche auf!« Beim Überqueren der Straße rempelt mich jemand an und ich spüre etwas beim Portemonnaie in meiner vorderen rechten Hosentasche. Reflexartig umklammere ich den Dieb, er will flüchten und wir fallen beide zu Boden. Ich begrabe ihn unter mir wie beim American Football den Spieler mit dem Ei. Wir liegen mitten auf der Straße, an uns rauscht ein Mofataxi vorbei, und ich befürchte schon, dass diesem die Beute weitergegeben wird. Aber so professionell arbeitet dieser Taschendieb nicht. Nachdem ich überprüft habe, dass Handy, Geld und mein Rucksack noch da sind, lasse ich ihn laufen. »What is the problem?«, fragt er noch frech. Passanten eilen mir zu Hilfe. Außer ein paar Schrammen ist alles glimpflich verlaufen.

Freitag, 18 Uhr, im Sammeltaxi nach Masaka: Wie immer läuft im Taxi ein Radiosender in lugandischer Sprache. Wir passieren gerade auf beiden Seiten Papyruswiesen, als der Radiosprecher die Wörter Energie Cottbus und Eintracht Frankfurt erwähnt. Wie klein ist doch die Welt, und irgendwie verrückt, denke ich. Da interessiert sich ein Bantu-Sender im afrikanischen Busch für den Fußballverein einer deutschen Kleinstadt. Als ich das Paul erzähle, lacht er wie so oft als Antwort. Ja, die Ugander sind fußballverrückt. Ansonsten interessieren sie sich nicht viel für andere Länder.

Freitag, 21 Uhr im Pickup-Truck auf einem Waldweg: In Masaka treffen wir auf Pauls Verwandte, die sich einen Pickup-Truck mit offener Ladefläche für ungefähr 15 Personen gemietet haben. Sie nehmen uns die eineinhalb Stunden zum Geburtshaus von Pauls Mutter mit, wo die Zeremonie stattfinden wird. Ich darf vorne auf dem Mittelplatz in der Kabine sitzen. Zwar werden meine Knie vom Steuerhebel am Lenkrad und der Konsole eingequetscht, dafür bin ich nicht dem Staub und Wind auf der Ladefläche ausgesetzt. Nach einer halben Stunde biegen wir von der nicht asphaltierten, aber breiten Straße auf einen einspurigen Waldweg ab, als wir abrupt anhalten müssen. Im Dunkeln vor uns steckt ein Toyota in einer großen

Schlammpfütze fest, die Reifen drehen durch und bespritzen das weiße Auto und Helfer mit braunrotem Schlamm. Die Stelle erscheint unpassierbar, die Helfer versuchen notdürftig zwei Holzplanken in den Schlamm zu legen, aber der Toyota kommt nicht voran. Es werden verschiedene Wege, mal rechts, mal links, ausprobiert; er kommt nicht durch. Nach einer Stunde gelingt es dann doch endlich mit einem hohen Aufwand an – bezahlten- menschlichen Helfern, den Wagen durchzuschieben. Nun sind wir dran, unser Gelände-Pickup hat nicht so große Probleme, aber auch er muss teilweise geschoben werden. Die Fahrt bis zu unserem Ziel dauert noch bis weit in die Nacht hinein.

Freitagnacht, Successor Ceremony: Eine Successor Cermony findet statt, wenn ein Familienoberhaupt gestorben ist, und ein Nachfolger gewählt wird, der seine Aufgaben übernimmt. Begraben wird man in Uganda in seinem Heimatdorf auf dem Familienanwesen. Jeder Ugander hat sein »Dorf«, wo seine Vorfahren beigesetzt sind, selbst wenn er in der Groß-stadt Kampala lebt. In diesem Fall sind im letzten Jahr einige Männer aus der Familie von Pauls Mutter gestorben, für die nun ein Nachfolger er-nannt werden muss. Daher befinden wir uns im Heimatdorf von Pauls Mutter, in der Nähe von Masaka am Viktoriasee. Die Feier ist am Samstag, aber alle reisen schon am Freitagabend an. Überall auf dem Gelände sieht man Zelte, teils mit Unicef-Zeltplanen, teils nur mit Bananenblättern bedeckt. Uns sechs Männern wird eines der besseren Zelte mit Unicef-Plane zugewiesen. Zum Nachtmahl gibt es gekochten Fisch direkt aus dem See, serviert auf traditionelle Art mit Flossen, Kopf und Haut aber ohne Innereien. Im Schein einer Parafinlampe versucht man, ihn so gut es geht mit den bloßen Händen zu essen. Danach wird traditionell und modern getanzt!

Samstagfrüh, 5.30 Uhr, im Zelt: Nach einer harten und kurzen Nacht auf einer Bastmatte, Schulter an Schulter mit den anderen Gästen, werden wir zum Tee geweckt. Warum so früh? Ich weiß es nicht, die meisten Ugander stehen täglich um fünf Uhr auf und legen sich dafür irgendwann tagsüber hin. Wir unternehmen einen Rundgang auf dem Grundstück, einer Plantage für Bananen, Kaffee, Jackfrüchte und vielem mehr, gelegen zwischen Wald und Seeufer. Am See holen die Menschen ihr Wasser, kaufen Fische oder waschen sich den Schlamm von ihren Schuhen. In einem Dorf werden Mukene auf dem Boden getrocknet, winzige Silberfische, die kleinsten Fische, die hier gegessen werden. Sie sind sehr nahrhaft, und wie man sieht, schmecken sie auch den Hühnern.

Samstag, 11 Uhr, die Zeremonie: Während des Rituals bin ich etwas überrascht, ich hatte erwartet, dass als Nachfolger die Familienältesten bestimmt werden. Die drei Nachfolger sind jedoch sehr jung, einer ist sogar noch ein Kind. Die Eltern sind mit nur 35 Jahren gestorben, und als Nachfolger wird ausschließlich jemand aus der direkten Linie gewählt.

Während der feierlichen Handlung wird dem Nachfolger ein Gewand aus Baumrindenstoff umgehängt, das sich anfühlt wie dünnes Leder. Anschließend wird ihm eine Kalebasse mit Hirsebier überreicht. Da er noch unverheiratet ist, übernimmt eine Schwester die Rolle seiner Frau. Sie bekommt symbolisch ein Schälmesser für Kochbananen, damit sie Gästen jederzeit Essen zubereiten kann. Der weitere Verlauf ähnelt dem eines katholischen Gottesdienstes, der Pfarrer ist sogar extra aus Kampala angereist. Den Abschluss bildet ein Besuch auf dem nahegelegenen Familienfriedhof.

Samstagnachmittag, 14 Uhr: Bevor wir aufbrechen, wird noch einmal gemeinsam gegessen. Es gibt Flughühner mit Kochbananen, Erdnusssauce, Yamswurzel, Reis und Kürbis, alles verpackt und gekocht in Bananenblättern.

Samstagabend, 21 Uhr, in Entebbe: Ich komme zuhause an, habe Kopfschmerzen, leichtes Fieber, keinen Appetit und lege mich sofort ins Bett.

Sonntagfrüh, 9.30 Uhr: Steves Mutter erkundigt sich nach meiner Gesundheit und meint, dass es sich um typische Malaria Symptome handelt. Ich blättere in meinem Gesundheitsbuch Afrika und tatsächlich: Fieber, Magenschmerzen, Kopfschmerzen sind unter typischen Anzeichen zu finden. Ich lasse mir einen Arzt empfehlen und hoffe, dass es kein Medizinmann ist. Vorsichtshalber nehme ich zwei sterile Einwegspritzen mit. In der Klinik warten schon fünfzehn Afrikaner, ich komme jedoch sofort dran. Manchmal hat man hier auch Vorteile als Mzungu (Weißer). Ein Assistent nimmt mir mit einer versiegelten Einwegspritze Blut ab. Nach zehn Minuten das Ergebnis: keine Malaria, also doch nur eine Magen-Darm-Grippe, wie ich sie schon zwei Wochen nach meiner Ankunft hatte. Mir werden 2.000 Schilling berechnet, umgerechnet 90 Cent. Ich beschließe, das nicht über meine Auslandsreise-Krankenversicherung abzurechnen …

Sonntagfrüh, 10.30 Uhr, Muttertags-Gottesdienst: Der Muttertag wird hier groß aufgezogen, kein Vergleich mit Deutschland. An diesem Tag besteht der Gottesdienst nur aus Gesang, Tanz und Ehrungen für die Mütter. Auch die Geschenke werden während des Gottesdienstes überreicht. Ein großer Chor von 66 Müttern, alle in roten traditionellen Kleidern, steht auf der Bühne. Die größte Inszenierung jedoch kommt von Pastor Mutebi. Er ist jedes Jahr Anfang Mai für drei Wochen in Kalifornien und hat diesmal seine Reise extra für seine Mutter vorzeitig abgebrochen. So erfahren wir, dass Pastor Mutebi gerade am nahegelegenen Flughafen eingetroffen ist, also bald erscheinen wird. Später fährt ein dunkler Van am Eingang vor. Die Menge springt auf und ein Geraune entsteht. Dann steigt zuerst seine Frau, ebenfalls im roten Kleid, aus, gefolgt vom Pastor selbst. Mit spiegelnder Sonnenbrille und weinrotem Anzug wird er empfangen und bejubelt wie ein Rockstar. Alle Mütter laufen zu seiner Begrüßung nach vorne. Er steigt, weiterhin mit Sonnenbrille, auf die Bühne, ergreift ein Mikrophon, und legt los: »Let's give a handclap the Lord! God is great! GOD-IS-GREAT!!!« Die Menge ist nicht mehr zu halten, donnernder Applaus, Gejohle, Gehüpfe. Anschließend bekommen die Mütter eine große Torte geschenkt, die an alle Besucher verteilt wird und der Pastor lädt alle Mütter (und nur diese) zum Lunch ein.

Tim Lund

Tropischer Sabbat

Der Lehrer Manfred Werdermann berichtet in Momentaufnahmen von seinem Sabbatjahr in Kamerun

© Hartmut Assmann

Los geht's: Der Weg nach Afrika führte mich zunächst auf den Dienstweg, den ich einschlagen musste, um bei der Bezirksregierung das Sabbatjahr zu beantragen. Die säkularisierte Beamtenschaft der Schulverwaltung hat aus dem alttestamentlichen Sabbatgedanken, aus dem auch die Sieben-Tage-Woche mit ihrem sonntäglichen Ruhetag hervorgegangen ist, ein Drei-bis-sieben-Jahres-Modell entwickelt.

Gewählt habe ich das Vier-Jahres-Modell. So durfte ich drei Jahre lang normal weiterarbeiten, allerdings bei einem um ein Viertel reduzierten Gehalt. Nun, im anstehenden vierten Jahr, dem eigentlichen Sabbatjahr, kann ich – bei weiterhin reduziertem Gehalt – das tun, was ich mir für diese Zeit vorgenommen habe.

Von Anfang an wollte ich dieses Jahr in Kamerun verbringen. Nicht als ausgedehnter Urlaub, sondern im Rahmen der seit 1996 bestehenden Partnerschaft zwischen dem Kirchenkreis Soest der Evangelischen Kirche von Westfalen und dem Kirchenkreis Grand Nord der Evangelischen Kirche von Kamerun.

Ankunft: Reges Treiben herrscht um mich herum. Viele Menschen, jede Menge hupender Autos, darunter unzählige gelbe Taxen. Durch das übliche Verkehrschaos drängeln sich die flinken Mopedtaxen und bahnen sich so ihren Weg in die einzelnen Stadtteile. Ich sehe die fliegenden Händler, höre die laute Musik aus den Bars, rieche den Duft gegrillter Fleischspieße und spüre das fremde Klima auf der Haut. Die ersten Eindrücke Doualas erschlagen einen förmlich. Zumindest, wenn man das erste Mal in diese afrikanische Stadt kommt.

Hervorragende Lebensbedingungen finden in dieser Stadt die Moskitos. Es herrscht ein Treibhausklima mit gleich bleibenden Temperaturen zwischen fünfundzwanzig und dreißig Grad Celsius, dazu eine Luftfeuchtigkeit von bis zu achtundneunzig Prozent. Heftige, tropische Gewitterschauer, die häufig nachts niedergehen, füllen die vielen Gräben, Bäche und Pfützen, in denen dadurch optimale Bedingungen für den Nachwuchs der stechenden Plagegeister herrschen. Auch trägt das riesige Delta des Wouri mit den Mangrovensümpfen zur schnellen Vermehrung der Moskitos bei.

Unterwegs: Kaum hat der Kleinbus in einem der an der Strecke liegenden Dörfer angehalten, schon drängeln sich einige Frauen, Kinder und Jugendliche um das Fahrzeug herum. Lautstark bieten sie ihre Waren an, die sie am ausgestreckten Arm und in kleine Plastiktüten verpackt durch die Fenster ins Wageninnere halten: Erdnüsse, geschälte und in Stücke geschnittene Papayas, gekochte Maiskolben oder die sehr bitter schmeckenden Kokosnüsse.

Eigentlich sind in den sechs Reihen jeweils drei normale und ein klappbarer »Notsitz« für den Gang vorgesehen. Durch eine Reihe von Zwischenstopps, wie in diesem Ort, reicht der Platzbedarf zwangsläufig nicht aus, was zur Folge hat, dass insbesondere im hinteren Busbereich Fünferreihen eröffnet werden, falls keine Kinder dabei sind. Dann sitzen in einer Reihe bis zu sieben Personen. Erdrückend kommt hinzu, dass die meisten Kamerunerinnen nicht gerade dem schlanken, westeuropäischen Schönheitsideal nachstreben, womit sie Recht haben, denn das würde nicht zu ihnen und ihrer Mentalität passen. Wahrscheinlich habe ich es nur meinem Begleiter zu verdanken, dass wir ziemlich weit vorne sitzen und es hier nur Viererreihen gibt.

Wohnen: Obwohl ich allein in meiner Wohnung lebe, so ganz allein bin ich eigentlich nie. Eine Menge kleiner Begleiter teilen sich den Lebensraum Haus. Geckos verschiedener Größe und zum Teil mit bunten Farben wärmen sich an den von der Sonne beschienenen Wänden, gelegentlich gehen sie auf Insektenfang. Da sie davon reichlich finden, ist die Population dieser Echsen in der Region entsprechend groß.

Während Geckos eher scheu sind und sich nur in seltenen Fällen in die Wohnung verirren, suchen die Insekten mehr die menschliche Nähe. Vielleicht ist es einfach nur das Licht in der Wohnung, zu dem sie krabbelnd, fliegend oder hüpfend gelangen wollen. Anziehend wirken neben den heißen Glühlampen, dessen Berührung sie allerdings mit dem Leben und dem Absturz auf den Boden bezahlen, die Lebensmittelvorräte in der Küche. Insbesondere der Zucker hat es den Ameisen angetan, während sie die herzhaften Speisen links oder rechts liegen lassen, wenn sie sich auf den Weg zum Zucker in das Regal machen. Erst eine gut schließende Tupperdose machte dieser kleinen Insektenstraße ein Ende.

Einkaufen: Kaufhäuser oder größere Supermärkte, wie bei uns in Deutschland, gibt es in Garoua nicht. Neben dem kleinen und dem großen Markt, wo die Zwiebel-, Obst-, Gemüse-, Fleisch-, Räucherfisch- und sonstigen Lebensmittelhändler jeweils ihre eigenen Bereiche haben, den unzähligen kleinen Geschäften und Verkaufsständen an den Straßen, sind jede Menge mobiler Geschäftsleute unterwegs und bieten ihre Waren an.

Diese kamerunischen Ich-AGs haben sich meist auf eine Warengruppe spezialisiert. Auf dem Kopf oder auf den Armen, in den Händen, in Taschen oder auf speziellen selbstgebauten Tragehilfen fixiert, werden die Waren den potenziellen Interessenten präsentiert. Ein einzelner Schuh auf dem Kopf kennzeichnet einen ambulanten Schuhverkäufer, die restlichen Schuhe befinden sich in einer um die Schulter gehängten Tasche, oder er hält sie zwischen den Fingern eingeklemmt in seinen Händen. Etwas lustig sieht es für uns aus, wenn ein in Geschenkpapier eingepacktes Paket oder ein kleiner Koffer mit Rollen auf diese traditionelle Art und Weise getragen wird.

Projekte: Es ist schon eine andere Welt, die bereits fünf Kilometer außerhalb der Stadt beginnt. Kein Strom, kein fließendes Wasser, fehlende sanitäre Anlagen, zeitweise, insbesondere in der Regenzeit, unpassierbare Wege, einfachste und sehr traditionelle Lebensweisen.

Oft begleite ich den Leiter des Gesundheitszentrums auf die Dörfer. Nicolas' Fahrten finden in regelmäßigen Abständen und an bestimmten Wochentagen statt. Dort werden kleine Gesundheitskomitees gebildet, er untersucht die Schwangeren, führt Impfkampagnen durch, es findet eine Aidsaufklärung statt und die Bedeutung von Hygiene sowie von sauberem Trinkwasser für die Gesundheit wird erklärt.

Viele Menschen in den Dörfern nutzen einfache Erdlöcher, aus denen sie mit Eimern das Wasser schöpfen und dessen Brunnenrand meist nur mit einem alten Autoreifen befestigt ist. Dagegen erfüllen die neu realisierten Brunnen vollständig die hygienischen Bedingungen. Sie haben eine leicht abschüssige, betonierte Bodenplatte, damit das verschüttete Wasser nach außen abgeführt wird. Ferner sind sie komplett verschlossen, so kann weder Regenwasser noch Unrat in den Brunnen gelangen. Die Brunnenröhre ist mit Betonsteinen gemauert und das Wasser wird meist mit einer einfachen Seilpumpe nach oben befördert. In ein umlaufendes Kunststoffseil sind in regelmäßigen Abständen – etwa alle vierzig bis fünfzig Zentimeter – zwei Knoten angebracht, zwischen denen eine kleine Kunststoffscheibe gehalten wird. Diese Kunststoffscheiben füllen das nach oben führende Rohr gerade so aus und nehmen das Wasser auf ihrem Weg nach oben mit, wo es durch einen seitlichen Ausguss in die Eimer, Schüsseln und Kalebassen fließt. Auf dem Kopf tragend bringen die Frauen und Kinder anschließend das kostbare Nass zu ihren Hütten.

In Kaélé, knapp zweihundert Kilometer in nordöstlicher Richtung von Garoua gelegen, haben wir die Dorfbewohner für die Alphabetisierungskurse sensibilisiert. Dies ist eine sehr wichtige Aufgabe bei der Unterstützung der Bevölkerung im Grand Nord. Obwohl Französisch offizielle Landessprache ist und es viele Schulen gibt, können etliche Bewohner dieser Region weder Lesen noch Schreiben. Mit sehr anschaulichen Beispielen werden der Bevölkerung verschiedene Situationen geschildert, in denen die Kenntnisse der französischen Sprache sehr nützlich sind. Dazu gehört unter anderem ein Arztbesuch, bei dem es schließlich darauf ankommt, sich verständlich zu machen, woran zum Beispiel das Kind leidet. Oder es wäre von Vorteil, wenn die Ehefrau den Brief mit dem »Geheimnis« lesen kann, den ihr der Ehemann geschickt hat, der zum Arbeiten in die Stadt gezogen ist. Da wäre es sehr schlecht, wenn andere diesen Brief lesen müssten, um den Inhalt der Frau mitzuteilen.

Gastfreundschaft: Es sind eher die Wohlhabenderen, bei denen ich zu Gast bin. Sie können sich folglich einen Fernseher leisten, und dieser wird dann, wenn der Gast kommt, gleich angestellt. Oder er läuft den ganzen Tag, egal, ob sich jemand im Wohnraum aufhält oder nicht. Zur Zufriedenheit der Gastgeber können die Gäste beitragen, indem sie beim Essen gut zuschlagen. Und durch das mehrfache Nachnehmen zeigt der Gast, dass es ihm schmeckt. Das fällt meist nicht schwer, denn die nordkamerunische Küche ist sehr gut und sehr schmackhaft. Es gibt viel frischen Fisch, Hühnchen oder Rindfleisch, dazu die leckeren Kochbananen, Yams und andere Knollengewächse, verschiedene Gemüsesorten, Reis, Salz- oder Süßkartoffeln. Als eine Kleinigkeit zum Bier wurden mir einmal geröstete Termiten gereicht, die fast wie Staub im Mund zerfielen. Ein anderes Mal waren es Heuschrecken, die sehr lecker und würzig schmeckten.

Und wenn ich mich nach einer Einladung bei den Gastgebern für das leckere Essen und den netten Abend bedanke, dann kommt fast immer der Spruch: »Wir sind es, die sich bedanken müssen.«

Etwas sparsamer könnten die Kameruner mit Öl und Fett umgehen. Gerade die Saucen sind außerordentlich fettig. Ebenso lieben sie die in Öl gebratenen Kochbananen oder die krapfenähnlichen, herzhaft schmecken-den Beignets. Zum Nachwürzen wird das extrem scharfe Piment gereicht. Für meinen Gaumen ist selbst eine Messerspitze gut verteilt auf dem Fleisch schon zu viel.

Trotz ihrer Kochkünste ist das eigentliche Geheimnis der kamerunischen Küche ein ganz anderes, ein ziemlich westliches: Maggi! Überall in der Stadt sind die gelben Werbeplakate, Fähnchen und Schilder zu finden. Selbst einige Restaurants sind komplett gelb angestrichen, anschließend wurden sie mit dem roten Schriftzug »Maggi« und dem Zusatz »Le secret de la bonne cuisine« versehen.

Das reichhaltige und zu fettige Essen, das viele Bier, gegen das ich mich teilweise kaum wehren kann, haben erste Spuren hinterlassen. Der Knopf an der Hose lässt sich nur noch äußerst schwer schließen. Trotzdem ent-spannt sich die Situation inzwischen ein wenig. Das liegt zum einen an den neuen Hosen mit größerer Bundweite, zum anderen habe ich damit begon-nen, weniger zu essen, zu trinken und ein bisschen Sport zu treiben. Viel-leicht gelingt es mir, ohne die neuen Hosen wieder nach Deutschland zurückzukommen.

Augenblicke: Trau dich! Ob die junge kamerunische Trägerin des engen T-Shirts weiß, was diese beiden deutschen Worte quer über ihrem Busen bedeuten? Oft sind es Kleinigkeiten, die einem durch Zufall ins Auge springen bei einer kleinen Pause in einer Bar oder irgendwo unterwegs, wenn man die Augen offen hält.

Meist sind es nur Sekundenbruchteile, die die Aufmerksamkeit auf sich lenken, die zum Erstaunen führen. Es gibt Dinge zu entdecken, die einen zum Schmunzeln anregen, die einen nachdenklich stimmen, oder die einen einfach nur auf die unterschiedliche Kultur und Lebensbedingungen hinweisen. Sei es die stillende Mutter im Gottesdienst, sei es das T-Shirt mit der Aufschrift »Wir wollen unseren Kaiser Wilhelm wiederhaben«, sei es der kleine Topf, den das Kind mit dem Kaftan auf dem Kopf trägt anstatt der traditionellen Kappe. Käme bei uns jemand auf die Idee, tänzelnd seinen Weg fortzusetzen, wenn er an einer Bar vorbeigeht, aus der laute Musik dröhnt? Würden bei uns Arbeiter in einer Gruppe laut singend ihrer Tätigkeit nachgehen?

Transport: Mit ziemlicher Sicherheit erweckt ein Thema fast täglich Erstaunen, wenn nicht gar Kopfschütteln: der Transport. Egal, ob es sich dabei um den Transport von Waren oder Menschen handelt. Was, wie und in welchen Mengen pro fahrbarem Untersatz transportiert wird, darin sind die Afrikaner Weltmeister.

Es sind Fahrräder zu sehen, voll behangen mit lebenden Hühnern. Jeweils paarweise an den Beinen zusammengebunden, baumeln sie an Lenker, Rahmen und Gepäckträger und werden so zum Kauf angeboten. Oder Mopeds, deren Mitfahrer riesige Kartons, lebende Tiere und andere Waren vor sich, seitlich neben sich, über dem Kopf oder hinter sich herziehend krampfhaft festhalten beim Weg durch die Straßen.

Es fahren Autos, bei denen ich mich wundere, dass sie nicht auseinander brechen, bei denen der Boden durch die dauernde Belastung durchgebogen ist. Oder Pritschenwagen und kleine Lastwagen, voll gepackt zuerst mit den schweren Mais-, Hirse- oder Zuckersäcken, darüber das Brennholz gestapelt und ganz oben noch ein paar Fahrgäste, die hoffentlich ausreichend Halt gefunden haben bei ihrem meist holprigen Weg in die Stadt.

Touristisches: Die schmale, kurvenreiche und landschaftlich sehr reizvolle Piste führt uns immer weiter und immer höher in die Mandaraberge hinein. Sehr schnell kommen wir auf dieser fünfunddreißig Kilometer langen Strecke nicht voran, so bleibt genügend Zeit, die herrlichen Ausblicke zu genießen. Im Reiseführer wird diese Route als praktikable Wellblechpiste beschrieben. Blech ist ein dünner, nachgebender Werkstoff. Die Piste ist steinhart. Und steinreich. Ich bin froh, dass ich in einem Auto mit grober Bereifung und viel Bodenfreiheit unterwegs bin, denn ich nutze nicht meinen eigenen Wagen sondern einen Pritschenwagen. Mit einem normalen PKW – laut Reiseführer möglich – würden wir bestimmt häufiger aufsetzen.

Schließlich erreichen wir Tourou, das Ziel unserer Fahrt. Jeden Donnerstagvormittag findet in diesem Ort ein Markt statt, der zu den schönsten und eigentümlichsten Kameruns gezählt werden kann. Dies hat sich zwangsläufig bis zu den Touristen beziehungsweise deren Reiseleitern herumgesprochen, und trotz Holperstrecke sind zwei kleine Gruppen von ihnen bereits in Touru angekommen. Neben der weißen Hautfarbe ist besonders die Kleidung dieser Touristengruppe auffallend. Frauen in Shorts und ärmellosen T-Shirts, Männer im Safari-Look, die langen Beine der Multifunktionshose abgetrennt, den Fotoapparat schussbereit um den Hals gehängt.

Glücklicherweise hat dieser Markt seine Authentizität bewahrt, trotz der regelmäßigen Besuche durch die Fremden. Sie tauchen ja nicht in Massen auf, denn dafür ist der Weg in solch abgelegene Dörfer zu anstrengend. Lediglich am Anfang des Marktes gibt es zwei, drei kleine Stände mit Kalebassen, die extra für die Besucher angefertigt wurden. Die mit dunkelroter Farbe bemalten, mit einem hellen Muster verzierten und geölten

Kalebassenhälften haben bei den Goudour-Frauen eine besondere Bedeutung. Mit ihnen schmücken sich die verheirateten und verlobten Frauen, denn die Kalebassenhälften werden, wie ein Stahlhelm, auf dem Kopf getragen.

Tradition: Der zukünftige König trägt eine schwarze, runde Kappe. Ein breit ausgeschnittener, dunkelbrauner, aus grobem Stoff hergestellter, sackähnlicher Überwurf reicht von seiner Kopfbedeckung bis über die Hüften, darunter ragt eine beigefarbene Stola bis in Schienbeinhöhe heraus. Die rechte Hand umschließt einen schlichten Stab, der am oberen Ende mit einer roten Feder geschmückt ist. Mit seiner Linken hält er den Überwurf über der Brust zusammen. Traditionell sind seine Unterschenkel mit roter Farbe bemalt. Nicht ganz so traditionell ist die bunte Bermudashorts, die seitlich neben seiner Stola hervorschaut. Tradition und Moderne liegen in Kamerun oft eng beieinander.

Es war während seiner Initiationszeit vor dem La'akam, als ich den neuen König der Chefferie Bandjoun bei Bafoussm das erste Mal sah. Diesmal trägt er ein schickes, langes, aus kostbarem Stoff hergestelltes Gewand, denn heute wird er in sein Amt eingeführt. Das Land der Bamiléké im Westen Kameruns ist bekannt für seine traditionsreichen Chefferien, die vom Foo und seinem Beraterstab, den Notabeln, geführt werden. Der Foo ist für sein Volk da und zusammen mit den Notabeln wacht er darüber, dass Tradition und Riten bewahrt werden und aufkommender Streit geschlichtet wird.

Gefahren: Die Gefahr droht. So ganz risikolos, wie es scheint, ist ein Aufenthalt in Kamerun nicht. Sich der Gefahr bewusst zu sein, ist eine wichtige Voraussetzung, um unbeschadet wieder in das vertraute, sichere Deutschland zurückzukehren. Kurz vor Ende meines Sabbatjahres bin ich für ein paar Tage in Kribi, ganz im Süden Kameruns. Gleich hier am Hotelparkplatz werde ich auf die Gefährdung hingewiesen. Es ist nicht die

Information, Wertgegenstände aus dem Auto zu entfernen, denn der Parkplatz wird rund um die Uhr bewacht. Nein, die Gefahr ist eine andere. Sie droht von oben.

Gewarnt werde ich durch ein selbst gemaltes Schild, ein stilisierter, deformierter Kopf mit einem Oval darüber und dem klärenden Schriftzug: Achtung, Kokosnuss! Und tatsächlich: Der Blick nach oben bestätigt das Gefahrenpotenzial. Vielleicht zwölf bis fünfzehn Kokosnüsse warten förmlich darauf, unbedarften Touristen Kopfschmerzen zu bereiten.

Die gefährlichen Kokospalmen stehen nicht nur am Hotelparkplatz, sie sind genauso am Rand des schönen Sandstrandes zu finden. Bei einem Nickerchen nach dem Baden sollten die Gäste vorsichtshalber genügend Abstand zu diesen Bäumen halten. Jetzt, Ende Juni, ist das problemlos möglich. Denn eine andere Gefahr, die, einen Sonnenbrand zu bekommen, ist sehr gering. Dafür zeigt sich die Sonne im Moment viel zu wenig. Sie zieht es vor, sich hinter dicken Wolken zu verstecken, aus denen es durchaus mal regnen kann.

Rückkehr. Der Rückweg steht an. Am kommenden Dienstagabend verlasse ich das Land, in dem ich fast ein Jahr lang gelebt habe. Und wie es sich für Afrika gehört, war dieses Sabbatjahr teils ganz anders als erwartet. Insbesondere im ersten Teil im Norden Kameruns konnte ich weit weniger mitarbeiten als gedacht, mein Aufenthalt beschränkte sich mehr auf das Beobachten und Zuhören.

Um »richtig« wieder in Deutschland anzukommen, bleiben mir nach der Rückkehr fast sechs Wochen Zeit, bevor Anfang September die Schule wieder beginnen wird. Nach so einem erlebnisreichen, interessanten und schönen Sabbatjahr, das mich in eine »total andere Welt« geführt hat, ist dieses Eingewöhnungszeit sicherlich erforderlich. Klimatisch werde ich mich ebenfalls wieder eingewöhnen müssen, denn inzwischen fange ich an zu frieren, wenn die Temperaturen unter dreiundzwanzig Grad sinken.

Afrika ist weit entfernt, und für viele Menschen hier in Deutschland ist Gott inzwischen noch weiter weg. Er ist aus ihrem alltäglichen Leben verschwunden. Gelegentlich berufen sich zwar einige auf ihn, »Gott sei Dank«, doch dann ist es im Grunde nicht so gemeint, sie nutzen den Gottesbezug lediglich als Floskel.

Durch Zufall bekomme ich gleich am ersten Tag nach meiner Ankunft am Nachbartisch der Pizzeria ein kurzes Gespräch mit. Der junge Mann antwortet auf die Frage »Musst du heute Nachmittag arbeiten?« mit »Ja, leider Gottes!«. Ein Kameruner hätte ganz anders geantwortet, er wäre froh, überhaupt einen Arbeitsplatz zu haben. Und die meisten würden Gott ganz bewusst dafür danken, dass sie ihren Lebensunterhalt durch eine geregelte Tätigkeit bestreiten können.

Gerade jetzt in den ersten Tagen nach meiner Rückkehr fallen mir viele Dinge auf, die ich ohne die einjährige Abwesenheit nicht so deutlich oder gar nicht registriert hätte. Auch wenn der Alltag einen sehr schnell wieder einholt, es bleiben tiefe Eindrücke, andere Sichtweisen, Dankbarkeit und auch neue Freunde in einem fernen Land.

Manfred Werdermann

Mehr zum Aufenthalt in Kamerun unter www.tropischer-sabbat.de

Für Ärzte ohne Grenzen in Afrika

Abenteuerliche Rückkehr nach einem halben Jahr sozialem Engagements in Guinea

Vor drei Wochen kam er zurück aus der Sahara. Er war dort, wo bis vor kurzem 14 Geiseln, darunter neun Deutsche, von Entführern festgehalten wurden. Doch Günter Fröschl wusste nichts von der Entführung und von den Strapazen der Geiseln. Braun gebrannt sitzt der 31-jährige in einem Café, erzählt von den sechs Monaten als Freiwilliger bei der Organisation »Ärzte ohne Grenzen«. Wie er als einziger Arzt in einem Lazarett in Guinea liberianische Flüchtlinge versorgte, die an Malaria, Lepra oder Tuberkulose erkrankt waren. Und er erzählt auch von seiner fünfwöchigen Reise durch die Wüste in Mali und Mauretanien.

Günter Fröschl sieht erholt aus. Fast so als hätte er seine Auszeit auf einer Ferieninsel verbracht und wäre nicht 6 000 Kilometer durch die Sahara gefahren. 500 Kilometer legte er am Tag zurück, meist per Anhalter über staubige Pisten. »Wenn es nicht gerade regnete und die Wege unpassierbar wurden«, sagt Fröschl.

Tagelang zog der Mediziner mit Tuareg-Nomaden auf Kamelen durch die Wüste in Nord-Mali, dort wo zur gleichen Zeit die Geiseln auf ihre Befreiung warteten. Erst in Frankreich erfuhr Günter Fröschl von der Entführung. An seinem Arbeitsplatz in dem Flüchtlingslager wurden die Nachrichten französischer Sender zwar täglich zusammengefasst und übersetzt. »Eine Geiselnahme kam darin aber nicht vor«, sagte er. Ein Schock sei die Entführung für ihn im Übrigen nicht gewesen. In Algerien sei man als Europäer immer eine potentielle Zielscheibe, hatte er gehört. Deshalb nahm er lieber hunderte Kilometer Umweg in Kauf, fuhr von Guinea nach Mali und dann durch Mauretanien nach Marokko. Trotz des Putschversuches in der mauretanischen Hauptstadt Nouakchott im Juni und trotz der Warnungen des Auswärtigen Amtes vor Fahrten durch den Norden Malis. Bewaffnete Banden hatten dort Reisende angegriffen. Bekanntlich waren auch die Geiseln von ihren Entführern zuletzt in diese Gegend gebracht worden. Rebellen forderten Schmiergeld. Günter Fröschl fühlte sich sicher in der Sahara. »Mit dem Turban auf dem Kopf hat mich niemand als Touristen erkannt«, sagt er. Die Einheimischen sprachen ihn auf Arabisch an – er antwortete auf Französisch. »Sie dachten, ich sei ein Geschäftsmann auf Durchreise.« Er schlief allein unter freiem Himmel. Zu essen gab es genug: Reis mit Lamm und Zwiebeln. Fast jeden Tag. »Einmal gab es Geflügel«, sagt er. Das war auf dem Weg von Mali nach Mauretanien, als der Fahrer eines Jeeps mitten auf der Strecke stehen blieb, seine Schrotflinte unter dem Fahrersitz hervorzog und Vögel erschoss. Nur das Wasser wurde schon mal knapp. »Wir holten es mit Säcken aus Lammhaut aus Bohrlöchern in den Oasen«, sagt Fröschl. »Es war salzig und schmeckte nach altem Leder.«

Zu Hause, in seiner Wohnung in Friedrichshain, ist Günter Fröschl dann doch etwas aufgefallen. »In Mali war es seltsam still«, sagt er. Keine Ausflügler in Timbuktu, keine Touristenkarawanen in der Wüste, keine Besucher an den Lehmbauten in Djenne. Folgen der Entführung. Dann erzählt Fröschl, dass auch er von Rebellen angehalten wurde und Schmiergeld zahlen musste. Immer wieder unterbrachen Straßensperren seine Reise, das Militär durchwühlte sein Gepäck. »Das ist Alltag in Afrika«, sagt er. Irgendwann möchte der Mediziner wieder als Freiwilliger arbeiten. Dann vielleicht in Südamerika.

Quelle: Berliner Zeitung/ Franziska Köhn, 22.08.2003

Absprung geschafft ...

Als Berater auf Zeit in Tansania

Elke Dieterich kündigt mit 34 Jahren ihren Job als Marketingleiterin und wagt einen Ausstieg auf Zeit. Auszug aus ihrem Auszeit-Blog und Interview auf mymonk.de vom 31. August 2012

09.07.2009 Absprung geschafft ... Gestern war mein letzter Arbeitstag. Ein komisches Gefühl, nach fast vier Jahren lieben Kollegen und Freunden ‚tschüss' zu sagen. Aber, wer den Absprung nicht wagt, kann auch nicht gewinnen ... Ein neuer Lebensabschnitt beginnt nun, denn in knapp sieben Wochen geht es für zunächst 3 ½ Monate als Beraterin auf Zeit in ein Aids-Waisen Projekt nach Dar-es-Salaam in Tansania.

Wann und woran haben Sie gemerkt, dass Sie eine längere Auszeit brauchen?
2008 habe ich das erste Mal über das Thema Auszeit nachgedacht. Damals war ich Marketingleiterin bei einem großen Sanitärhersteller. Ich hatte eigentlich alles, um glücklich zu sein, und doch hat mir etwas gefehlt. Ein Urlaub in Namibia mit Rucksack und Zelt hat mir dann gezeigt, dass das, was ich aktuell machte, nicht alles sein kann im Leben. 2009 habe ich meinen Job gekündigt und bin für sieben Monate als ehrenamtliche Beraterin auf Zeit in ein Aids-Waisen Projekt nach Tansania gegangen. Dort habe ich das Projektteam beraten und gecoacht und letztendlich dort unterstützt, wo meine Hilfe benötigt wurde. Durch Wissenstransfer wurden im Projekt Strukturen aufgebaut, die vom lokalen Projektteam mit Leben gefüllt werden. Auch nach meiner Rückkehr nach Deutschland im Mai 2010 läuft das Projekt sehr erfolgreich weiter.

Wie haben Sie die Auszeit erlebt, was haben Sie in dieser Zeit über sich selbst und das Leben gelernt?
Auch wenn ich in den sieben Monaten in Tansania ständig zwischen Hoffnungslosigkeit, Wut und Lichtblicken geschwankt bin, würde ich mich im

Nachhinein betrachtet, immer wieder für eine solche Auszeit entscheiden. In Tansania und im Projekt bin ich oft an meine Grenzen gestoßen, denn es sind natürlich zwei Welten aufeinander geprallt. Auf den ersten Blick habe ich auf vieles verzichten müssen. Wir hatten nicht immer Strom, und aus der Dusche kam wenn überhaupt nur kaltes Wasser. Viele Aufgabenstellungen wären in Deutschland sehr einfach zu lösen gewesen, weil wir hier auf entsprechenden Support zurückgreifen können. Bei vielen Problemen war ich auf mich allein gestellt. Das zwingt einen Kreativität zu entwickeln und unkonventionelle Lösungsansätze zu finden. Auch hatte ich anfangs Schwierigkeiten mit der vermeintlichen Langsamkeit. Meine deutsche Pünktlichkeit war nicht gefragt. Viele Dinge, die ich in Deutschland wahrscheinlich schon bis zur Mittagspause erledigt hätte, haben sich dort über ein bis zwei Tage hingezogen. Ob der schlechten Straßenverhältnisse und des Verkehrschaos hat ein Bankbesuch dann schon mal einen halben Tag gedauert. Das kann einen zermürben, insbesondere wenn man Ziele zu erfüllen hat und somit ein gewisser Zeitdruck da ist. Und auf der anderen Seite sieht man, dass das bisschen, was man gibt, einem aufs Vielfache zurückgegeben wird. Sieht das Leuchten in den Augen der Kinder und die Hoffnung und Lebensfreude der Tansanier, die durch nichts zu erschüttern ist. Ich habe gelernt, kreativ und flexibel zu sein, zu warten und geduldiger zu werden. Das wichtigste was ich mir jedoch mitgenommen habe ist, dass ich Heute und im Hier und Jetzt lebe. Ich verschiebe Dinge, die mir wichtig sind, nicht mehr auf irgendwann, sondern mache es jetzt. Insgesamt bin ich ruhiger und gelassener geworden. Dinge, die mir früher wichtig waren, sind es heute nicht mehr wirklich.

40% aller Deutschen träumen davon, auszubrechen aus ihrem Alltag und etwas völlig Neues auszuprobieren. Nur 4% nehmen sich tatsächlich eine Auszeit. Was unterscheidet diejenigen, die ihren Träumen folgen von denen, die Jahr für Jahr weiterträumen? Ganz einfach: sie sind mutig. Denn eine große Portion Mut gehört dazu, wenn man sich für eine Auszeit – egal in welcher Form – entscheidet.

Was sind die größten wahrgenommenen Hindernisse, die zwischen unserem Traum und der tatsächlichen Auszeit stehen – und wie können wir sie überwinden?

Ich nehme eine Auszeit, weil ich es mir wert bin. Und so bin ich auch der Meinung, dass sich jeder Mensch eine Auszeit nehmen kann und gönnen sollte. Nur die Ausgestaltungsmöglichkeiten (hinsichtlich Länge und Art) sind verschieden und richten sich nach den jeweiligen Lebenssituationen, den Wünschen und natürlich dem Geldbeutel des Einzelnen. Die Gründe und vermeintlichen Hindernisse, die dazu führen, dass man seinen Auszeit-Wunsch nicht in die Tat umsetzt, sind eigentlich immer die gleichen: Was sagen die anderen (Familie, Freunde, Arbeitskollegen) zu meinem Vorhaben? Wie sage ich es meinem Arbeitgeber? Kann ich mir eine Auszeit finanziell überhaupt leisten? Wie gestalte und organisiere ich meine Auszeit? Wer unterstützt mich in der Vor- und Nachbereitung? Wer fängt mich auf, wenn ich wieder zurückkomme? Über diese Fragestellungen muss man zwingend nachdenken, bevor man seinen Auszeit-Wunsch realisieren kann. Mit einem Partner an der Seite und einer guten Planung können diese »Hindernisse« jedoch überwunden und der Auszeit-Wunsch in die aktuelle Lebenssituation integriert werden.

Muss ein Sabbatical »der Menschheit dienen«? Gibt es etwas einzuwenden gegen zwölf Monate am Strand?

Klar muss ein Sabbatical der Menschheit dienen, und zwar jedem einzelnen. Denn wenn es mir gut geht, dann geht es auch meinem Umfeld gut. Dafür ist es nicht wirklich wichtig, was ich in meiner Auszeit mache. Jeder Mensch ist verschieden und so verschieden sind auch die Ausgestaltungsmöglichkeiten einer Auszeit. Diese müssen sich einfach nach den Bedürfnissen und Möglichkeiten des Individuums richten. Ob Weltreise, Hausbau, Pflege eines Familienangehörigen, Weiterbildung oder soziales Engagement – der Ausgestaltung sind keine Grenzen gesetzt und somit können zwölf Monate am Strand für den einen genau so richtig und gut sein, wie vier Monate soziales Engagement für den anderen.

Gemeinsam mit ihrer Geschäftspartnerin haben Sie nach Ihrer Auszeit das Unternehmen Manager für Menschen gegründet. Was macht Manager für Menschen und an wen richtet sich Ihre Dienstleistung?

Manager für Menschen ermöglicht Fach- und Führungskräften, die sich im Rahmen einer Auszeit sozial engagieren möchten, den Einsatz als Berater auf Zeit in einer gemeinnützigen Organisation. Dabei begleiten wir die Fach- und Führungskraft vom Auszeit-Wunsch bis zur Durchführung bei allen organisatorischen, rechtlichen und finanziellen Fragen, suchen das passende Projekt, qualifizieren für den jeweiligen Einsatz und sind auch nach der Rückkehr als kompetenter Ansprechpartner da. Gemeinnützige Organisationen haben so einen flexiblen, transparenten und kosteneffizienten Zugriff auf qualifizierte ehrenamtliche Know-how Träger. Darüber hinaus bieten wir Unternehmen konkrete und messbare Möglichkeiten gesellschaftliche Verantwortung zu übernehmen und neue Wege in der Personalentwicklung zu gehen. Wir bieten Einsatzmöglichkeiten im In- und Ausland ab drei bis maximal 12 Monate an.

Kann und will man nach Erlebnissen als Berater auf Zeit überhaupt zurückkehren an den alten Arbeitsplatz?

Auch da gibt es unterschiedliche Ausgestaltungsmöglichkeiten für den Wiedereinstieg. Der eine geht an seinen alten Arbeitsplatz zurück, der andere macht etwas völlig Neues. Aber alle haben einen erweiterten Horizont, neue Eindrücke, wertvolle Erfahrungen und neue Sichtweisen. Diese werden mit in die Gesellschaft, die Arbeitswelt und in das Privatleben eingebracht. Unternehmen können hiervon nur profitieren, denn ein Einsatz als Berater auf Zeit bewirkt mehr als jedes Führungskräfteseminar.
Rückblick

Jetzt bin ich wieder zurück in Deutschland. Bereits seit vier Wochen, doch so ganz angekommen bin ich noch immer nicht. Der Abschied ist mir viel schwerer gefallen als im Dezember, denn ich weiß nicht, ob und wann ich wieder nach Tansania komme.

Die 3 ½ Monate scheinen dieses Mal viel schneller vorbei gegangen zu sein und irgendwie war die Zeit viel intensiver als bei meinem ersten Aufenthalt. Das liegt mit Sicherheit daran, dass ich mich nicht erst eingewöhnen musste, vieles schon kannte, Kiswahili mir nicht mehr ganz so fremd war und es irgendwie ein wenig so war, als ob ich wieder nach Hause komme …

Even if I don't reach all my goals, I have gone higher than I would have if I had not set any.

Wenn ich meine Arbeit im Projekt nochmals Revue passieren lasse, so muss ich ganz klar sagen, dass vieles nicht so gelaufen ist, wie ich mir das vorgestellt habe oder wie wir das geplant hatten. Jeder Arbeitstag war eine neue Herausforderung.

Oft war ich an einem Punkt, an dem ich kurz davor war das Projekt aufzugeben, weil ich einfach nicht den Einsatz-Willen des Projektteams erkennen konnte und ich es Leid war, gegen Windmühlen zu kämpfen. Es hat mich mürbe gemacht, so oft nichts ändern zu können. Und ich werde nie verstehen und akzeptieren, warum Menschen, die alles haben, sich einen Dreck um ihre Mitmenschen scheren, die ihre Hilfe brauchen. Ja, an solchen Tagen habe ich mich dann doch auch gefragt, warum ich nicht lieber zu Hause in meinem schönen Deutschland sitze und statt dessen im Dreck arbeite, auf allen Luxus verzichte und jeden Tag aufs Neue mit einer Armut konfrontiert werde, die ich so noch nie kennen gelernt habe. Und doch habe ich immer wieder weiter gemacht, denn für mich standen ganz klar die Kinder und deren Zukunft im Vordergrund. Und ich wollte einfach nicht akzeptieren, dass wir es nicht schaffen, das Projekt auf sichere Beine zu stellen.

Letztendlich hat es sich gelohnt weiter zu machen, denn in wirklich letzter Minute haben wir Agnes gefunden. Die neue tansanische Projekt-Koordinatorin, die wie ich glaube ihren Job sehr gut machen wird und das Projekt im Sinne der Kinder und deren Vormünder weiterführen wird.

Enjoy today, you don't know if tomorrow comes!

… das hat ein tansanischer Bekannter einmal zu mir gesagt. Wie recht er hat und wie oft sehen wir das nicht und hetzen nur so durchs Leben. Rennen unseren Plänen hinterher oder heben uns Dinge für besondere Momente auf, die vielleicht gar nicht kommen werden. Ich habe mich in Sachen Geduld geübt, bin gelassener geworden und Warten macht mir nichts mehr aus. Einmal anhalten, nach rechts und links schauen… warum machen wir das eigentlich so selten? Und ich genieße den Moment, denn mir ist klar geworden, dass ich im Hier und Jetzt lebe… und dass man auch ohne großen Luxus glücklich und zufrieden sein kann.

Meinen Einsatz und meine Zeit in Dar möchte ich mit einem Satz von Michael Shirima, Chairman bei Precision Air abschließen:

If I can save just one child, this is one more child that will not die on the streets or grow up to be a delinquent. It is about one child at a time.

Elke Dieterich

Alle Blog-Einträge finden Sie unter www.elke-dieterich.de

Hilfsprojekt im »Land des Lächelns«

»Du sitzt auf einem großen Elefanten und reitest mit ihm in den Fluss, um ihn dort zu waschen. Es ist schon ganz schön hoch, aber Du fühlst Dich trotzdem sicher. Du merkst, dass der Elefant Spaß daran hat, im Wasser zu sein und während Du ihn abbürstest, richtig zu plantschen und Quatsch zu machen. Nicht nur Du hast Deinen Spaß bei dieser Sache.«

Ein Bericht der Schweizerin Corina Frick über ihre Auszeit in Thailand

© *Corina Frick, Travel Works*

Raus aus dem Büroalltag, rein ins Abenteuer. Es hat mich gepackt, eine Auszeit zu nehmen, eine fremde Kultur kennenzulernen und einen Sozialeinsatz in einem Waisenhaus zu leisten. All das konnte ich mir durch meine Reise nach Chiang Mai ermöglichen. Ohne große Erwartungen, Vorkenntnisse oder Vorurteile bin ich am 17. November 2011 nach Thailand geflogen. Ich muss sagen, es fiel mir nicht leicht, Mitte November kurze Hosen, T-Shirts, Sonnenbrille und –creme einzupacken.

Während meiner Zeit in Chiang Mai, der Rose des Nordens, habe ich Einblick in ein mir völlig fremdes Leben bekommen. Bereits kurz nach meiner Ankunft stürmten neue Eindrücke aller Art auf mich ein. Sie ließen meine Neugierde diesem Land und Volk gegenüber wachsen.

Und so sah das Alltagsleben als Volunteer aus:

5 Uhr: Obwohl es noch dunkel war, erwachte ich jeden Morgen so früh, da mich um diese Zeit ein Hahn mit seinem Krähen begrüßte.

7 Uhr: In Thailand wird es immer früh hell. Schon erreichten mich die ersten Sonnenstrahlen und ließen mich spüren, dass es wieder einen heißen Tag geben würde. Ich stand auf und machte mich für mein tägliches Fitnessprogramm bereit.

7.15 Uhr: Auf meiner Jogging-Runde begegnete ich vielen Thais, die mir fröhlich zuwinkten und immer ein strahlendes Lächeln im Gesicht hatten. »Sawadii-Kha« antwortete ich freundlich, und sie lächelten umso mehr. Thailand ist für seine freundliche Bevölkerung bekannt und wird zu Recht als »Land des Lächelns« bezeichnet.

8.30 Uhr: Frisch geduscht genoss ich mein Frühstück und plante meine Freizeit.

Thailand ist ein traumhaftes Reiseland und bietet für jeden etwas: ausspannen, kulturelle Einflüsse aufsaugen, lecker essen, farbenfrohe Tempelanlagen besuchen, exotische Tiere und das Treiben auf dem Markt beobachten... Es wurde mir nie langweilig. Ich besuchte sogar eine Yogastunde und genoss eine Massage.

War ich unterwegs, blickten mich die kleinsten Thais oft mit großen Augen aus sicherer Distanz an. Bei anderen Begegnungen wiederum fühlte ich mich fast wie Angelina Jolie, da die Thais die weiße Haut und das europäische Gesicht al sehr »suay« (hübsch) empfinden.

16.30 Uhr: Nach der ca. 1-stündigen Busfahrt in einem Songthaew (Pickup-Truck mit Längsbänken auf der Ladefläche), die ich meistens schlafend verbracht habe, kamen wir im Waisenhaus an. »Sawadii-Kha PiColina« (Pi: Anrede für große Schwester; das »R« in meinem Namen konnten sie nicht aussprechen) ertönte es aus verschiedenen Richtungen, und die Kinder begrüßten uns mit dem »Wai« (Handflächen vor der Brust aneinanderlegen, Kopf neigen).

Von vielen wurden Saskia, eine Volontärin aus Deutschland, und ich auch sofort herzlich umarmt. Die Zeit mit den Kindern gestalteten wir mit Malen, Basteln, Singen, Spielen und vielem mehr.

Wir mussten Kommunikationswege suchen, in der die Sprache nicht Hauptbestanteil war. Dies war mit den Kindern sehr leicht. Und wenn wir uns mal doch nicht richtig verstehen konnten, lösten wir das Problem einfach mit einem Lächeln.

Da viele von ihnen sehr kreativ sind, zeichneten sie besonders gern. Wenn wir den Kindern die Materialien austeilten, machten sie als Dank ebenfalls den »Wai« und entgegneten »Khop khun kà.« Konzentriert saßen sie dann an den Tischen, um Bilder aus dem Globibuch, das ich ihnen aus der Schweiz mitgebracht hatte, abzuzeichnen. Die Buntstifte, Wasserfarben, Blätter und Spiele mussten wir selber besorgen und mitbringen, da sie im Waisenhaus ausschließlich über einen Ball verfügten. Ich denke, dass die Kinder gerades deshalb unglaublich kreativ sind und sich mit den einfachsten Materialien, die sie per Zufall vorfinden, beschäftigen können.

17.30 Uhr: Zeit für das Abendessen. Während die großen Mädchen mit den Verantwortlichen des Waisenhauses die Teller anrichteten, stellten sich die restlichen Kinder in geordneten Reihen – getrennt nach Größe und Geschlecht – auf und beteten. Anschließend bekam Reihe um Reihe das Kommando, dass sie nun ihren Teller fassen durften. Hier herrscht Zucht und Ordnung, aber nicht zum Leidwesen der Kinder. Sie kennen nichts anderes und sind zufrieden, gesund und voller Lebensfreude. Meistens gab es einen Eintopf mit Gemüse und Fleisch und natürlich Reis. Gegessen wurde mit Löffel und Gabel. Nach dem Essen wusch jedes Kind seinen Teller selber ab und stellte es zum Trocknen in einen »Tellerständer« aus Holz. Immer wieder staunte ich, wie sie in Kürze aus so wenigen Zutaten so leckere Gerichte in einer äußerst einfachen Küche zubereiten können.

18 Uhr: Nach dem Essen hatten wir nochmals 30 bis 45 Minuten Zeit, die wir mit den Kindern verbringen durften. Um 18.30 Uhr begann eines der älteren Mädchen auf der Gitarre zu spielen und die Kinder begleiteten sie

mit ihrem Gesang. Dieses Ritual löste bei mir nicht selten Gänsehaut aus, denn es war so rührend, wie alle aus vollem Herzen mitsangen.

20 Uhr: Rückkehr ins Volontärshaus. Um diese Zeit hielten sich die meisten Volunteers im Aufenthaltsraum auf, wo wir einander von Erlebnissen berichteten oder gemeinsam Ausflüge planten. Oft schlenderte ich aber auch nochmals über den Markt.

Mich einer fremden Kultur anzupassen war manchmal sehr anstrengend, dann wieder lustig und befreiend. Abends lag ich total müde und erschöpft im Bett und musste einfach lachen. Was da wieder alles an diesem Tag passiert war – unglaublich!

Wochenende: Meistens unternahm ich etwas mit den anderen Volunteers. Entspannen, sonnen, schwimmen im Pool, den Sonntagsmarkt besuchen…

Am besten hat mir die Trekkingtour gefallen. Am Morgen besuchten wir eine Orchideenfarm und waren zu Gast bei einem Bergvolk. Dann wurde es besonders aufregend, laut und amüsant – River Rafting war angesagt. Am Mittag konnten wir uns an einem leckeren Buffet stärken.

Nachmittags ging es zum Elefantenreiten, was ich mir wesentlich bequemer vorgestellt hatte. Ein weiterer Höhepunkt war der Spaziergang durch den Dschungel. Die intensiven Farben der Natur, die saubere Luft, die Bananen- und Papayabäume, die Palmen … einfach herrlich! Nach dieser einstündigen Tour, auf der wir auch einer wirklich gigantischen Spinne begegneten, hatten wir die Möglichkeit an einem wunderschönen Wasserfall zu verweilen. Zum Abschluss genossen wir eine Fahrt auf einem Bambusfloss, das uns zu unserem Bus zurückbrachte.

Freitag, 2. Dezember 2011: An diesem Tag durfte ich besonders oft in leuchtende Kinderaugen blicken, denn Saskia und ich ermöglichten den Kindern und den Verantwortlichen des Waisenhauses einen Ausflug. Den ersten Halt machten wir an einem Wasserfall, wo die Kinder auch sofort ins Wasser sprangen und sich vergnügten. Ein wenig später beobachteten Saskia und ich verwirrt, wie sich die Kleinen mit Steinen die Haut abrieben.

Es stellte sich heraus, dass sie sich die Haut weiß schrubben wollten – unglaublich!

Weiter ging es zu dem Bergvolk, aus dem der »Vater« des Waisenhauses stammte. Dort konnten sich die Kinder so richtig austoben. Von den Bäumen holten sie Karambole (Sternfrucht), die sie sofort verspeisten. Sie führten uns an den Händen umher, um uns alles zu zeigen, Papayabäume, Bananengewächse, Kaffeesträucher, umherlaufende Büffel... Es ist einfach bewundernswert, wie fröhlich und zufrieden diese Kinder sind, obwohl sie eigentlich »nichts« besitzen. Faszinierend, wie sie sich an den kleinen Dingen des Lebens erfreuen können.

Bewundernswert fand ich auch den Besuch bei einem krebskranken Mann. Alle zusammen setzten wir uns in seinem Haus auf den Boden, falteten die Hände, schlossen unsere Augen und beteten für ihn. Diese Situation zu erleben und zu beobachten war sehr eindrucksvoll.

Ich bin sehr glücklich meine Auszeit in Thailand verbracht zu haben, dankbar für die Zeit dort. Ich konnte meinen eigenen Traum in Chiang Mai verwirklichen und durfte erleben, wie schön es ist, etwas von sich zu geben, ohne dass das Geld im Vordergrund stand. Strahlende Kinderaugen, herzliches Lachen, wärmende Umarmungen, besondere Begegnungen, prägende Erlebnisse ...

Corina Frick

Erfahrungen in einem israelischen Kibbuz

Sarah Westphal berichtet über ihre Auszeit als Volontärin in Israel

Volontärin in Israel? Bist du verrückt? Diese Frage war die übliche Reaktion auf mein Vorhaben, eine sechsmonatige Auszeit als Volontärin in einem Kibbuz in Israel zu verbringen. Auf das häufig gestellte »Warum?« konterte ich »Warum nicht?«. Warum nicht das Land besuchen, das so hart um die eigene Existenz gekämpft hat? Warum nicht mehr über die Religion erfahren, die seit jeher so viel einstecken musste? Warum nicht sein eigenes Bild über diesen 22.145 km² großen Fleck Erde machen, der in den Medien nur durch Terror und Gewalt bekannt ist? Die Idee des Volontariats in einem Kibbuz kam sprichwörtlich zwischen Tür und Angel auf. Von Neugier getrieben, googelte ich den Begriff »Kibbuz«, den ich zugegebenermaßen noch nie zuvor gehört hatte. Wenn ich ehrlich bin, hatte ich mich weder großartig für Israel interessiert, geschweige denn mit dem Gedanken gespielt, dieses Land zu besuchen.

Als Kibbuz (hebräisch für »Gemeinschaft«, »Versammlung«) bezeichnet man eine ländliche Kollektivsiedlung in Israel mit gemeinsamem Eigentum und sozialwirtschaftlichem System. Die Ideologie der Kibbuzgründer war sozialistisch und zionistisch geprägt. Unterscheiden lassen sich generell säkulare Kibbuzim und religiöse Kibbuzim. Erstere sehen jüdisch-religiöse Traditionen zwar nicht mehr als verbindlich an, dennoch werden die Feiertage und Feste noch immer begangen; die anderen pflegen die religiösen Traditionen und betrachten sie als verbindlich für ihre Mitglieder. In einem dieser über 270 Kibbuzim befinde ich mich nun seit über drei Monaten. »Mein« Kibbuz heißt Geva und zählt zu den säkularen Kibbuzim, im Nord-Osten Israels, nahe Nazareth, unweit der Grenze zu Jordanien gelegen. Der Berg »Gilboa«, an dem König Sauls Söhne im Kampf gegen die Philister gefallen sind (1.Samuel), trennt uns hier von jener politisch-geografischen Grauzone, die Westbank, Westjordanland oder auch Palästina genannt wird.

Geva gehört zu der Generation Kibbuzim, die vor der Gründung des Staates Israel 1948 errichtet worden sind. Zwölf Arbeiter aus Polen und Russland ließen sich am 21.12.1921 an dem Ort im Jezreel Valley nieder, an dem heute ungefähr tausend Kibbuzniks leben. Im Laufe der Jahre hat sich eine florierende Gemeinschaft gebildet, die sich hauptsächlich von Landwirtschaft (Mandeln, Zitrusfrüchten, Rinderhaltung, Fischzucht) und Maschinenbau (pneumatischer Anlagenbau) ernährt und finanziert. Der Tourismus spielt kaum eine Rolle. Das Leben hier ist ähnlich dem eines Dorfes: Es gibt zwei Supermärkte, eine Klinik, viele Kindergärten und Spielplätze, ein Heimatmuseum, eine große Halle für Veranstaltungen jeglicher Art, eine öffentliche Bücherei, ein Postamt, ein Altenheim, ein öffentliches Fitnessstudio, einen öffentlichen Pool, eine Fabrik, eine Molkerei, einen Farmbereich mit Kühen, Hühnern, Pferden und der größten Schafzucht Israels. Jeder kennt jeden, man grüßt sich auf der Straße und hält hier und da inne für einen kurzen Plausch.

Geva gehört zu einem der wenigen Kibbuzim in der heutigen Zeit, die noch nicht privatisiert worden sind. Das heißt, dass die ursprüngliche Kibbuzidee im täglichen Leben immer noch Einzug hält: Im Obst- und Gemüseladen gibt es eine eigene Abteilung mit diversen Gemüsearten, Eiern, Brot, Milch und Joghurt, für die man nichts bezahlen muss. Die Wäscherei bietet einen kostenlosen Wasch- und Faltservice sechs Tage die Woche. Der Speisesaal hält kostenloses Frühstück und Mittagessen für alle bereit. Jedem Einwohner wird eine Möglichkeit zur Arbeit geboten. Hierbei ist zu erwähnen, dass jeder das gleiche Gehalt bekommt, egal welchem Beruf er nachgeht. Viele junge Menschen verlassen ihren Kibbuz nach der Schule, gehen zum Studieren an die Universität, um dann zur Familiengründung wieder zurück in einen Kibbuz zu ziehen. Hierbei ist auffallend, dass nicht wenige von ihnen mit ihrem erlernten Beruf nichts mehr zu tun haben, sondern Arbeiten annehmen, die der Gemeinschaft und dem Kibbuz dienen.

Geva beherbergt momentan 24 Volontäre aus der ganzen Welt, eine bunt gemischte Truppe. Das gleiche gilt für das Alter: Die Spanne reicht von 18-33 Jahre, wobei die Mehrheit Anfang bis Mitte zwanzig ist. Auch die Aufenthaltsdauer variiert zwischen 2-9 Monaten.

Niemand wusste bei seiner Ankunft in Israel, wo genau er die nächste Zeit verbringen würde und welche Art von Arbeit auf ihn zukäme. Das Kibbuz-Programm Center in Tel Aviv erwartet jeden zukünftigen Volontär und sucht nach freien Plätzen in allen Kibbuzim des Landes, die Volontäre aufnehmen. Große Entscheidungsfreiheit hat man hierbei jedoch nicht. Meist muss man sogar mehrere Tage warten, bis schließlich ein freier Kibbuz gefunden wird. Ich hatte Glück und wurde direkt einem Kibbuz zugewiesen. Dieser ist zunächst einmal nur ein fremdklingender Name auf einem Stück Papier, mit passender Wegbeschreibung. Es ist schon ein komisches Gefühl, in einem fremden Land in einem Bus neben vielen volluniformierten Soldaten samt Waffe zu sitzen, ohne genau zu wissen, was beim Aussteigen auf einen zukommt. Die drei Stunden Busfahrt nutze ich, um Geva auf der Landkarte zu suchen und mir eine grobe Orientierung zu verschaffen. Am Ziel angekommen, war mein erster Gedanke: »Was machst du hier bloß?« Obwohl ich vorher natürlich recherchiert hatte, hatte ich genau genommen gar keine Ahnung, wie es in einem Kibbuz wirklich abläuft. Es ist etwas völlig anderes, wenn man durch das Eingangstor geht und plötzlich mitten im Geschehen steht, ohne seinen eigenen Platz in dieser neuen Umgebung zu kennen.

Dieser ist rein wörtlich genommen ein Zimmer mit spartanischer Einrichtung: Drei einfache Betten, Schränke, ein Tisch und natürlich eine Klimaanlage. Dieses kleine Reich teile ich mir mit einer Französin und einer Argentinierin. Es gibt einen Jungen- und einen Mädchentrakt mit jeweils fünf Zimmern, zwei Toiletten und zwei Duschräumen. Ferner einen Gemeinschaftsraum mit TV und Computer, einen Klassenraum, eine kleine Küche und einen Wäscheraum.

Bei meiner Ankunft wurde ich von den anderen Volontären sehr herzlich willkommen geheißen, denn jeder weiß aus eigener Erfahrung, wie man sich am Anfang fühlt. Alles ist neu und ungewohnt. Das fängt mit der Sprache an, geht über das gemeinsame Frühstück und Mittagessen im Speisesaal mit mehreren hundert Personen, die Markierung der eigenen Kleidung für die Wäscherei, dem sonntäglichen Roomcheck und endet im dominierenden Gemeinschaftsgedanken. Für eine Arbeitswoche von sechs Werktagen à sieben Stunden, mit zwei freien Tagen im Monat erhalten die Volontäre umgerechnet ungefähr 26 Euro, die jeden Sonntag nach der Zimmerkontrolle in sogenanntem FunnyMoney (grüne und gelbe Papierscheine, ähnlich dem Monopoly-Spielgeld, im Wert von 1, 5 und 10 Schekel) ausgezahlt werden. Dies ist eine eigene Währung für die Volontäre und hier stationierte Soldaten, die nur in Geva von Wert ist. Die Kibbuzniks haben ein eigenes Konto, von dem alle Abgaben abgezogen werden, das gilt auch für die alltäglichen Einkäufe. Die Bezahlung erscheint zunächst sehr bescheiden, allerdings darf man nicht außer Acht lassen, dass wir vieles umsonst bekommen. Um das ganze System des Kibbuz besser zu verstehen, gibt es für Volontäre die Möglichkeit, eine Kibbuzmutter/-familie zu bekommen. Diese liefert einem mehr Informationen über das Kibbuzleben und steht bei Fragen gerne zur Seite.

Die Volontäre arbeiten in ganz verschiedenen Bereichen: Während die einen sich um die Viehzucht kümmern, arbeiten andere im Altenheim. Es gibt eine Stelle für alle Gartenarbeiten und zwei in der Wäscherei. Außerdem arbeiten viele in der kibbuzeigenen Fabrik »Baccara«, die das Haupteinkommen liefert und Geva zu einem sehr wohlhabenden Kibbuz macht. Ich hatte das Glück, am Pool arbeiten zu dürfen. Leider ist dieser wetterbedingt seit Ende Oktober geschlossen, so dass ich nun mit sechs anderen Volontären die Arbeit im Speisesaal erledige.

Das Leben in einem Kibbuz ist ein sehr angenehmes und einfaches. Es ist eigentlich für alles gesorgt. Wenn man Hilfe braucht, wird solange nachgefragt, bis man sie schließlich erhält. Es ist ein Geben und Nehmen, fast alles wird geteilt. Man kann hier wie ein Millionär leben, ohne einer zu sein. Die größte Sorge eines Volontärs ist, morgens rechtzeitig zur Arbeit zu kommen. Für die Kibbuzniks sieht das vielleicht ein wenig anders aus, dennoch wird das Leben hier als sorgenfrei und bequem beschrieben. Fast jeder Israeli hat irgendwelche Verwandte, die in einem Kibbuz leben.

Man lebt wie in einer Blase, in einer eigenen kleinen Welt. Diese unterscheidet sich in vielen Hinsichten von dem Leben außerhalb eines Kibbuz, vor allem auf der gemeinschaftlichen Ebene. Dies ist einer der Gründe, warum ein Kibbuz so attraktiv für Städter zur Familiengründung und das Älterwerden ist. Denn Kinder und Senioren werden besonders gefördert.

Allerdings wird einem diese kleine Welt manchmal auch etwas zu klein: Jeder ist über alles genauestens informiert, es gibt keine Geheimnisse. Man lebt wie in einer großen Familie, deren Vorzüge und Nachteile das tägliche Leben stets beeinflusst.

Das Leben als Volontär in einer solchen Gemeinschaft ist sehr angenehm und bequem, für eine Auszeit genau das Richtige. Auf Dauer jedoch würde mich diese isolierte Welt zu sehr einschränken und beengen.

Sarah Westphal

Mit Baby auf der Seidenstraße

Die Journalistin Inka Schmeling und ihr Mann verbringen ihre »Eltern-Auszeit« mit ihrem neun Monate alten Baby auf der Route der alten Seidenstraße, die sie in die Türkei, nach Syrien und in den Iran führt. Mit ihrem Buch »Abenteuer Elternzeit« gilt sie als ‚Erfinderin' des Elternzeit Reisens

© Inka Schmeling

Istanbul. Unser Kind wird entführt. Und zwar schon an unserem ersten Morgen hier. Wir schaffen es gerade ein paar Schritte aus dem Haus, bis zu einem Café in einer kleinen Seitengasse. Unsere Wohnung hat zwar viel, aber ausgerechnet eine Kaffeemaschine hat sie nicht. Nur so einen kleinen Mokkakocher und damit kann ich nicht umgehen.

Ein Morgen ohne Kaffee ist aber eine sehr schlimme Sache für mich und daher sind wir alle sehr erleichtert, als wir ein Café in der Nähe unserer Wohnung entdecken. Mein Mann, selbst passionierter Teetrinker und Kaffeeverächter, fast noch mehr als ich. Von außen sieht es auch wirklich harmlos aus: dunkle Holztische und Bänke, kleiner Innenhof, keine Gäste, eine lächelnde Frau hinter der Theke. Also setzen wir uns rein und dann passiert es.

Erst kommt die Frau alleine hinter der Theke hervor. Sie wirkt noch harmlos. Gut, ihr Gurren und Quieken und Lachen sind eigentlich schon eine Warnung. Aber ich habe schließlich erst zwei Schlucke von meinem Cappuccino getrunken und bin also noch nicht wirklich in diesem Tag angekommen.

Außerdem ist mein Kopf damit beschäftigt, dass oben auf meiner Tasse Sprühsahne schwimmt und dass ich den klassischen Anfängerfehler gemacht habe: Cappuccino bestellen. In der Türkei. Klar, dass man dafür bestraft wird. Mokka wird hier schließlich getrunken und eigentlich nicht mal der, sondern vor allem: Tee. So stark, dass er ohne Zucker gar nicht zu trinken wäre.

In meine Sprühsahne-Betrachtungen kommt plötzlich der Mann der Kellnerin gestürzt. Breites Kreuz, grauer Stoppelbart. Mit drei Schritten ist er da, streckt die Arme aus, greift sich unser Kind und weg ist er. Unser Kind auch. Ich schaue ihnen verwirrt hinterher und bleibe sitzen. Mir geht das zu schnell.

Nepomuk bekommt die Katze im Innenhof gezeigt, eine Brotstange in die Hand gedrückt und ziemlich viele Küsse auf die Backen. Als er uns irgendwann wiedergebracht wird, scheint zumindest ihn das gar nicht zu freuen. Klarer Fall von Stockholm-Syndrom.

Die nächste Entführung beim Mittagessen, geht für uns besser aus. Wir haben einen kleinen Imbiss gleich um die Ecke entdeckt. Draußen hängt ein Netz mit geschätzten hundert Saftorangen, drinnen stehen zwei kleine Plastiktische und hinter der Theke drei Männer; eine Speisekarte gibt es nicht und nur zwei Gerichte: Spieß mit Lamm und Spieß mit Huhn. Dazu Reis und Salat, fertig. Wir haben unseren Stammimbiss gefunden.

Stammimbisse leben ja davon, dass die Kellner ihre Gäste mit Namen begrüßen können. Der Kellner unseres Stammimbisses heißt Mehmet, ist

Kurde und kommt aus einem Dorf in der Nähe vom Berg Ararat. Mehmet begrüßt uns nicht mit Namen, wenn wir den Imbiss betreten. Er singt, sobald wir in die Straße einbiegen. Tanzt, klatscht in die Hände, dreht sich im Kreis, wirbelt Nepomuk durch die Luft, bis der vor Lachen quietscht. Vorher gibt Mehmet auf keinen Fall Ruhe.

Für uns ist das schöner, wenn unser Baby nicht bloß schnöde entführt, sondern gleich vor unseren Augen bespaßt wird. So lernen wir wenigstens die angesagten türkischen Schlager und Tänze kennen.

In einem Café schließen mein Mann und ich beim Frühstück Wetten ab wie beim Pferderennen: Schafft Nepomuk die Runde? Vom Nebentisch, zu dem er sich innerhalb weniger Minuten hinüber geflirtet hat, ist er gleich weitergereicht worden zum nächsten Tisch. Vier Tische hat er auf diese Art schon geschafft. Er ist kurz vor der Kurve; dann ist Schluss. Der vierte Tisch hat angefangen, sich Sorgen zu machen. Nicht um unser Kind selbstverständlich. Der strahlt über beide dicken Buddha-Backen und kaut immer noch an den Keksrümeln in seinem Mund herum. Man macht sich Sorgen um uns, weil wir unsere Hälse so nach ihm verrenken. Sehr rücksichtsvoll, die Türken.

Einmal, in einem ziemlich schicken Restaurant mit Blick über den Bosporus, komme ich von der Toilette zurück und mein Kind ist weg. Da ich das langsam gewöhnt bin, setze ich mich hin. Es dauert eine gute Viertelstunde, dann kommt ein Kellner durch die Schwingtür der Küche zurück, Nepomuk im Arm. Der Kellner setzt ihn mit höflichem Lächeln auf meinen Schoß. Kaum geht er davon, streckt mein Sohn ihm die Arme hinterher. Sein Mund ist immer noch dunkelbraun vom Schokoladenpudding.

Der Kollege einer Freundin hat es geschafft, seine Tochter bis zu ihrem vierten Geburtstag zuckerfrei zu ernähren. Ich habe es bis Istanbul geschafft. Dort ist mir die Sache irgendwie entglitten.

Und das Schlimme: Es ist keine Aussicht, dass sich die Sache bessern würde. Im Gegenteil. Wir sind von vielen Seiten gewarnt worden: Je weiter wir auf der Achse des Bösen reisen, umso kinderlieber werden die Menschen.

Wir haben unseren Kontinent verlassen und ein ordentliches Stück auf der Seidenstraße Richtung Fremde zurückgelegt. Das wird mir an unserem ersten Morgen in Syrien beim Frühstücksbüffet im Hotel in Aleppo erst so richtig klar. Dünnes Pita-Brot liegt dort, daneben steht eine Schale mit sehr süßem Mandelaufstrich; im Kaffee schwimmt Kardamom. Der Springbrunnen in der Mitte des Innenhofes plätschert im Hintergrund und in einer Ecke klimpern an einer Lampe Fäden voller Glaskugeln gegeneinander.

Draußen, in der Gasse vor dem Hotel spielen zwei Jungen mit Murmeln. Sonst ist es still. Die Wände der Häuser sind dick, grob verputzt und gedrungen, sie haben keine Fenster; alles Private bleibt drinnen im Haus. Kein Töpfe klappern, keine Wäscheleinen, kein Mittagessensgeruch kommt hinaus in die Gasse, nur das Klacken der Murmeln, die Flüche des Jungen und der flatternde Flügelschlag der Schwalben am Himmel.

Wir gehen links in die Gasse, rechts, ein Stück geradeaus, wieder links und plötzlich sind wir mitten auf dem Basar. Der Basar von Aleppo ist wie ein Bild aus einem Wimmelbuch: stapelweise Seidenschals, Tischdecken aus Damast, Seifen aus Oliven- und Lorbeeröl, Berge von Gewürzen, Keksen, Goldschmuck. Kopftücher hängen an den Ständen und Dessous, Besen stehen neben Kalifenuniformen für Babys. In den Gassen schieben sich Männer mit ihren Schubkarren, Fahrradfahrer, Frauen in schwarzer Burka und Frauen in engen, pinkfarbenen Shirts nebeneinander, gegeneinander, aneinander vorbei. Dazwischen wuseln Katzen herum, ein Esel streckt seinen Kopf in die Luft und röhrt gegen die Rufe der Händler an. »Look, look«, brüllt einer von ihnen über seine Schals und Tischdecken hinweg und als ich tatsächlich schaue, hält er in der einen Hand einen Dolch und in der anderen ein Schild, auf dem in Deutsch steht: Geschenk für die Schwiegermutter.

Doch, die Verkäufer auf dem Basar lassen sich was einfallen. Beliebteste Masche ist die erstaunte Frage, ob Nepomuk unser einziges Kind sei. Ja, stottern wir, also unser erstes zumindest, später vielleicht, mal gucken, wir wissen noch nicht und spätestens da werden wir unterbrochen, mit erhobenen Händen. An den Fingern wird uns abgezählt, wie viele Mäuler sie zu Hause zu füttern hätten: drei, vier, fünf; oft kommt die zweite Hand hinzu.

Auch beliebt, eher wohl allerdings bei reisenden Junggesellen als bei Jungfamilien, sind Fußballplakate als Tapetenersatz. Bayern München in Aleppo; doch, das ist ein Ereignis. Oder die Nationalmannschaft. Zu der Zeit, aus der dieses Plakat kommt, spielte allerdings noch Jürgen Klinsmann mit. Nein, nicht von der Trainerbank aus. Im Angriff.

Ein Händler setzt ein zerknirschtes Jungengesicht auf und erzählt, er habe leider, leider seine Freundin geschwängert, eine Australierin. Von der wisse seine Familie nur aber eben nichts, das müsse geheim bleiben, er wolle sie gerade zur Abtreibung überreden. Hier, unterbricht er sich, dieser Schal ist aus echter Seide, nur 20 Euro, und da vorne hätte ich noch welche aus bestem Damast. Während er zwischen Stoffen mit altrosa Blümchenmuster wühlt, huschen wir aus dem Laden.

Aleppo ist exotisch. Für mich. Erst nach einer Weile merke ich: Ich bin es auch. Für die Menschen in Aleppo.

Der Koch im Hotel zum Beispiel, der findet mich nicht nur exotisch sondern glatt merkwürdig. Jeden Morgen stehe ich vor der Küche, mittags auch, abends eh. In der einen Hand halte ich unsere Thermoskanne, in der anderen eine Jutetüte mit Nepomuks gesamten Arsenal an Fläschchen, Saugern, Schnullern; selbst die Breilöffel sind dabei, zur Sicherheit. Einem syrischen Koch zu erklären, dass ich all diese Dinge abkoche und das abgekochte Wasser anschließend in die Thermoskanne füllen möchte und dass das Wasser mindestens fünf Minuten richtig kochen muss, das ist Pantomime für Fortgeschrittene. Ich war nie besonders gut in Pantomime und versage auch diesmal.

Am Anfang wirkt es sogar noch so, als wüsste der Koch, was ich von ihm will. Das Wasser blubbert und blubbert; ich schüttle jedes Mal energisch den Kopf, wenn er die Flamme runterdrehen will. Er schaut mich merkwürdig an und schweigt. Schließlich nicke ich. Er nimmt den Topf von der Gasflamme, schüttet einen Teil des Wassers in unsere Thermoskanne, kippt den Rest weg und ich will gerade nach den Fläschchen, Schnullern, Löffeln greifen und lächeln und »thank you« sagen, da dreht der Koch den Wasserhahn auf. Und spült alles ab; das Zeug ist ja so was von heiß geworden beim Kochen. »No«, schreie ich auf und stürze dazu. Zu spät. Syrisches Leitungswasser auf meinen abgekochten Baby-Sachen, überall.

Für mich ist aber nun eben syrisches Leitungswasser gleichzusetzen mit 100-prozentigem Arsen und daher pantomimiere ich dem Koch zu, wir müssten jetzt alles wieder von vorne machen. Unbedingt. Er schaut mich merkwürdig an und schweigt. Dann zuckt er mit den Achseln und deutet Richtung Herd und von da an darf ich selbst ran. Ich gebe wirklich alles, volle Hitze und das minutenlang, und ich scheine meine Sache gut zu machen: Nach zwei Tagen sind die Breilöffel krumm und schief. Sauber scheinen sie auch zu sein. Zumindest wirkt mein Kind noch nicht so, als hätte es 100-prozentiges Arsen zu sich genommen. Nur der Koch schaut mich weiter merkwürdig an. Manchmal beobachtet er mich, während ich den kochenden Babyfläschchen auf dem Herd zuschaue und dann habe ich das Gefühl, dass er mich schon sehr exotisch findet.

Klar, Gegensätze ziehen sich an. Aber besonders gerne gesellt sich Gleich und Gleich. Als bei unserem letzten Frühstück in Aleppo plötzlich eine Familie mit zwei kleinen und blonden Jungs neben uns am Büfett steht, gesellen wir uns sofort zu ihnen. Arthur ist drei Jahre alt und Balthazar anderthalb; die Familie kommt aus Frankreich. Sie reisen die gleiche Route entlang, die Seidenstraße. Aber sie haben die doppelte Zeit (vier Monate) vor sich, die doppelte Strecke (bis Kirgisistan) und mit zwei Jungs, ja auch doppelt so viele Kinder. Das beruhigt mich. Ich komme mir eine Schippe weniger exotisch vor.

Menschen, die ein Problem haben, schließen sich ja gerne zu Selbsthilfe-gruppen zusammen. Wir haben ein Kind; in den Augen mancher Menschen ist das ein Problem, erst recht auf einer Reise. Wir sitzen in einer Art Stuhlkreis, wir und die Eltern von Arthur und Balthazar. Vor uns auf dem Tisch steht Kardamom-Kaffee; die drei Jungs turnen längst miteinander am Springbrunnen herum. Mit Kindern zu reisen, das ist kein Problem, versichern wir uns gegenseitig. Das ist Glück.

Mein Mann hat einen Kollegen, der heißt Josef und ist Syrer. Auch wenn er seit Jahrzehnten in Deutschland lebt, ist er weiterhin Syrer und das bedeutet: Als ihn einmal in Hamburg auf der Straße jemand nach dem Weg fragte, wohnte der schließlich eine Woche bei Josef.

In Damaskus treffen wir Josefs Schwester: Frau Katami. Da sie ihrem Bruder in nichts nachsteht, laden sie und ihre Familie uns ein: zum Tee trinken. Zu einem Ausflug in ihre Wochenendwohnung in den Bergen. Und schließlich auch zum Abendessen. Gastfreundschaft geht in Syrien nun einmal durch den Magen. Und da die Syrer als besonders gastfreundlich gelten, geht hier eine ganze Menge durch den Magen.

Nachmittags holt Sohn Amer uns auf einen Spaziergang durch die Altstadt ab. Als erstes kauft er eine Tüte mit zehn Pita-Broten, frisch aus dem Ofen. Für Nepomuk. Die Tüte wiegt beinahe so viel wie Nepomuk selbst. Dann fragt Amer, ob wir Lust auf Croissants hätten – was wir ablehnen können. Eine halbe Stunde später, im Café, will er uns eine Pizza ordern oder mindestens einen Teller Humus – auch das können wir ablehnen. Auf dem Weg zum Taxi kommen wir an einem Stand vorbei, wo schalenweise dicke Bohnen verkauft werden – die können wir schon nicht mehr ablehnen. Amer kauft zwei Schalen. Als wir ihm nach einer halben Schale mit Worten, Händen und Kopfschütteln sagen, dass wir sonst gar kein Abendbrot mehr essen können, schaut er uns enttäuscht an. Dann redet er mit dem Bohnenverkäufer und der packt uns den Rest in eine Plastiktüte.

Bei Amer zu Hause ist der Tisch bereits gedeckt, ein weißer Plastiktisch mitten im Wohnzimmer, darauf eine Wegwerf-Tischdecke und darauf: sehr viele Schüsseln, die sehr hoch gefüllt sind. Der Fernseher läuft; für uns schalten die Katamis Arte ein.

Ich unterhalte mich mit Tochter Katami. Über unsere Kinder natürlich. Zu welcher Uhrzeit ihre beiden Kleinen sonst immer essen, frage ich sie. Sie sieht mich an, als sei das eine merkwürdige Frage. Wenn sie Hunger haben, antwortet sie.

Die Katamis sind sehr tolerant uns gegenüber. Sie sagen nichts, als ich aus unserem Rucksack die Thermoskanne mit heißem Wasser ziehe. Dass ich ihr Leitungswasser nur nach minutenlangem Abkochen an mein Baby lasse, haben sie längst verstand ...; na, sagen wir: akzeptiert. Sie sagen auch nichts, als ich meine Packung Hirse-Buchweizen-Dinkel-Breipulver auf den Tisch stelle. Auch als Nepomuk das Gesicht verzerrt und die Lippen aufeinander presst und sich so weit wie möglich von meinem Breilöffel weg bäumt, sagen sie nichts. Frau Katami wedelt nur mit ihrer Hand in der Luft herum und deutet mir an, ich solle ihr den Kleinen mal geben.

Wie ein Vogelkind im Nest reißt Nepomuk auf Frau Katamis Schoß seinen Mund auf, während sie alles, was auf dem Tisch steht – bis auf den Hirse-Buchweizen-Dinkel-Brei – in ihn hinein schaufelt: Reis, Reis mit Huhn und Erbsen und Karotten, Joghurt, Schafskäse, frittierten Couscous, Tabouleh, Pizzen, in Milch eingelegtes Rindfleisch, Salat. Mit der anderen Hand schafft Frau Katami es sogar noch, unsere Teller aufzufüllen, wieder und wieder, und nichts hält sie auf. Kein »no, thank you«, kein Kopfschütteln, kein Teller-Wegziehen, kein Über-den Bauch-streichen.

Nepomuk macht es klüger als wir: Als es selbst ihm zu viel wird, spuckt er einfach alles wieder übers Sofa, was ihm seine Adoptiv-Oma vorher in den Mund geschoben hatte. Sie trägt es mit Fassung. Er ist aus dem Schneider. Wir nicht. Nach dem Essen gibt es Obst. Danach Nachtisch und daran führt kein Weg vorbei.

Mit schweren Bäuchen steigen wir ins Auto und fahren auf den Berg, auf dem angeblich schon der Prophet Mohammed stand und auf Damaskus schaute. Er beschloss damals, die Stadt zu meiden: weil er das Paradies nicht schon zu Lebzeiten betreten wollte. Vielleicht hatte er auch einfach Angst vor der syrischen Gastfreundschaft. Heute sieht Damaskus von dort oben aus wie ein illuminiertes Feld voller grüner Spargelstangen. Nachts werden die langen Minarette der Moscheen mit grünem Neonlicht bestrahlt. Es sind viele Minarette.

»Aber wenigstens der Mond ist der gleiche wie bei euch«, sagt Herr Katami. Er sagt das, nachdem wir ihm sehr viele Fragen gestellt haben über die Dinge, die nicht gleich sind und davon gibt es viele: die Menge an Essen. Überhaupt das Essen; in Syrien verkaufen die Apotheken Babygläschen mit Schokoladenbrei und selbst die Säuglingsmilch duftet verdächtig nach Vanille. Im Kindergarten gibt es jeden Morgen eine Fernseh-Stunde; die Kinder müssen ganz still auf ihren Hockern sitzen und zuschauen. Das haben uns deutsche Bekannte erzählt, die mit ihren drei Kindern seit einem guten Jahr in Damaskus leben. Sie haben auch erzählt: Ihre Kinder genießen es, dass sie hier einen wildfremden Menschen anlächeln können und immer eine Antwort bekommen. Ein Lächeln mindestens, meist einen Freudenruf, hin und wieder einen Kuss.

Unser Sohn schläft längst in seinem Tragesack; Herr Katamis Enkelkinder springen fröhlich durch die Gegend. Um welche Uhrzeit sie ins Bett gebracht werden, frage ich Tochter Katami. Wenn sie müde sind, antwortet sie.

Der Mond hängt satt und schwer über der Stadt; ein bisschen anders sieht er schon aus. Es ist kühl geworden auf dem Berg. Frau Katami setzt sich neben mich und wirft mir ihren Wollschal über ihre und meine Schultern. Vielleicht nimmt sie doch nicht nur ihren Mimo in ihre Familie auf.

Plötzlich springt sie auf und eilt davon. Als habe sie etwas Wichtiges vergessen. Als sie vom Auto zurückkommt, hat sie in der einen Hand eine Thermoskanne mit schwarzem Tee. Und in der anderen Hand: einen Picknickkorb.

Inka Schmeling

Papa allein zu Haus – Abenteuer Elternzeit
Drei Jahre hauptberuflich Vater

Merle stopft sich eine Weintraube zwischen die Lippen. Es ist eine sehr große Traube für den Mund einer gut Anderthalbjährigen. Aber das stört den blonden Wirbelwind nicht. Passt schon irgendwie. Kurz darauf ist Merles Vater zur Stelle und sammelt die Reste der zerkauten Traube vom Teppichboden. »Sie zieht sich immer nur die Vitamine raus«, sagt er und lacht. Ihre Aufmerksamkeit wird längst von etwas Neuem gefesselt. Jetzt piesackt sie gerade ihren kleinen Freund Jan mit mittelfesten Klapsen. Er weiß sich allerdings zu wehren.

Lars Wurring entgeht nichts. Tränen bei Jan, weil dessen Mama gerade zur Toilette gegangen ist; eine achtlos fallen gelassene Trinkflasche; Bauklötze, die an einen bestimmten Platz zurückgeräumt werden müssen – er springt auf. Der 39-Jährige ist mehr als die meisten Väter, er ist Vater im Hauptberuf. Als Sporttherapeut arbeitet er seit vier Jahren nur noch nebenberuflich. Drei Jahre Elternzeit pro Kind nutzt er voll aus.

Es ist Montagmorgen, kurz nach neun, Krabbelgruppentag in Bocklemünd. Wurring ist allein unter Müttern. So ist es meistens, sagt er. »Mit den Ehemännern gehe ich dann samstags zum Fußball.« Bei ihm und seiner Frau Mirja wurde nicht lange diskutiert. Schon vor der Hochzeit sei klar gewesen: »Wenn wir mal Kinder bekommen, bleibe ich zu Hause.« Hauptsächlich des Geldes wegen. Sie ist Juristin, er Diplomsportlehrer. Mit wessen Gehalt die Familie leichter zu ernähren sein würde, war offensichtlich. Lars Wurring arbeitet noch rund 40 Stunden im Monat als Therapeut und als Ausbilder von Masseuren. »Aus Spaß«, sagt er, um den Kontakt zu den Kollegen zu halten und im Job zu bleiben. »Finanziell ist das uninteressant, das Geld geht für die Kinderbetreuung drauf.«

Es ist eine anstrengende Auszeit vom Leben des vollbeschäftigten Arbeitnehmers. Aber: »Wenn ich absolut keinen Bock gehabt hätte, hätte ich das nicht gemacht«, sagt Wurring. Er genießt seine Zeit mit den Kindern. »Man bekommt schon mehr mit, als wenn man sie nur am Wochenende sehen würde.«

Wurrings Tag als Vater im Hauptberuf begann um vier Uhr in der Nacht. Sein knapp vierjähriger Sohn Nils machte Rabatz. Um fünf Uhr holte er ihn ins elterliche Bett. Um Viertel vor sieben wollte dann Merle nicht mehr schlafen, aber der Wecker hätte ohnehin kurz darauf geklingelt. Die Arbeiten am Morgen, Kinder anziehen und Frühstück machen, teilen sich die Wurrings. Ab acht ist Mirja Wurring dann Anwältin und ihr Mann allein mit Kindern und Haushalt. »Nach der Arbeit macht sie aber noch viel«, sagt er, »ich bügele zum Beispiel überhaupt nicht.« Lars Wurring zeigt keine Andeutung von hausfraulichem Gram über den arbeitenden Ehepartner, der den Müll nicht rausbringt oder seine dreckigen Socken herumliegen lässt. Vor Krabbelgruppe und Kindergarten hatte Wurring an diesem Montagmorgen noch einen außerplanmäßigen Termin: »Kampftag bei Aldi«. Da habe es Kinderjacken gegeben, erklärt Wurring. Er war erfolgreich, Nils hat jetzt eine neue Jacke. »Und Merle ist Donnerstag dran.« Dann gibt es die kleineren Größen. Anschließend brachte er Nils zum Kindergarten und ging mit Merle zur Krabbelgruppe.

Direkt im Anschluss ist Kinderturnen mit der Tochter dran. Diese wird dann auf der Heimfahrt so müde sein, dass sie im Auto einschläft. Das bedeutet: zwei bis zweieinhalb Stunden Pause für den Papa. Um kurz vor vier wird Nils vom Kindergarten abgeholt, um 16.15 Uhr steht dann Kinderturnen mit ihm auf dem Programm. Merle teilt sich in der Zeit mit der Tochter von Freunden eine Babysitterin. Um kurz vor sieben gucken Kinder und Vater zusammen den Sandmann im Fernsehen. Danach Abendbrot und Schlafengehen. Nils darf manchmal auf dem Sofa auf die Mama warten, die gegen acht nach Hause kommt. »Aber meistens schläft er dabei ein«, sagt Lars Wurring. Und er selbst hat dann Feierabend? »Nein, dann wird die Küche aufgeräumt.«

Quelle: Kölner Stadt-Anzeiger

Reflektionen eines Lehrers über sein Sabbatjahr

Der Sabbat erinnert uns daran, dass unser Wert nicht davon abhängt, wie hart wir arbeiten oder wie viel wir erwirtschaftet haben oder was andere von uns denken. Der Sabbat erinnert uns daran, dass wir menschliche Wesen und nicht menschliche Maschinen sind.

Als die Israeliten vor vielen, vielen Jahren aus Ägypten flohen und das Gelobte Land erreichten, führte Gott die Sabbatgesetze ein. Diese Gesetze gab es nicht etwa deshalb, um sonntags bzw. samstags in den Gottesdienst zu gehen. Vielmehr sollten sie sicherstellen, dass das Volk der Hebräer sich nicht wieder einer ausbeuterischen Wirtschaft zuwenden würde, wie jener, aus der sie gerade errettet worden waren.

Die Sabbat-Gesetze waren »eine Art göttliches Kontrollsystem für Israels Wirtschaft, damit niemand zu reich oder zu arm würde.«

Eines der aufregendsten Sabbat-Gesetze kam alle sieben Jahre zum Tragen. So wie erwartet wurde, dass man alle sieben Tage nicht arbeitet, damit Menschen und Tiere und Land sich ausruhen können, feierte

»..das ganze Volk jedes siebte Jahr ein Fest, das sogenannte Sabbatjahr, in dem man das ganze Jahr über von der Arbeit befreit war.

In dieser einjährigen Pause war alle Nahrung, die auf den Feldern weiter wuchs, für arme Familien (…) gratis. Außerdem wurden alle Schulden, die während der vergangenen sechs Jahre aufgelaufen waren, erlassen.«

Diese Gesetze stellten sicher, dass jene in der Gesellschaft, die immer reicher werden wollten, eine Pause einlegen mussten, damit der Abstand zwischen Arm und Reich minimal blieb.

Es ist für uns beinahe unmöglich, zu erfassen, was für einen kulturellen Gegenentwurf diese wirtschaftliche Praxis bedeutet. Was für eine Gesellschaft war das, in der alle gemeinsam jedes siebte Jahr innehalten?

Ich befinde mich heute in der unschätzbar glücklichen Situation, auf ein solches Sabbatjahr zurückblicken zu dürfen. Vor ziemlich genau zwölf Monaten besuchte ich die letzte Vorlesung meines Studiums.

Natürlich habe ich nicht *nichts* gemacht in der langen Zeit. Bis Juli standen die Examina an. Ich hätte auch wohl einen Teilzeitjob ausgeübt, wenn mich nicht eine Verletzung meiner Finger in vielen Dingen behindert hätte. Egal.

Nun blicke ich auf zwölf Monate zurück, in denen ich nicht studiert habe. Keinen Job ausgeübt habe. Kein Geld verdient habe. Manche würden sagen: Zeitverschwendung. Viele sicher den Kopf schütteln. Ich sage: Es ist ein Geschenk.

Ich *durfte* zwölf Monate ganz intensiv meine Tochter aufwachsen sehen. Ich *durfte* zwölf Monate ganz intensiv in meine neue Gemeinde eintauchen. Mich hier und da und dort ausprobieren und Dinge mitentwickeln und bewegen. Ich *durfte* zwölf Monate lang ausschlafen, träumen, genießen, spielen, Hörspiele hören, mit Menschen arbeiten, lachen, weinen, denken, beten. Zwölf Monate Bücher lesen, Filme und Serien gucken, Blog schreiben. Ich *durfte* zwölf Monate lang meine Frau ganz intensiv in ihrer Berufung unterstützen und es genießen, Haus- und Ehemann zu sein.

Mir Zeit nehmen. Für mich.

Zeit

Innehalten.

Ab morgen geht es dann los. Mein Leben als Lehrer. Es wird aufregend. Hektisch. Intensiv. Arbeitsreich. Ich freue mich wahnsinnig darauf. Ohne Zweifel wird es eine grandiose *Zeit*.

Aber dieses Sabbatjahr weiß ich ganz besonders zu schätzen.

Jan-Martin Klinge

Einmal Welt und zurück

Mit ihren zwei Söhnen, acht und zehn Jahre alt, verlassen Susanne und Alexander Saade ihr gewohntes Leben, um für ein Jahr gemeinsam um die Welt zu reisen

Ein letztes Mal gab es Rouladen mit Klößen. Dann zog Familie Saade die Tür zu. Für ein Jahr raus. Raus aus ihrer Berliner Wohnung mit Blick auf die Spree, raus aus Deutschland, raus in die Welt. Alexander und Susanne Saade waren mit ihren zwei Söhnen auf Weltreise. Zwölf Monate haben sich die beiden Lehrer eine Auszeit vom Job genommen. Ein Jahr ohne Fernsehen, ohne Terminplan, ohne einen Tagesablauf, der von außen diktiert wird. Jetzt sind die Erinnerungen an dieses Jahr auf 25 000 Digitalfotos gebannt, die am Ende der Reise auf dem Laptop gespeichert waren. Dort sieht man Felix mit einer heiligen Kuh an einem Strand in Indien. Elefanten, die in Botswana die Straße kreuzen. Jan inmitten von Inselkindern auf den Fidschi-Inseln, fließende Lava auf Hawaii, Kiwi-Plantagen in Neuseeland. Die Familie fuhr mit dem Auto durch die Wüste, begegnete stundenlang keinem Menschen. Da war nichts außer Sand.

»Mutig«, hörte Susanne Saade vor ihrer Abreise immer wieder, wenn sie Freunden und Familie von den Plänen erzählte. Und auch die zweifache Mutter selbst hatte manchmal Bedenken: die fremde Umgebung, das ungewohnte Essen, alle paar Wochen ins nächste Land ziehen. Und die ganzen Krankheiten: Gelbfieber, Malaria, Typhus. Konnte sie ihren Kindern das zumuten?

Ihr Mann war entspannter. Er war es auch, der die Idee vorantrieb. Schon als junger Mann war der Sportlehrer viel in der Welt herumgereist. Dann fing er an zu arbeiten, heiratete, gründete eine Familie. Doch es plagte ihn immer wieder die innere Unruhe. »Ich hatte das Gefühl, ich muss noch mal raus«, sagt er. Warum nicht mit der ganzen Familie? Das Lehrerpaar beantragte ein Sabbatjahr. Drei Jahre Vollzeit arbeiten, dann ein Jahr frei, so das Konzept. Über den Zeitraum gab es drei Viertel des Gehalts. Der achtjährige Jan wurde ein Jahr von der Schulpflicht befreit. Auch das verlief unproblematisch. Seine Eltern unterrichteten ihn unterwegs, so konnte er nach seiner Rückkehr direkt in der vierten Klasse weitermachen. Felix war ohnehin noch nicht schulpflichtig. Ihre gerade erst ausgebaute Dachwohnung vermietete die Familie für ein Jahr an ein Professorenpaar aus den USA.

»Meine vielen Ängste und Zweifel erwiesen sich im Nachhinein als weitgehend unbegründet«, sagt Susanne Saade jetzt. »Wir haben unsere Kinder ein Jahr in einer Intensität erlebt, wie es im Alltag zu Hause nicht möglich ist.«

Mit dabei hatte die Familie vier Flugtickets, zunächst nach Südafrika und rund 100 Kilo Gepäck: Kleidung für zehn Tage, Medikamente und Hygieneartikel, Schlafsäcke und Moskitonetze, Spielsachen, Schulbücher und einen Laptop – verteilt auf vier Rucksäcke, vier Reisetaschen und zwei Koffer auf Rollen.

In seinem Kinderzimmer kramt Felix einen Ball aus Bast aus seiner Spielzeugkiste hervor. Mit seinen fünf Jahren hat er schon die halbe Welt gesehen. Den Ball hat er über die Strände Thailands gerollt. Aus einem Glas ragen die schwarz-weißen Borsten eines Stachelschweins – selbst gesammelt in Indien. An der Wand des Kinderzimmers hängt eine große Weltkarte. Die Kontinente sind für Felix und seinen drei Jahre älteren Bruder nicht bloß bunte Flecken auf einem Poster. Afrika, Indien, Australien, Amerika – die Kinder waren dort.

»Man hat schier unendlich viel Zeit. Man entdeckt gemeinsam Neues und Fremdes«, sagt Susanne Saade. »Man hängt aber auch ganz schön eng aufeinander«, fügt sie hinzu. Da gab es schon mal den einen oder anderen Ehekrach. Man könne mit Kindern auch nicht jeden Tempel besuchen. Sie bräuchten Struktur und viele Ruhepausen. In manchen fernen Ländern hätten die Kinder das Reisen aber sogar erleichtert. »Ist man einander auch noch so fremd, die meisten Menschen öffnen sich schnell, sobald sie ein Kind sehen«, sagt Saade. Am Essen haben Felix und Jan allerdings oft rumgemäkelt. Statt Rouladen mit Klößen gab es in Indien manchmal nur

Reis. Das scharfe Essen schmeckte den Kindern nicht. Ostern suchten sie im Campingbus in Australien vergeblich nach richtigen Eiern. »Das Oster-Känguru kennt unseren Geschmack nicht«, schrieb Jan in einer Mail nach Deutschland, weil er die australischen Süßigkeiten nicht mochte. Andererseits sahen die Saades auf ihrer Reise auch viel Armut, bettelnde Kinder, die sich auf die hungrigen Bäuche schlugen. Farbige, die den wunderschönen Strand in Swasiland nicht betreten konnten, weil sie sich die 1,20 Euro Eintritt nicht leisten konnten. Ranzige Unterkünfte, Sicherheitsleute mit Pumpguns, die Hotels vor Überfällen schützen mussten.

Doch fragt man Felix und Jan heute, wie sie die Reise fanden, schwärmen sie nur von den Tieren: Krokodile, die an der Grenze zu Mosambik haufenweise reglos in der Sonne lagen, Rieseneichhörnchen, die dreimal so groß sind wie unsere, Giraffen und Zebras in afrikanischen Nationalparks, Paviane, die den Toast vom Frühstückstisch klauen. »Die Tiere waren das Schönste«, sagt Felix. Aber die gibt's doch auch im Zoo? Der Junge zieht die Augenbrauen hoch und legt die Stupsnase in Falten, als wollte er sagen: blöde Frage. Er sagt dann: »Die, die wir gesehen haben, waren doch frei.«

Die Reise um die Welt hat die Familie 64 000 Euro gekostet. Mit dem Drei-Viertel-Gehalt und der Miete für die Wohnung in Berlin kamen sie finanziell sehr gut aus. Er sei nach der Reise ruhiger geworden, sagt Alexander Saade. Seine Frau genießt es, wieder alleine an der Spree zu joggen. Und die Rouladen mit Klößen schmecken jetzt noch besser.

Quelle: Kölner Stadt-Anzeiger

Down Under – Familiensabbatical in Neuseeland

Interview mit Karin und Jochen Haag, die 2008 mit ihren zwei Kindern, damals zehn und fünf Jahre alt, fünf Monate durch Neuseeland reisten

© *Alexander Reeh*

Warum hattet ihr Neuseeland als Reiseziel ins Auge gefasst?

Wir beide waren nach unserem Examen 1994 im Rahmen einer knapp siebenwöchigen Südseereise mit dem Rucksack für vier Wochen in Neuseeland gewesen. Das Land hat uns damals so fasziniert, dass wir uns vornahmen, irgendwann zurückzukehren und das Land »in Ruhe« zu bereisen. Dafür genügte ein normaler Jahresurlaub aber nicht …

Also, was tun?

Als verbeamtete Grund- bzw. Hauptschullehrer haben wir vier Jahre lang auf ein Fünftel unseres monatlichen Gehalts verzichtet und damit ein »bezahltes« Freistellungsjahr angespart. Als wir die Entscheidung trafen und die Genehmigung unseres Dienstherren einholten, war uns aber nicht bewusst, wie viele Klippen bis zur Realisierung uns noch bevorstehen würden! Niemand in unserem Umfeld hat wirklich geglaubt, dass wir das durchziehen. Wir hatten gerade ein Haus gebaut, Nina war erst zwei Jahre alt. Für viele war auch nicht vorstellbar, wie wir das finanziell hinbekommen wollten und welche Konsequenzen es für die Schullaufbahn der Mädchen haben würde.

Wie viel Vorbereitung war für das Sabbatical nötig – und für die Schulfreistellung?
Rückblickend betrachtet, waren die Vorbereitungen für das Sabbatical nicht sonderlich aufwendig. Trotzdem gab es so manche Nacht, in der wir an unserem Vorhaben gezweifelt haben. Eine Konsequenz dieser Bedenken war die Reduzierung des Reisezeitraums von zehn auf fünf Monate. Überraschend reibungslos waren die Verhandlungen mit Saras neuer Schule. Sie wechselte im September 2008 von der Grundschule in die fünfte Klasse des Gymnasiums. Bereits bei der Anmeldung haben wir das Gespräch mit der Schulleitung gesucht. Der Rektor und der Klassenlehrer fanden unsere Idee spannend und sie legten uns keine Steine in den Weg. Wir verabredeten, dass wir Sara in Deutsch, Englisch und Mathematik unterrichten würden. Nach unserer Rückkehr im Frühjahr 2009 sollte sie dann wieder in den regulären Unterricht ihrer Klasse einsteigen und man würde sehen, ob sie die Anforderungen der 5. Klasse erfüllen könne. Außerdem versprachen die Mitschüler und deren Eltern, uns per E-Mail jede Woche über den aktuellen Lernstoff zu informieren.

Was ist der größte Unterschied so einer langen Reise zu einem »normalen« Urlaub?
Wir haben die Reise nicht als Urlaub empfunden. Es war vielmehr ein kleiner »Lebensabschnitt«, in dem nicht die Arbeit im Mittelpunkt stand, sondern wir, die Familie, und auch das Kennenlernen eines fremden Landes und die damit verbundene Horizonterweiterung. Es war – nach einigen sehr intensiven Jahren mit dem Schwerpunkt auf Karriere, Familiengründung und Hausbau – eine Art »Ausstieg auf Zeit«.

Neuseeland ist ja nicht billig und ihr wart lange unterwegs – hat das Budget gereicht?

Unser Budget war alles andere als üppig. Zur Finanzierung der Flüge (insgesamt ca. 4.500 Euro) haben wir gleich nach der Beantragung unseres Freistellungsjahres –das war 2004! – monatlich etwas auf die Seite gelegt. Der Verkauf unseres Autos im Herbst 2008 legte den Grundstein für den Kauf eines Autos in Neuseeland. Ein Mietwagen wäre für diese lange Zeit viel zu teuer gewesen, aus demselben Grund wollten wir auch nicht mit dem Wohnmobil reisen.

Durch die monatlichen Lohnfortzahlungen hatten wir jeden Tag eine gewisse Summe zur Verfügung. Davon wurden Übernachtungskosten, Benzin, Verpflegung, Eintrittsgelder usw. bestritten. Zusätzlich kam noch einiges an Kosten für die Ausrüstung (Haftpflichtversicherung fürs Auto, Prepaid-Vertrag fürs Handy, Kindersitze, Geschirr, Kühltasche…) hinzu.

Uns war klar, dass wir nicht in Saus und Braus - wie in einem zweiwöchigen Jahresurlaub – leben würden. Übernachtet haben wir hauptsächlich in Cabins auf den Campingplätzen. Anfangs waren wir dabei nicht anspruchsvoll, doch mit zunehmender Dauer des Vagabundenlebens wurde uns ein wenig Komfort (eigenes WC, Waschbecken, Dusche) wichtig. Auch wenn das Wetter mal schlechter war (z.B. an der West Coast), gönnte man sich gern mal ein wenig mehr Platz und eine anspruchsvollere Ausstattung.

Was war denn euer wichtigstes Gepäckstück?

Unser wertvollstes Gut waren zweifellos Bücher. Auf jedem Campingplatz machten wir uns auf die Suche nach Deutschen, um Lektüre einzutauschen. Es fanden sich immer irgendwo deutsche Bücher!

Ob wir einen Laptop mitnehmen sollen, hatten wir lange überlegt. Weil wir ein Reisetagebuch führen wollten, rangen wir uns dazu durch. Das war klug, wir konnten so im Internet recherchieren und buchen, in Kontakt mit der Heimat bleiben, Musik hören, DVDs schauen, spielen und uns ablenken.

Wie bzw. womit wart ihr denn überhaupt unterwegs?

In Auckland haben wir uns für etwa 8.000 NZ$ (damals 3.500€) einen gebrauchten japanischen Van gekauft. Das Auto war äußerst zuverlässig und wir hatten außer einem kleineren Reifenschaden keine Probleme. Bei mehr als 15.000 gefahrenen Kilometern war das nicht selbstverständlich! Rechnet man den Wiederverkaufspreis vom Kaufpreis ab, hat uns der Honda in den fünf Monaten 3.000 NZ$ gekostet, das sind nicht mal 1.500€. Ein Mietwagen in dieser Größenordnung wäre weitaus teurer gewesen.

Die Haftpflichtversicherung für 400 NZ$ war im Endeffekt unnötig und wäre auch nicht vorgeschrieben gewesen, trotzdem war sie uns – als typisch Deutsche – wichtig.

Wie hat das Kaufen und Verkaufen geklappt?

Weil wir nicht viel Ahnung von Autos haben, lag uns diese Anschaffung im Vorfeld wie Blei im Magen. Bei der Suche nach Gebrauchtwagenhändlern trafen wir zum Glück einen äußerst freundlichen jungen Engländer, der uns sehr gut beraten hat. Auch die Zulassung und der TÜV (»warranty of fitness«) wurden von ihm übernommen, alles lief völlig reibungslos.

Die Ungewissheit in Bezug auf den Verkauf des Autos hat uns vorher sehr belastet, denn wir standen ja unter einem gewissen Zeitdruck. Damit wir für diese Phase genügend Zeit hatten, führte uns die Reise am Schluss noch einmal ins Northland, weil wir von dort aus problemlos für Interessenten aus dem Großraum Auckland erreichbar waren.

Der Wiederverkauf war dann kein Problem. Wir haben das Auto in den großen Zeitungen ausgeschrieben und es gleich an den ersten Interessierten für ca. 6.000 NZ$ verkauft. Im Nachhinein war die Sorge, beim Wiederverkauf nicht genügend Geld zu bekommen, zwar unbegründet, doch die gewerblichen Händler – an die wir uns sicherheitshalber auch gewandt hatten – wissen genau, dass sie bei Touris den Preis gewaltig drücken können! Der Privatverkauf lief völlig problemlos und auch die Formalitäten beim Ummelden auf der Post (!) sind so unbürokratisch, dass man keine Angst davor haben muss.

Was hattet ihr euch für die fünf Monate vorgenommen?

Wir hatten vor Beginn der Reise eine grobe Route im Kopf. Allerdings wollten wir eines nicht: uns unter Druck setzen und wieder von einem Hotspot zum nächsten hecheln. Das hatten wir 1994 – mit einem Zeitkontingent von vier Wochen – allzu extrem erlebt.

Konkret festgelegt war zu Beginn nur Auckland als Ankunfts- und Abflugsort. Demzufolge begannen wir unsere Rundreise im Oktober auf der Nordinsel, setzten kurz vor Weihnachten auf die Südinsel über und überquerten die Cook Strait Ende Februar wieder in Richtung Wellington. Auch angesichts des Klimas und des Jahreszeitenverlaufs war dies ganz sinnvoll.

Wo fanden es eure Mädels am schönsten?

Natürlich war die ständige Nähe zum Meer absolut toll. Außerdem waren beide – genau wie wir – von den Wäldern begeistert. Im Norden faszinierten uns die Kauri-Riesen und Farnbäume, im Süden die undurchdringlichen Regenwälder, zum Beispiel auf dem Weg zum Milford Sound. Weitere Highlights waren die Begegnungen mit Tieren: Kiwis, Keas, Seelöwen, Albtrosse, die Wale in Kaikoura und natürlich die Delfine, mit denen wir in der Bay of Islands schwimmen wollten, was dann leider nicht ging, weil sie Babys dabei hatten.

Wie sind die beiden denn mit der langen Reisedauer zurechtgekommen?

Die Große hat vom ersten Tag an alles in sich aufgesaugt und war unheimlich interessiert, während es der Kleinen nichts ausgemacht hätte, wenn wir gemeinsam ins Allgäu gefahren wären. Für sie war es toll, dass wir sehr viel Zeit füreinander hatten.

Und wir fanden es toll, dass Sara mit großer Freude ihre kleine Schwester »unterrichtete«. Vor allem auf langen Fahrten oder an Regentagen vertrieben die beiden sich mit gespieltem Schulunterricht die Zeit. Kontakte mit anderen Kindern auf den Campingplätzen ergaben sich ja eher selten, weil wir eben alle drei bis vier Tage weiterzogen. Häufig las Sara ihrer Schwester also Geschichten vor oder sie studierten die Reiseführer und das Prospektmaterial aus den Visitor Centers.

Beschreibt doch mal einen typischen Tag auf eurer Reise!

Das ist schwer, weil die Tage an einem Ort sich deutlich von denen unterschieden, an denen wir unterwegs waren. Wir nannten diese Tage »Überführungsetappen«. Jochen mochte diese besonders (vom Ein- und Auspackstress abgesehen), weil man auf der Strecke viel Interessantes sehen konnte. Für die Kids waren die Fahrten weniger spannend.

Ein normaler Tag an einem Ort war geprägt von Alltagsritualen. Zunächst gab's die Morgenwäsche und –dusche im Waschsaal des Campingplatzes, Frühstück herrichten in der Gemeinschaftsküche, dann gab es meist ein wenig Unterricht für Sara, während Nina alternativ beschäftigt werden musste. Weil die Campingplätze meist ein vielfältiges Angebot für Kinder bereithielten, konnte/n sie sich auch oft selbst beschäftigen.

Dann haben wir meist etwas unternommen. Eine Besichtigung, einen Walk oder auch nur einen Bummel durch eine Stadt. Abends haben wir meist gemeinsam gekocht, Karten gespielt und gelesen. Zum abendlichen Ritual gehörte das gemeinsame Spielen und für uns Eltern ein Fläschchen Sauvignon blanc oder ein leckeres neuseeländisches Bierchen.

Wie habt ihr Sara in den fünf Monaten unterrichtet?

Wir unterrichteten mehr oder weniger regelmäßig die Hauptfächer Deutsch, Englisch und Mathematik. Dazu hatten wir die entsprechenden Lehrwerke und Arbeitsmaterialien dabei. Sara war in Englisch überdurchschnittlich motiviert, weil sie direkt und merklich vom Vokabeln lernen profitierte. Jedes Schild am Straßenrand, jedes Werbeplakat, jede Beschriftung im Supermarkt und jede Minute Radiohören oder TV-Schauen war zusätzliches »Lernen«. Mit zunehmender Reisedauer traute sie sich zu, auch selbst Gespräche zu führen und Erledigungen zu machen. Das zeigte sich übrigens auch bei Nina, die damals im letzten Kindergartenjahr war.

In Deutsch arbeiteten wir nur wenig parallel zu ihrer Klasse in Deutschland. Sara las sowieso sehr viel und gern und verfasste immer wieder Beiträge für unser Reisetagebuch. In Mathematik orientierten wir uns stärker an dem, was wir von zu Hause bekamen und versuchten, auf Augenhöhe mit den Klassenkameraden zu bleiben.

Hat alles so funktioniert wie geplant?

Stunk wegen des Unterrichtens gab es selten. Wir hatten so viel Zeit, dass das nie ein größeres Problem war. In manchen Unterkünften war es jedoch von der Ausstattung und Größe ein wenig schwierig, eine ruhige Ecke zu finden.

Sara hatte keinerlei Probleme, sich nach Ostern wieder in ihre Klasse einzufinden. Ihre schriftlichen Leistungen waren überdurchschnittlich und für ihr Abschlusszeugnis in Klasse fünf bekam sie sogar eine Auszeichnung. Sicherlich gründete der Vertrauensvorschuss, den uns die Schule gab, auf unserer Tätigkeit als Lehrer. Wir denken aber, dass das jeder einigermaßen gebildete Erwachsene begleiten kann.

Das klingt alles so einfach und schön – gab es gar keine Probleme?

Doch, na klar. Wenn das Wetter mehrere Tage am Stück schlecht war, konnte das Aufeinandersitzen auf engstem Raum sehr belastend wirken. Da flogen zwischendurch immer wieder mal die Fetzen. Manchmal musste der eine oder andere mal ein paar Stunden allein etwas unternehmen. Hier birgt vor allem die We(s)t Coast Konfliktpotenzial. Für depressiv veranlagte Menschen ist dieser Landstrich nicht unbedingt zu empfehlen!

Auch das Leben aus dem Koffer wurde im letzten Viertel der Reise mehr und mehr lästig. Bei jedem Wechsel des Quartiers musste der komplette Hausstand ins Auto verladen und dann wieder ausgeräumt werden. Das machte am Ende doch ganz schön müde und reiseunlustig.

Zum Glück hatten wir während unserer Reise dreimal die Möglichkeit, bei Privatleuten (Freunde und Bekannte von Freunden) unterzukommen. Diesen Familienanschluss haben wir sehr genossen und diese Aufenthalte dauerten dann auch meist länger als zunächst geplant.

Unser größter Reinfall: Weil wir die Zustände auf den Campingplätzen während der neuseeländischen Sommerferien kannten, schickten wir vorsichtshalber unser großes Hauszelt für teures Geld (ca. 100 Euro) per Post nach Auckland und am Ende für noch mehr Geld (ca. 150 Euro) wieder zurück. Wir haben genau eine (!) Nacht im Zelt verbracht. Das war in Matauri Bay im Northland, an einem der traumhaftesten Strände mit wunderschönem, idyllischem Campingplatz. Die Nacht auf den dünnen Therm-a-Rest-Matten war für uns Erwachsene und unsere Wirbelsäulen jedoch so ernüchternd, dass wir keine weitere Zeltübernachtung mehr machten. Wenn wir die Kosten für den Kauf und den Versand des Zeltes zusammenrechnen, war das mit großem Abstand die teuerste Nacht während unserer Reise.

Auf so einer langen Reise bekommt man ja viel mehr Einblicke in ein Land. Fandet ihr auch nach fünf Monaten noch alles toll in Neuseeland?

Neuseeland wird zwar immer noch mit intakter Natur gleichgesetzt, doch die Wirklichkeit sieht anders aus: Die Landwirtschaft, der Weinbau und der Anbau von Sonderkulturen benötigen Unmengen an Süßwasser. Dieser unmäßige Wasserverbrauch macht sich in einigen Gegenden bereits bemerkbar. Böden versalzen und der Grundwasserspiegel sinkt. Insgesamt ist das Umweltbewusstsein gar nicht so hoch, wie man gemeinhin denkt.

Auch das Verhältnis zwischen Ureinwohnern (Maoris) und Weißen (Pakeha) ist nicht gar so reibungslos, wie dies in der Öffentlichkeit dargestellt wird. Viele Maori leben am Existenzminimum und leiden unter schlechter Ausbildung. In den einfachsten Jobs sind überdurchschnittlich viele Maori tätig, viele leben von Sozialhilfe und den Zuwendungen ihrer Stämme. Für den Reisenden macht sich das durchaus bemerkbar: Es gibt Regionen (Eastcape, Northland), wo die Kriminalitätsrate und die Zahl der Gewaltverbrechen deutlich gestiegen sind und wo inzwischen auch Reisende zu Schaden kommen. Wir sahen auf unsere Reise zwar teilweise Armut (in Süd-Auckland und im Northland) in solchen Brennpunkten, sind aber nie belästigt oder bedroht worden.

Was war eure wichtigste Lektion von dieser Reise?

Es lohnt sich, Risiken einzugehen. Wir wurden mit unseren Planungen zunächst von vielen nicht ernst genommen und haben vielleicht selbst nicht so richtig geglaubt, dass wir es tatsächlich angehen werden. Im Nachhinein war es die richtige Entscheidung. Wir zehren heute noch von diesem Abenteuer und den deutschen Winter überstehen wir nur mit dem täglichen Schmökern in unserem Reisetagebuch, wenn wir nachschauen, wo wir an diesem oder jenem Tag gerade waren, was wir damals gegessen haben und was es an diesem Ort zu essen gab….

Was würdet ihr anderen Familien raten, die mit Schulkindern nach Neuseeland reisen wollen?

Wer wagt, gewinnt! Lasst Euch nicht abschrecken: Wo ein Wille ist, ist auch ein Weg. Selbst wenn unsere große Tochter ein Schuljahr verloren hätte, für ihr Leben hätte sie auf jeden Fall gewonnen! Für Nina war die Reise zu früh. Sie erinnert sich zwar beim Durchblättern des Fotoalbums oder beim Lesen im Reisetagebuch, so richtig eigene Erfahrungen hat sie aber nur noch wenige.

Habt ihr mit dem Gedanken gespielt, ganz in Neuseeland zu bleiben?

Der Wunsch oder Traum, dort einmal zu leben und eventuell auch zu arbeiten, ist durchaus vorhanden. Schade, dass dort keine Grund- und Hauptschullehrer gebraucht werden. Der etwas geringere Lebensstandard wäre jedoch gewöhnungsbedürftig. Der Nachschub an ordentlichem Brot und deutscher Wurst müsste gewährleistet sein und auch unsere Mischbatterien fürs Waschbecken müssten mitgebracht werden. Allerdings waren wir alle vier nach fünf Monaten Vagabundenleben froh, wieder nach Hause in die eigenen vier Wände und zu den Verwandten und Freunden zurückzukommen.

Quelle: der Weltwunderer Blog (www.weltwunderer.de)

Auszeit auf der Straße des Lebens

Von ihren Kindern haben sich die Schweizer »Aussteigerin« Nadine Hudson und ihr britischer Ehemann Michael noch nie am Reisen hindern lassen – im Gegenteil, zu viert genießen sie ihre außergewöhnlichen »Familien-Sabbaticals«

© *Nadine Hudson*

»Der kleine Adler wuchs in einem Hühnerstall auf. Eines Tages kam ein Fremder auf den Hof und fragte den Bauern, warum der Adler nicht fortfliege. Der Adler wisse nicht, dass er kein Huhn sei und gäbe sich mit dem Dasein im Hühnerstall zufrieden, war die Antwort. Der Fremde nahm den Adler auf den Arm und forderte ihn auf zu fliegen, aber der Raubvogel hüpfte zurück zu den Hühnern. Daraufhin steckte er das Tier in eine Schachtel und fuhr mit ihm weit weg in die Berge. Auf dem Gipfel angekommen, hob er den Adler gen Himmel. Der Raubvogel blickte sich kurz um und flog davon.«

Es wäre eine Lüge zu sagen, ich genieße das Aussteigen nicht. Warum sonst wäre ich mehr als sieben Jahre weggeblieben? Ebenso unehrlich wäre es jedoch zu behaupten, dass ich nicht auch im Alltagstrott tiefstes Glück gefunden habe. Gefühle von Freiheit, Spontanität, Liebe, Freude und Freundschaft, aber auch Frustration, Einsamkeit, Abgeschiedenheit und Furcht sind eher von unserer persönlichen Geisteshaltung als von unseren Taten abhängig.

Ich bin schon fünfmal ausgestiegen. Das erste Mal mit fünfundzwanzig. Damals wollte ich nur weg. Den ganzen Kram meiner Vergangenheit hinter mir lassen. Die Freiheit ergattern, neu anfangen. Erwachsenwerden hatte sich für mich als schwieriger erwiesen als gedacht. Jahre war ich durch einen dunklen Tunnel getappt und hatte erst kurz zuvor das Licht neu gefunden. Die Schweiz war mir zu fade, zu spießig geworden. Das Gras war eindeutig grüner auf der anderen Seite.

Aber was bedeutet Aussteigen überhaupt? Über eine unsichtbare Linie gehen, ohne zu wissen, auf was wir uns einlassen? Eine neue Lebensphase beginnen, ohne zu ahnen, wann und wo sie enden wird? Ohne Pläne abreisen? Dem engen Alltag entfliehen und die Vogelfreiheit genießen? Den Morgen ohne Wecker beginnen? In diesem Sinne stieg ich aus. Ich packte meine Wurzeln in den grün-violetten Rucksack, fühlte mich als Rebell unbezwingbar und kehrte meiner Heimat noch so gerne den Rücken zu.

Wie ein ungezähmtes Pferd kam ich in Indien an; kannte keine Grenzen. Ich hätte Berge versetzen können. Oh, wie schön ist diese jugendliche Überheblichkeit, die vor Kraft und Zuversicht strotzt und doch so wenig vom Leben weiß. In Indien wetzte ich meine Hörner ab und als ich bereit war – obwohl ich das damals nicht so sah – lernte ich meinen zukünftigen Mann kennen. Als er mir nach wenigen Stunden einen Heiratsantrag machte, hatte der Gedanke ans Aussteigen plötzlich an Attraktivität verloren. Ich zog zu ihm nach England, wo wir heirateten.

Bald holte uns die Sehnsucht nach der Welt ein. Mit dem Alltag eines Lebens in Europa konnten wir nicht umgehen. Erneut stiegen wir aus, diesmal zu zweit. Die nächsten zwei Jahre glichen einer Fahrt auf der Achterbahn. Wir lernten eine wunderbare Welt kennen, noch wunderbarere Menschen. Reisten immer weiter, getrieben von der Vorstellung, alles sehen zu wollen. Und parallel dazu holte uns die Routine einer frischen Ehe ein. Auch unterwegs muss an einer Beziehung gearbeitet werden.

Meine ersten zwei langen Reisen ohne geplantes Ende schienen mir unerklärlich. Und doch versuchte ich in den Jahren danach in den Begegnungen unterwegs einen tieferen Sinn zu sehen. In einem kleinen Dorf im hohen Norden Indiens traf ich einen dicken Mönch in purpurroter Robe, der mir eine Geschichte erzählte: »Vor sehr langer Zeit verweilte das Göttliche als normaler Mensch auf dieser Welt. Dann begannen die Menschen sich zu streiten, wurden gierig und böse und bekriegten sich. Das Göttliche beschloss weit weg zu gehen und sich an einem ruhigen Ort zu verstecken. Fortan lebte es auf dem Boden der Ozeane und war glücklich. Dann aber erfanden die Menschen Taucherausrüstungen und U-Boote und störten das idyllische Meeresleben. Das Göttliche gab sich geschlagen. Eine wunderbare Idee kam ihm: Es könnte sich weit weg von der Erde verstecken, nämlich auf dem Mond. Nun lebte es zufrieden in der Stille des unbewohnten Ortes. Aber auch dahin fanden die Menschen ihren Weg. Sie erfanden Raketen und störten das friedliche Leben auf dem Erdtrabanten. Das Göttliche resignierte. Es überlegte lange Zeit, wohin es sonst noch fliehen könnte. Welches Versteck würden die Menschen nie und nimmer finden? Wo würden sie es in Ruhe lassen, bis sie soweit waren, ihm bewusst zu begegnen? Seither lebt es da, wo die Menschen vergessen, nachzuschauen. Es hatte sich im Innern eines jeden Lebewesens versteckt!«

Indien ist für seine Spiritualität bekannt. Umso enttäuschter war ich, als ich unter den Aussteigern mehr bekiffte als erleuchtete Menschen traf. Mehr unzufriedene Nörgler als innig Glückselige. Reisende, die sich strikt an ihre minutiösen Pläne hielten und Orte auf Listen abhakten. Wir lernten dutzende von Langzeitaussteigern kennen, die ihre Zeit in Malaysia oder Thailand absaßen und kaum einen Sinn in ihrem Dasein fanden. Sie konnten nicht mehr zurück – hatten Leichen im Keller – ihre Sorge galt nur noch dem Finden von günstigem Essen. Nur weil jemand den Alltagstrott hinter sich ließ, wurde er noch lange nicht zum Engel.

Ich war mit unserem ersten Sohn schwanger, als wir nach zwei Jahren beschlossen, in die Schweiz zu ziehen. Wir waren dankbar für das, was wir hatten und trotzdem vermochten weder Desmond noch einige Zeit später unser zweiter Sohn Lenny unsere Sehnsucht nach einem alternativen Leben zu stillen. Im Gegenteil. Wir freuten uns auf den Tag, an dem wir unseren Jungs das zeigen konnten, was wir selbst am besten konnten: unterwegs sein.

Im Jahr 2005 waren wir bereit. Neuanfang, aussteigen, loslassen. Mit je einem Kind an der Hand liefen wir zur Bushaltestelle. Wieder hatten wir fast all unser Hab und Gut verschenkt, Stellen und Wohnung aufgegeben, Versicherungen gekündigt und weder ein zeitliches noch ein örtliches Ziel vor Augen. Nach dem zweiten Ausstieg hatten wir beschlossen, nur noch abzureisen, wenn wir uns in einer »Hochphase« befanden. Loszuziehen, wenn es daheim so gut ging, dass die Abreise ein wenig Wehmut aufkommen ließ. Denn wer zuhause glücklich ist, ist auch unterwegs zufrieden, und wer in der Heimat ein erfülltes Leben führte, hat auch keine Angst vor der Rückkehr.

Einmal mehr würde mir die Zeit als schwebende, heimatlose Erdbewohnerin Gelegenheit geben, meine belanglosen Alltagsängste und -sorgen zu überwinden. Gleichzeitig würden uns die kommenden 23 Monate das größte Geschenk geben, dass sich eine junge Familie wünschen kann: Zeit füreinander und miteinander. Wir lernten uns gegenseitig so gut kennen, dass keine Worte mehr nötig waren.

Die Reise führte uns durch halb Asien und immer wieder an Kreuzungen. Sollen wir nach rechts oder links gehen? Verweilen oder weiterschreiten? War das Reisegeld aufgebraucht, öffneten sich Türchen. Aber auch beim

Aussteigen gibt es einen Alltag. Als Eltern von kleinen Kindern waren wir mit den gleichen Herausforderungen und Entscheidungen konfrontiert wie Familien in Europa. Unser Leben unterwegs hatte wie jede andere Familienroutine auch seine Hochs und Tiefs und seine Hürden und Belohnungen. Eine Reise ist keine Flucht vor dem Alltag, der schleicht sich nämlich auch ins Gepäck. Für uns ist eine Reise eher die Zeit, in der wir einen routinierten Alltag zu schätzen und ihn mit einer spontanen Vogelfreiheit verbinden lernen.

Aussteigen ist ein wenig wie sich verlieben. Zuerst tummeln sich die Schmetterlinge in unserem Magen. Sie tanzen und zelebrieren. Wir schweben auf Wolke sieben. Doch in jeder Verliebtheit setzt irgendwann der Alltag ein und die Liebe, die folgt, erfordert gegenseitiges Engagement, Akzeptanz und Toleranz. Auch bei einem Ausbruch aus dem bekannten Umfeld tanzen zuerst die Sommervögel und springen von Blume zu Blume. Aber egal wie weit weg wir wandern, wie viele Grenzen wir sprengen, auch in der hintersten Ecke der Welt holt uns die Routine und damit auch unsere persönliche Lebenslektion wieder ein.

Als wir nach gut zwei Jahren wieder in Zürich am Bahnhof einliefen, machten wir uns vor, das Fernweh ein für alle Mal begraben zu haben. Wir ließen uns nieder, denn schließlich mussten die Kinder in die Schule.

Knapp zwölf Monate später stiegen wir zum vierten Mal aus und nahmen eine Stelle in China an. Das Reich der Mitte war in unseren Augen an dem Punkt angekommen, von dem frühere Hollywood-Schnulzen gehandelt hatten. Vom Tellerwaschen zum Multimillionär. Im Land der unendlichen Möglichkeiten war alles offen. Eine Vision, harte Arbeit und etwas Mut genügten. Wir vier waren begeistert.

Die Leitung eines von einem Holländer aufgebauten Hotels in einem Reisbauerndorf durften wir übernehmen. Unsere Aufgabe war es, das etwas heruntergekommene Unternehmen wieder auf Vordermann zu bringen. Einen Arbeitsvertrag würde es nicht geben, auch keine klaren Konditionen oder sozialen Absicherungen. Ein Visum müssten wir selber besorgen. Es könnte sein, dass wir das Land plötzlich verlassen müssten. Die Kinder würde ich selber unterrichten.

Vogelfrei sein – aber sind wir Menschen zum Fliegen gedacht? War der Adler endlich aus dem Hühnerstall herausgekommen? Das Gefühl war auszuhalten, aber als Schweizerin, wo Sicherheiten in Gütern und auf Papieren zum Alltag gehörten, war die Situation dennoch nervenaufreibend.

»Ihr habt so viel Glück! Wir würden das so gerne auch tun!«, hörten wir immer wieder aus unserer Umgebung. Ja, wir hatten Glück. Wir hatten Kinder, die ebenso begeistert vom Reisen waren, wie wir. Wir waren gesund. Wir hatten das Vertrauen, dass alles gut gehen und sich immer wieder ein Weg präsentieren würde, wenn wir ihn brauchten. Dennoch hatte unsere Lebensart, unsere Freiheit ihren Preis.

Die Nacht vor der Abreise beschrieb ich in meinem Blog-Tagebuch wie folgt:

Das Gefühl kennen wir schon – ist es doch nicht das erste Mal – aber neu scheint es doch. Komisch, wie schnell man vergisst. Die Matratze fühlt sich kalt an, das Leintuch ist in einer Kiste, zwischen den großen Tellern und der Bratpfanne eingepackt und auch die Decke ist nur provisorisch. Neben mir liegt Michael, auch auf einem Provisorium und etwas weiter, im gleichen Raum, die Kinder. Ob sie wohl schlafen? Wohl kaum. Zwei Zimmertüren sind bereits zu. Die leeren Räume dahinter, blitzblank geputzt, bereit für die neuen Mieter. Die Küche und das Bad das Gegenteil. Noch voller Gerümpel und Schmutz. Die meisten Möbel sind für immer weg, bei verschiedenen Freunden, die gerade so ein Stück brauchen konnten. Auch die Spielsachen. Das Echo in der Wohnung ist ungewohnt, wie in einer Steinzeithöhle. Und obwohl wie so viel weggeben haben, sind doch noch 20 Bananenkisten gefüllt. Fünf für jeden von uns. Und bereits jetzt haben wir vergessen, was denn da so Wichtiges drin ist. Und wie sieht es in unserem Innern aus? Ein nicht zu verachtender Teil der Gefühle ist Vorfreude. Aufregung. Die Nacht bringt aber auch das Gefühl vom nirgends

Hingehören; es beißt sich fest wie ein Stinktier, das seine Beute nicht mehr loslassen will. Mit den ersten Sonnenstrahlen wird es weg sein. Wird die pure Freude zurückkehren. Aber die Nacht will es anders. Sie erlaubt Ängste, die tagsüber irrational scheinen.

Endlich ist es Morgen, die Sonne dringt durch die Fenster. Die letzte Nacht vor dem neuen Lebensabschnitt ist vorüber, die letzten Gedanken darüber sind gegrübelt und wir lächeln der Welt entgegen, die uns offen steht.

Als wir bereits ein paar Monate in China waren, und an einem warmen Abend durch die grünen Gärten und wassergetränkten Reisfelder spazierten, dabei den Libellen und Wasserbüffeln zuschauten, wurde uns immer öfter bewusst, wie viel schöner es wäre, wenn wir dies mit unseren Freunden und Familien teilen könnten.

Was bedeutete unsere Lebensart für unsere Kinder? Manchmal war es überwältigend, die Verantwortung für die Erziehung unserer Kinder alleine zu tragen, ohne uns mit Lehrern, dem Kinderarzt, Tanten/Onkeln und Großeltern oder Freunden absprechen zu können. Was wollten wir unseren Kindern vermitteln? Ihr Fundament sollte auf der Selbsterfahrung aufgebaut sein, dass die Welt ein faszinierender Ort ist, dem wir Sorge tragen müssen und dass Rassismus auf der Erde keinen Platz hat. Sie sollten begreifen, dass zu jedem Zeitpunkt eine Weiche vor ihnen stehen würde, die sie selber stellen konnten und es nicht nur einen richtigen Weg gab.

Auch in China gab es immer wieder Situationen, die uns testeten. Dazu ein Ausschnitt aus unserem China-Blog:

»Aufgeregte Stimmen durchbohren die stille Dunkelheit. Die Kinder sind noch wach. Ich lese ihnen wie an jedem anderen Abend auch aus einem Buch vor. Abrupt unterbrechen wir die Lektüre und schauen zu Michael rüber. »Was ist los?« Zwei oder drei Männer schreien sich draußen vor unserer Tür an. Feindselig. So zumindest empfinden wir es. Obwohl wir in den letzten Jahren gelernt haben, dass sich Chinesen oft sehr laut und erregt unterhalten, auch wenn es sich nur um Banalitäten handelt, werden wir bei diesem Geschrei dennoch nervös.

Wir wohnen eng von gelben Lehmhäusern umgeben. Ein schmaler Steinweg führt zu unserm Eingang. Die Nachbarn sind schon älter und die Nacht normalerweise mucksmäuschenstill. Das letzte Mal als Aufruhr herrschte, war ein betagter Mann am Sterben und die Verwandten holten seinen Sarg ab, der schon seit geraumer Zeit im Haus gelagert wurde. Oft lassen sich die älteren Dorfbewohner ihre letzte Ruhestätte vor dem Tod fertigen, um die Gewissheit zu haben, später gut aufgehoben zu sein. Wir hören ein lautes Poltern. Klopft jemand an unsere schwere Holztür, die wir in der Nacht mit einem Riegel verschließen? Oder kommt der Lärm vom Raum nebenan, da wo der dicke Wasserbüffel lebt? Uns wird es etwas flau im Magen. Sind sie wütend auf uns? In Gedanken spielen wir die letzten Tag durch. Haben wir irgendetwas getan, was jemand im Dorf hätte verärgern können?

Das gab es auch schon. Plötzlich kam ein stocksaurer Chinese angelaufen, ließ mit feuerrotem Gesicht einen lauten Redeschwall los und warf einen schweren Lehmziegel zu Boden, um seine Wut zu unterstreichen. Wir verstanden nur »Laowai« (Ausländer) und regten uns noch nicht, als er schon lange weggestampft war. Scheinbar war der Mann aufgebracht, weil Bauarbeiter, die im Hotel eine Mauer abrissen, einige Steine auf den Gehweg neben unserem Garten geworfen hatten. Seine Passage mit dem Roller war dadurch erschwert. Wir räumten umgehend auf und die Welt war wieder in Ordnung. Oft grenzt es jedoch an Unmöglichkeit, dem Grund des Ärgers auf die Spur zu kommen. Ein Ratespiel ohne Anhaltspunkte. Wir verstehen weder die Sprache, noch die Kultur, noch die Dorfdynamik. Es könnte vorkommen, dass eine Person beleidigt ist, weil jemand mit einem Nachkommen einer Familie redet, die seit Hunderten von Jahren mit der anderen Sippe verkracht ist und zwar wegen eines Huhns! Und obwohl die Dorfbewohner allesamt sehr nett sind, wir sie in unsere Herzen geschlossen haben und sie uns wohl auch auf ihre eigene Art, sind und bleiben wir die Ausländer. Die, die nichts verstehen.

Noch immer hören wir das Geschrei vor der Tür. Michael löscht das Licht im Badezimmer, um unbemerkt aus dem Fenster schauen zu können. Lachend und erleichtert kommt er zu uns Angsthasen zurück. »Sie jagen ein Schwein.« »Was?«, fragen wir im Chor. Eine Sau ist davon gerannt und nun versuchen die Bauern sie einzufangen. Ein ganz harmloses Katz-und-Maus-Spiel. Die Betroffenen sind weder wütend, noch eine Gefahr, sie sind wie (fast) immer nur »herzig«. Das Problem liegt einmal mehr bei unserem Unverständnis.«

Oft dachten wir über Geborgenheit und Zugehörigkeit nach. Trotz der vielen Reisen, den langen Jahren im Ausland schleichen sich Momente ein, in denen ich mir (irrationale) Sorgen mache. Dann liege ich wach im Bett und frage mich, was wir tun würden wenn… unsere Kinder erkrankten oder einer von uns einen Unfall hätte. Ich erinnere mich an den Milch-skandal und frage mich, ob auch der Rest des Essens hier vergiftet ist. Es gibt so viele kleine Sachen, die wir in der Schweiz als selbstverständlich hinnehmen, die hier nicht gegeben sind. Am besten kann ich sie im Wort »Geborgenheit« zusammenfassen. Das sich in seiner Heimat sicherer fühlen als in der Fremde. Und bestimmt geht es jedem Chinesen genauso, wenn er nach Europa reist.

Geborgenheit – und so stark uns dieses Gefühl in die Heimat lockt, so stark treibt es uns gleichzeitig in die andere Richtung. Nach zwei Erfolgs-jahren im Hotel drehte sich eine neidische Dorfgemeinschaft gegen uns. Momente von roher Gewalt, Nächte mit Angst und Schrecken und die Einmischung von Mafia und Regierung folgten. Als die Polizei anrückte, die Geschäftslizenz von der Wand riss und uns einzeln verhörte, brach eine kleine Welt für uns zusammen. Wir verstanden nichts, konnten nichts dagegen tun und hatten Angst vor den unberechenbaren Konsequenzen. An diesem Tag wollte ich heimreisen. Der Adler war weit geflogen, sehnte sich nach dem Leben zurück im Hühnerstall.

Wir warfen das Handtuch nicht; wir schafften es den Problemen entgegenzutreten und stellten uns der Herausforderung. Zum Schluss wurde mein Mann sogar zum inoffiziellen Dorfoberhaupt erkoren.

Als wir nach fast zweieinhalb Jahren bereit waren, weiterzuziehen, konnten wir unmöglich an ein Leben in der Schweiz denken. Wir beschlossen noch einmal auszusteigen und in Amerika in einen Camper zu ziehen. Von Anfang an lief fast alles schief. Irgendwie waren wir weder in Reise- noch in Alltagslaune. Unser Leben war aus den Fugen geraten und wir brauchten Zeit, es wieder einzurenken.

Erst die scheinbar endlosen und einsamen Tage an den naturbelassenen, wilden Stränden der Baja California versöhnten uns wieder mit dem Leben. Trotz der Bewegungsfreiheit schlich sich auch im Camper schnell ein Alltag ein. In unserem Reiseblog steht dazu folgendes:

»Morgens stehen wir auf und frühstücken auf dem noch menschenleeren Parkplatz des Supermarktes, wo wir kostenlos übernachtet haben. Dann heißt es »Schule machen«. Würden wir uns jedes Mal wenn es »gerade nicht passt« zu einem schulfreien Tag hinreißen lassen, lernten unsere Kinder nie Mathe, Schreiben und Lesen. Die Wolken hängen tief und die Liste der »Büroarbeiten« scheint so lang wie die Schlange der wartenden Einkaufswagen. Unter anderem müssen wir den Anhang eines Emails von der Fahrzeugversicherung drucken, unterzeichnen und zurückfaxen. Lebten wir zuhause, wären das simple Aufgaben; unterwegs ist das oft nicht so einfach, erfordert Zeit und Einfallsreichtum.

Eine Woche später: Vögel zwitschern und Schmetterlinge tanzen. Erdhörnchen graben Tunnel und lassen sich durch uns nicht stören. Alfie, unser Camper steht unter einer über hundert Jahre alten Eiche. Der Naturpark ist leer, trotz Sonnenschein und perfektem Frühlingswetter. Die Schule geht heute ausgezeichnet, meine zwei Schüler sind aufmerksam und gut gelaunt. Im kleinen Ofen verdoppelt ein Brot seine Größe; Michael zeigt uns heute seine Bäckertalente. Seit zwei Monaten sind wir unterwegs;

wir übernachteten in herrlichen Parks, liefen und fuhren durch menschenleere Natur und erfreuten uns an netten Begegnungen.«

Nach und nach erholten wir uns, fanden unsere Zufriedenheit und Mitte wieder. Unsere Jungs hatten in ihren kurzen Leben überdurchschnittlich viel gesehen, erlebt und erfahren. Bis vor wenigen Monaten gab es für sie wohl kaum etwas Tolleres, als mit ihren Eltern um den Erdball zu reisen, Abenteuer zu erleben und andere Lebensarten kennenzulernen.

Langsam wurden Desmond und Lenny zu kleinen Erwachsenen. Eine innere Stimme meldete sich. Wir wussten, dass die Zeit gekommen war. Wir verstanden, dass sich die Welt unserer Kinder vergrößern würde, wenn wir uns niederließen. Sie sollten ihre eigene Wahrheit finden, ihre eigenen Fehler machen und eigene Entscheidungen treffen. Experimentieren, sich abnabeln. Trotzdem waren wir überzeugt, dass die Fähigkeiten und Erfahrungen, die sie durch das Reisen gewonnen hatten, in den kommenden Jahren für sie von unschätzbarem Wert sein würden.

Drei attraktive Stellenangebote im Ausland lockten uns: eines in Guatemala, eines in Mexiko und eines in China. Aus Erfahrung hatten wir gelernt, dass nicht alles Gold ist, was glänzt. Ein Leben in der Schweiz mit geregelter Routine war inzwischen ebenso attraktiv, wie ein weiterer Ausstieg. Wir werden das Leben im Ausland vermissen, sicher auch wieder los ziehen wollen, aber für den Moment war es gut so wie es war.

Nadine Hudson

Zum Weiterlesen: Nadine Hudson, »*Das Streben nach ständiger Bewegung*« bei Amazon erhältlich; der Lebens- und Reiseblog der Hudson Familie: www.hudsonfamily.ch, Handbuch für Reisen mit Kindern (als kostenloser Download von dieser Website)

Bären, Lachse, Einsamkeit – Ein Jahr im Westen Kanadas

Ausgebrannt, emotional und geistig erschöpft – Millionen Menschen leiden am Burn-out-Syndrom. Dem wollten Beate und Olaf Hofmann aus Stuttgart entgegenwirken. Zusammen mit ihrer Tochter Nora tauschten sie ihren Alltag ein Jahr lang gegen eine Auszeit in Kanada

© *Rolf Hicker*

Ruhe bewahren. Augenkontakt meiden. Langsam rückwärts gehen. So soll sich verhalten, wer einem Bären in freier Wildbahn begegnet. Nora ist elf Jahre alt und weiß das. Sie war gerade ein Jahr mit ihren Eltern in Kanada. Und nach der 50. Bärenbegegnung hat sie aufgehört zu zählen. Ein Sabbatjahr im Wilden Westen. Das war der Traum von Beate und Olaf Hofmann aus Stuttgart. Auf der Hälfte ihres Berufslebens brauchten die Bildungsreferentin und der Jugenddiakon eine Auszeit. »Ein Jahr lang wollten wir anders leben: selbstbestimmt, authentisch. Wir waren uns sicher: Gott gönnt uns diese Auszeit. Deshalb wollten wir das auch tun.« Leicht gesagt. Aber es gilt, drei Kinder, Hund Aruna und zwei Arbeitsplätze in der kirchlichen Jugendarbeit mit diesem Traum unter einen Cowboy-Hut zu bringen.

Mit den Kindern klappt das sofort: Die ältere Tochter Janine und Sohn Florian wollen in Deutschland die Stellung halten. Tochter Nora freut sich vor dem Wechsel auf das Gymnasium auf ein Abenteuer. Nur die Arbeitgeber der beiden Diakone sprechen ein deutliches »Nein« zum Sabbatjahr. Ins Wanken kommt der Traum trotzdem nicht. »Natürlich gab es vor der Kündigung schlaflose Nächte, und wir waren auch schon sehr enttäuscht. Aber die Sehnsucht war größer als das Bedürfnis nach Sicherheit«, erinnert sich Beate Hofmann.

Ein ganzes Jahr lang bereiten sich beide auf Ihre Auszeit vor. Sie kündigen ihre sicheren Stellen lange vor der Frist. »Wir wollten ganz bewusst alles zum letzten Mal erleben und unseren Kollegen und Mitarbeitern die Chance geben, uns zu verabschieden.« Während eines Urlaubs in Kanada loten sie Unterkünfte an verschiedenen Stationen aus – »möglichst nicht zu Touristenpreisen.« Sie wollen auf einer Pferderanch leben, im Camper unterwegs sein, in Zelten schlafen, im Blockhaus am See wohnen. Unter dem Motto ‚Geld zum Leben‘ verkaufen sie den Großteil ihres Hausstandes. Geben nur wenig zur Aufbewahrung an Freunde. »Es hatte sich sowieso zu viel angesammelt.« Den Rest des Sabbatjahres finanzieren sie mit ihren Ersparnissen.

Mitte August 2010 sitzen die Hofmanns im Flieger nach British Columbia. Für Olaf Hofmann beginnt ein Jahr ohne Terminkalender, voller unverplanter Zeit: »Es ging nicht darum auszuwandern. Wir wollten unser Lebensrad neu mit Erlebnissen und Geschichten füllen. Wie die Kinderbuchmaus Frederick, die statt Nüssen lieber Sonnenstrahlen, Farben und Geschichten für den Winter sammelt.«

Und die Hofmanns sammeln: Das Erlebnis mit dem Seelöwen, der neben ihrem Kajak aus dem Wasser springt. Die Marathon-Etappe durch die

Rocky Mountains. Eisbaden bei minus 16 Grad. Den Grizzly beim Lachs-fang. Sechs Tage lang zieht Olaf Hofmann allein mit Hund und Schlitten in den kanadischen Winter. »Da war ich ein Bestandteil der Natur. Nachts sah ich die Sterne und hatte ein tiefes Gefühl der Geborgenheit.« Tochter Nora hat sich eine Fischerhütte am See als Spielhütte eingerichtet und befreit den Flusslauf vom Eis. »Ich habe es aber schon vermisst, mit meinen Freun-dinnen zu spielen.« Morgens, wenn die Hofmanns Nora zum Schulbus am Highway gefahren haben, beginnen sie ihren Tag mit einer Zeit der Stille am See. Sie lassen viel Raum für Gespräche. Beate Hofmann bäckt ihr erstes Brot, Olaf Hofmann hackt Holz und fotografiert.

Die nächsten Nachbarn wohnen kilometerweit entfernt. Trotzdem knüpft die Familie Hofmann Kontakte. Mit Nora lernen sie »Kids Space« kennen, ein regelmäßiges Treffen für Kinder – und ihr Türöffner zu christlichen Hauskreisen. »Die Menschen dort sind so herzlich. Das sind keine Bekann-ten mehr für uns. Das sind Freunde geworden.« Fran überlässt ihnen für einen Monat ihr Haus – kostenfrei. Nora feiert ihren Geburtstag mit ihren neuen kanadischen Freunden im echten Tipi. Zu Weihnachten sind sie zum Truthahnessen eingeladen und singen gemeinsam ‚Christmas for Cowboys‘. »Ohne die Hilfe unserer Freunde in Kanada und in Deutschland wäre das alles nicht gegangen. Wir fühlen uns getragen – hier wie dort.«

Die Hofmanns nennen ihre Erlebnisse ‚Nuggets‘ – frei nach den Fundstü-cken der Goldgräber. Für Beate Hofmann ist ihr Sabbatjahr am Gold Rush Trail Westkanadas voll solcher kleiner Goldstücke, die sie innerlich reich machen. »Ich habe das gelebt, was ich glaube. Jeder Tag kommt aus Gottes Händen. Das Jahr hat mir wieder bewusst gemacht, wie kostbar Lebenszeit ist.«

Zu bleiben war nie geplant. Auf Dauer gesehen wollten die Hofmanns ihre erwachsenen Kinder ohne Flugzeug erreichen können. Und sie wussten: Auch in Kanada wäre irgendwann der Alltag eingekehrt. Gegen Ende ihres Sabbatjahres haben sich beide sogar wieder einen Kalender angeschafft –

um die Termine dort besser planen zu können. »Trotzdem gingen wir nicht ‚zurück'. Wir gingen weiter.«

Sie reisten ab – mit halb so viel Gepäck wie bei ihrer Ankunft in Kanada. Sie haben dort viel geschenkt bekommen und viel wiederverschenkt. »Gib der Sache ein neues Zuhause« – das sei in Kanada ein Leitspruch für alles, was man an andere weitergibt.

Seit Mitte August 2011 leben die Hofmanns wieder in Stuttgart. »Ich bin froh, einen Bäcker fußläufig erreichen zu können. Und alte Gemäuer haben wir in Kanada auch sehr vermisst«, sagt Beate Hofmann. Durch Zufall haben sie ein Haus mit Blick auf den Wald gefunden – ohne Kaution, dafür hätte ihnen das Geld gefehlt. Das Sofa haben sie geschenkt bekommen, die Küchenstühle sind geliehen. Freunde haben ihnen sogar den alten Staubsauger wiedergebracht. Geld für Neuanschaffungen haben die Hofmanns nicht, die Ersparnisse sind in Kanada geblieben. »Wir leben ohne Sicherheitsnetz. Trotzdem fühle ich mich freier als vorher«, sagt Olaf Hofmann. Beruflich stellen sich beide jetzt auf eigene Beine. Sie haben eine Beraterfirma gegründet, bieten Vorträge, Seminare und persönliches Training an. »Nun wollen wir die Sonnenstrahlen und Geschichten, die wir gesammelt haben, weitergeben. Menschen auf die Fährte bringen: Auf was kommt es wirklich an in eurem Leben?«

Fertig sind die Hofmanns mit ihrem Sabbatjahr jedoch noch nicht. So wie sie es ein Jahr lang vorbereitet haben, wollen sie ihm auch ein Jahr lang nachspüren. »Wir lassen die Zeit nachschwingen, um den Diamanten zu polieren«, sagt Olaf Hofmann. Geblieben sind ihnen auch 22 000 Fotos. Und Beate Hofmanns ganz persönlicher Nugget: »Ich habe den Wert der Stille kennengelernt. Und den gebe ich nicht wieder her.« Nora ist mit gemischten Gefühlen zurückgekommen. Sie vermisst Caleb, Ken, Jodie und die Natur. »Im Blockhaus waren oft Spinnen und Spinnweben an den Wänden. Da habe ich mich nach vier sauberen Wänden gesehnt. Und jetzt denke ich manchmal: Wie schön wäre es, mal wieder eine Spinne an der Wand laufen zu sehen!« Eins will Nora sich auf jeden Fall bewahren: Mit offenen Augen durch die Natur zu gehen – auch wenn die Bärengefahr in den Stuttgarter Wäldern eher gering ist.

Quelle: Magazin Andere Zeiten 1/2012, Verein Andere Zeiten Hamburg,
www.anderezeiten.de

»Your time is your life – be wise« (Deine Zeit ist dein Leben, sei klug), lese ich auf der Holztafel am Highway 97 direkt neben dem großen Flachbau einer baptistischen Kirche. Wir sind irgendwo im Nirgendwo, mitten im Herzen des Cariboo, einer einsamen und wilden Landschaft Westkanadas, sieben Stunden nördlich von Vancouver.

Hier gibt es ihn noch, den wilden Westen mit harten Cowboys, starken Frauen, mit Bullen und Bären, Wildheit und Weite. Ich lächle über den Spruch und freue mich über die tiefe Zufriedenheit, die er bei mir auslöst. Das meine Lebenszeit unendlich kostbar ist und dass es manche Dinge im Leben gibt, die man nicht für später aufheben möchte, führte unsere Familie zu der Entscheidung, den Traum von einem Sabbatical, einem Auszeitjahr, zu verwirklichen. Zeit hatten wir natürlich auch davor, allerdings war diese bei einer Familie mit drei Kindern und zwei voll berufstätigen Eltern sehr strukturiert. Jetzt ging es nicht um getaktete Zeit, sondern um frei verfügbare, selbstbestimmte Lebenszeit, eines der größten Luxusgüter unserer schnelllebigen Gesellschaft. Zeit für die Familie, Zeit für innere Stille, Zeit für mich allein, Zeit für Gebet und Zeit für Neues, für Abenteuer, die man im Rentenalter vielleicht nicht mehr reizvoll findet. Zu oft leben Menschen nach dem Motto Voltaires, dem man folgendes Zitat zuschreibt: »In der einen Hälfte des Lebens opfern wir die Gesundheit, um Geld zu verdienen; in der anderen opfern wir Geld, um die Gesundheit wiederzuerlangen. Und während dieser Zeit gehen Gesundheit und Leben von dannen.«

Eine Auszeit macht dann Sinn, wenn man sie nicht unbedingt braucht. Es ist kein Heilmittel für Kranke, sondern vor allem ein Vitamin C für Gesunde. Gerade in meinem beruflichen Umfeld, dem der hauptberuflich engagierten Christen, gibt es eine merkwürdige Haltung zum Umgang mit der Zeit. Man hat sie vor allem für andere, ist jederzeit erreichbar, man predigt stille Zeiten und gönnt sie sich selbst selten. Wen wundert es, wenn mitunter so wenig von der Lebensfreude zu spüren ist, mit der Jesus die Menschen ermuntert. Deshalb also Aufbruch, Loslassen, Einlassen auf das wohl größte Abenteuer unserer Familie. Da es keine Regelung für ein Sabbatjahr im evangelischen Jugendwerk gab und eine unbezahlte Freistellung nicht möglich war, kündigten wir beide schweren Herzens unsere Stellen. Die Dienstwohnung wurde geräumt und ein Garage-Sale brachte uns Aufmerksamkeit, Zuspruch und Geld für das Sabbatjahr. Dass monatlich über 3000 Menschen unsere Internetseite besuchen würden, der regelmäßige Newsletter für viele Interessierte ein Anstoß zum Innehalten und Reflektieren der eigenen Lebensmuster werden würde und dass wir diese Reise für einige Menschen fast stellvertretend wagten, war uns zu dem Zeitpunkt nicht klar. Klar war, dass die beiden großen Kinder als Studenten in Deutschland bleiben würden, dass die jüngste Tochter und der Hund uns begleiteten und dass wir nach 365 Tagen Kanada in Deutschland einen kompletten Neubeginn wagen würden.

Gleich nach unserer Ankunft in Vancouver sind wir fünf Wochen neugierig mit dem Wohnmobil unterwegs, genießen es, nicht an die Heimreise denken zu müssen. Am kilometerweiten, einsamen Strand von Vancouver Island laufen wir dem Sonnenuntergang entgegen, begegnen Bären und Robben, sitzen am abendlichen Lagerfeuer und werden von der Stille umfangen. Mitte September beginnt wieder ein Alltagsrhythmus, denn der Schulbus wartet morgens am Highway und wir müssen Nora pünktlich von der Pferderanch, wo wir uns eingemietet haben, zur Hauptstraße bringen. Den ersten Schultag vergesse ich wohl nie. Ich war sicher aufgeregter als mein zuversichtliches Kind, die mutig in den Bus stieg und doch kaum ein Wort Englisch sprach. Eine gute Lektion zum Thema Loslassen, denn auf meine nachmittägliche Frage, wie es denn war, kam nur die Antwort: »Great!« Bereits zwei Tage später fuhr sie für mehrere Tage mit der ganzen

Klasse ins drei Stunden entfernte Outdoorcamp. Heute spricht sie besser Englisch als die Eltern, und wir beneiden sie um das kindliche Lernvermögen. Auch wenn es in diesem Jahr etliche Herausforderungen gab – »great« oder »großartig« ist das bestimmende Wort geblieben.

Über Kids-Space, ein Angebot für Kinder im Ranchland, kamen wir mit der Cariboo House Church in Kontakt. Elaine, eine pensionierte Lehrerin aus Vancouver, gründete Kids-Space, als sie sah, wie einsam Kinder oft auf den weit auseinander liegenden Anwesen waren. Mittlerweile treffen sich alle vierzehn Tage etwa zwanzig Kinder und fast genauso viele Jugendliche und ältere Mitarbeiter, um zu spielen, zu basteln, eine biblische Geschichte zu hören und einfach Spaß mit Gemeinschaft zu verbinden. Ich bin beeindruckt von der Tatkraft der Menschen. Nicht jammern, sondern etwas tun, sich selbst und seine Fähigkeiten zur Veränderung einbringen, scheint ein Motto zu sein. »It's fun!« (Es macht Spaß!«), höre ich aus den unterschiedlichsten Perspektiven. Auch die Abende mit Gitarre, Mundharmonika und christlicher Botschaft in der Cowboy-Church sind die reine Freude. Knapp zwanzig Menschen zwischen 17 und 87 Jahren treffen sich wöchentlich in einem der alten Ranchhäuser. Es geht lustig, persönlich, tiefsinnig zu. Der Pastor der Presbyterian Church betreut ein riesiges Gebiet von der Größe Deutschlands. Unermüdlich fährt er jeden Abend in eine andere House-Church, predigt, gibt Raum zum Austausch, nimmt Anteil und ist zuverlässig da. Sein Konzept ist es, Glauben in die Ranchhäuser zu bringen. Er findet es wirkungsvoller, als in halbleeren Kirchen zu predigen.

Mir tut die unkomplizierte Fun-Kultur der Kanadier gut. Es ist die richtige Umgebung für unsere Auszeit. Das »Aus« gilt dem Verplanten, den Sorgen, dem Zuviel an Konsum und Kontakten, dem Druck der inneren und äußeren Ansprüche. Zeit haben wir in Fülle. Ich beginne Texte und originelle Geschichten aufzuschreiben. Nora genießt unsere Nähe, die gemeinsamen Stunden beim Holzholen, Wandern, Basteln, Lesen und das grandiose Naturschauspiel, das wir jeden Tag bestaunen. Morgens, wenn wir Nora zum Schulbus gebracht haben, entwickelt sich ein Ritual. Nach einem

Morgenspaziergang, bei dem wir den Sonnenaufgang bewundern, geht es zu einer kleinen Bucht am See. Es dauert einige Wochen, bis wirklich tiefe, innere Weite und Ruhe das Wirbeln der Gedanken ablösen. Im Rhythmus liegt eine große Kraft, die wir in den langen Tagen des Winters tanken. Ich bin ja kein Wintertyp. Also hatte mir mein Mann versprochen, dass ich nicht frieren werde. Das Versprechen hat er auch bei minus 30 Grad gehalten, Holz gehackt, den Ofen knackend geheizt und mich angesteckt mit seiner Faszination der Wildnis. Die größten Abenteuer auf den Spuren von Jack London habe ich ihm dann doch allein überlassen.

Wir haben für dieses Jahr nur das nötigste Gepäck mitgenommen. Doch auch hier gibt es keinen Mangel. Erstklassig statten uns die neuen Freunde für den kanadischen Winter aus und zeigen uns den Thrift-Store, einen Secondhand-Laden für Bedürftige, in dem man für wenig Geld prima einkaufen kann. Die Hilfsbereitschaft ist unglaublich. Wir bekommen komplette Langlauf-Ausrüstungen geliehen, Jacken und Schuhe geschenkt, das Auto wird von guten Nachbarn repariert und als wir im Februar nach einem Kurzaufenthalt in den USA unerwartet Schwierigkeiten bei der Wiedereinreise nach Kanada bekommen, stehen uns viele Menschen mit Rat und Tat zur Seite.

Aus Deutschland bekommen wir eine Bürgschaft für unsere Finanzen, in Kanada Empfehlungsschreiben, die unseren Antrag auf Visaverlängerung dringlich machen und ganz nebenbei noch frisch gebackenes Brot, Kuchen und Kuscheltiere zum Trost für Nora. Immer wieder erleben wir als Familie, dass wir getragen werden. Vielleicht macht man diese Erfahrung umso existenzieller, wenn man vorher losgelassen hat. Wir sind sehr dankbar für die vielfältige Hilfe, ohne die unser Abenteuer Sabbatical nicht möglich gewesen wäre.

Olaf bekommt Starthilfe für sein Outdoorabenteuer. Mit Skiern will er in das Gebiet der Bowron Lakes starten, im Sommer eines der zehn schönsten Kanureviere der Welt. Das bedeutet absolute Einsamkeit. Man muss die Gefahren kennen, die die eisigen gefrorenen Seen in sich bergen und

Ausdauer mitbringen. Aber es winkt die Belohnung, neue, eigene Spuren zu legen, sich winzig in der phantastischen Natur zu fühlen und eines der ganz seltenen Abenteuer hautnah zu erleben. Im geliehenen Truck von Freunden macht er sich zusammen mit Aruna, unserer treuen Hovawart-Hündin auf den Weg nach Norden.

Nora und ich blieben im fünf Stunden entfernten Horselake im warmen Blockhaus zurück. Ich hatte mich darauf eingestellt, fünf Tage lang nichts von meinem Mann zu hören. Natürlich machen die Geschichten von eingebrochenen Hundeschlitten-Teams im Winter die Runde an den abendlichen Feuern. Olaf hatte sich präpariert und schon ab November das Eisbaden zur Routine werden lassen. Dennoch war ich etwas angespannt. Loslassen war auch hier die Herausforderung. Ändern können Sorgen bekanntlich sowieso nichts.

Umso erfreuter war ich, als abends eine E-Mail aus Wells, dem letzten kleinen Ort in der Nähe des Provinzparks der Bowron Lakes eintraf. Dave, der Besitzer des kleinen »Bears Paw«, übrigens ein Café, das ich nur allen Kanada-Nordlandreisenden wärmstens empfehlen kann, hatte Olaf seinen Spot, einen Notrufsender, ausgeliehen und nun konnte ich jeden Abend über Dave die Koordinaten vom gegenwärtigen Aufenthalt meines Mannes über Google Earth genau orten. Da ist Technik wirklich zum Staunen und weckt Begeisterung. Eine Woche später kam ein sonnenverbrannter, etwas magerer, aber absolut zufriedener Abenteurer zurück ins Blockhaus. »Nicht nur der Bart ist gewachsen. Ich fühle mich verändert, aufgeladen und überreich beschenkt, als ich Beate und Nora wieder in den Arm nehme«, schreibt Olaf im nächsten Newsletter.

Man muss wagen, um zu gewinnen. Als Gewinner fühlen wir uns alle in diesem Jahr. Der Horizont ist weiter, der Mut größer und die Stille in uns tiefer geworden. Erst im Mai ist der Frühling zögerlich in Sicht und mit ihm Bären in Massen. Wir haben nochmals das Quartier gewechselt, wohnen jetzt in einem maigrün gestrichenen, gemütlichen Holzhaus in Wells. Knapp zweihundert Menschen leben hier in einem Seitental, das zum bekannten Goldgräber-Museumsdorf Barkerville und zu den erwähnten Bowron Lakes führt. Wir haben uns verliebt in diesen unscheinbaren, originellen Künstlerort. Die Mischung aus kreativen Originalen, warmherzigen Menschen und kauzigen Goldsuchern ist inspirierend. Wir träumten davon einige Zeit hier zu bleiben. Dass Träume gelebt werden wollen und dies mit mutigen, kleinen Schritten beginnt, haben wir inzwischen gelernt. Ein Gespräch auf der Straße gab den Anstoß. Wir lernten Leute kennen, fanden Vertrauen und Verständnis, und jetzt wohnen wir mit Blick auf die Berge in einem der Häuser. »Nehmt das Haus als Geschenk von Kanadiern an unsere deutschen Gäste«, so wurden wir eingeladen. Wir fühlen uns heimisch, bekommen frisch gebackenes Brot von den Nachbarn, dürfen Künstlern bei der Arbeit im Atelier zuschauen, fachsimpeln mit Goldsuchern und Nora ist in der kleinen Schule eine gern gesehene Gastschülerin. Siebzehn Kinder vom Kindergarten bis Klasse 7 bilden ein Team mit ihrer Lehrerin und über soziales Lernen muss hier niemand referieren.

Für uns Greenhorns eine Sensation ist der entspannte Umgang der Einheimischen mit Bären, die auf der Suche nach frischem Grün auch mal den Ort durchstreifen. Also schärfe ich Nora ein, immer mal wieder um sich zu schauen, wenn sie nachmittags, den Malblock unterm Arm, die originellen, farbigen Holzhäuser von Wells abzeichnet. Fünf wunderschöne Bilder von unserer Tochter hängen jetzt im neuen Stuttgarter Zuhause. Sie erinnern mich an einzigartige Erlebnisse und mahnen, den Alltag auch hier zum Festtag zu machen. Vieles liegt in unseren Händen, nicht zuletzt die Zeit, die Gott uns täglich gibt. Auf die oft gestellte Frage: »Würdest du diese Entscheidung noch einmal so treffen?« gibt es eine klare Antwort: »Ja, unbedingt, denn deine Zeit ist dein Leben, sei klug!«

Beate Hofmann

Zum Weiterlesen: Beate und Olaf Hofmann, *»Lockruf des Lebens«*, Unser Familiensabbatical in Kanada, Patmos Verlag

Travelling Pooh

Der Journalist, Globetrotter und nun Aussteiger auf Zeit Thomas Becker berichtet über die Vorbereitungen auf seine Auszeit, die ihn ein Jahr lang zusammen mit seiner Frau Heike und Travelling Pooh, einem kleinen Stoffbären, nach Tansania und ins südliche Afrika führt

© Thomas Becker

Die Zeit rennt. Nicht nur, weil wir in gespannter Erwartung auf das sind, was uns in 55 Tagen und vor allem dem darauf folgenden Jahr erwartet. Nein, das Leben fühlt sich tatsächlich immer schneller an. Seit Jahren schon spüren wir diese Beschleunigung, das Hamsterrad, das sich immer schneller dreht. Noch können wir Schritt halten. Aber wie lange noch? Deshalb ist einer der Gründe für uns, ein Jahr auszusteigen, auch der, ein bisschen Tempo herauszunehmen. Zu entschleunigen, wie man neuerdings sagt. Einen mit viel Arbeit, mit Freude und Ärger, mit vielen schönen Erlebnissen und manchen Enttäuschungen gespickten Alltag mal für eine Zeit hinter uns zu lassen. Und das länger als während eines Urlaubs, den wir zwar auch schon mal auf fünf Wochen ausdehnen konnten, der aber dennoch einen recht überschaubaren Zeitraum abbildet.

Zeit! Zeit? Die spielt in vielen Ländern auf der Welt eine ganz andere Rolle als in Deutschland. Man geht mit ihr anders um, legt sie großzügig aus. Das haben wir auf unseren Reisen auf anderen Kontinenten, aber selbst in Nachbarländern Deutschlands bisher als zumeist sehr wohltuend erfahren. Wenn wir nicht gerade fünf Stunden in Bangkok auf einen Flug mit Turkmenistan Airlines warten mussten oder 24 Stunden Verspätung mit Äthiopien Airlines hatten. Aber wie ist das, wenn man dort lebt, wo unser Verständnis für Zeit, für Pünktlichkeit, für Termine eine völlig andere Rolle spielt? Das wollten wir erleben. Ein Grund mehr, nach Afrika zu gehen.

Erste Rechnungen, ob wir uns so was eigentlich leisten können. Endlose Überlegungen, ob wir nicht noch warten wollen. Und immer wieder die Frage: Soll ich fragen? Was passiert, wenn der Geschäftsführer »Nein« sagt? Begraben wir dann unseren Traum? Oder geben wir ganz und gar unsere Existenz hier auf und leben ihn ohne Wenn und Aber? Nun, diese Entscheidung wurde uns zum Glück abgenommen. Ich stieß mit meinem Anliegen bei unserem weltoffenen Geschäftsführer auf offene Ohren, nach einer kurzen Bedenkzeit gab er mir grünes Licht.

Ein weiterer schwerer Schritt folgte. Wie sag ich es den Kollegen? Immerhin lasse ich sie ein Jahr »im Stich«. Die Sorge, dass der angekündigte temporäre Ersatz nicht kommt, hat sich inzwischen bestätigt. Dennoch habe ich auch da in meiner Arnstädter Lokalredaktion viel Verständnis erfahren. Sogar Bestätigung. Dann galt es, die finanzielle Seite zu klären. Ein Modell des Sabbatjahres besteht darin, über einen längeren Zeitraum – bis zu sechs Jahre- Teile des Gehaltes anzusparen und dann in dem einen Jahr auszuzahlen. So viel Zeit hatten wir nicht. Also überschlugen wir, was wir ungefähr an laufenden Kosten pro Monat erwarten und erhielten in der Personalabteilung große Unterstützung bei der Berechnung des einzusparenden Gehaltsanteiles.

Was dann folgte, war eine lange Zeit der Vorfreude. Immer mal unterbrochen von kurzen Zweifelphasen. Es gab sogar Tage, da dachten wir fast gar nicht an das große Abenteuer.

Die Einladungen zur Abschiedsfeier sind raus, die ersten Rückmeldungen schon da. Leider auch die ersten Absagen. Aber es war klar, dass nie alle können. Oder, wie ein guter Freund heute sagte: Der einzige Termin, zu dem alle können, ist deine Beerdigung. Nun, bis zu der dauert es hoffentlich noch einige Jahrzehnte.

So ein Sabbatjahr vorzubereiten ist, selbst wenn es wie unseres nicht als Weltreise konzipiert ist, ein umfassendes Unterfangen. Wie schon erwähnt, haben wir nicht allzu viel Zeit gehabt, ein großes Vermögen anzuhäufen, um so die vor uns liegenden zwölf arbeitsfreien Monate ohne finanzielle Abstriche erleben zu können. Will heißen, wir müssen sparsam mit unserem Geld umgehen. Das bedeutete in einem ersten Schritt, die laufenden Kosten hier so weit zu reduzieren, dass sie mein durch Entgeltverlagerung ab Juni anstehendes geringes Einkommen nicht überschreiten. Dabei stellt man leider fest, dass so viel Sparpotential gar nicht ist.

Wir wohnen im eigenen Haus, das seit vergangenem Jahr abbezahlt ist, haben also keine Mietkosten. Betriebskosten wie Grundgebühren für Gas, Strom und Wasser laufen aber ebenso weiter wie in gewissem Maße Verbrauchsgebühren, hier haben wir selbstverständlich die Abschläge reduziert. Und der Schornsteinfeger kommt auch jedes Jahr. Um die Grundsteuer kommt man nicht herum, Abfallgebühren werden fürs Jahr entrichtet. Auf Versicherungen für Haus, Haftpflicht und Rechtsschutz können wir selbstverständlich nicht verzichten. Unfallversicherung ist ebenso tabu. Lebensversicherungen zu kündigen bedeutet im Normalfall einen spürbaren finanziellen Verlust. Wir waren davon ausgegangen, sie für das Jahr beitragsfrei stellen zu können. Das bedeutet aber, dass wir des für Altversicherungen (abgeschlossen vor 2005) geltenden Steuervorteiles verlustig gingen, wenn wir danach den Beitrag wieder anheben. Also gilt es, über eine Beitragssenkung zu verhandeln. Zeitschriftenabos zu kündigen ist eine weitere Möglichkeit, Geld zu sparen, außerdem ist es an der Zeit, den Kindern langsam ihre Absicherung bzw. Altersvorsorge in die eigene Hand zu geben. Autos abmelden ist ebenso unumgänglich, wenngleich ich mir schon Sorgen mache, wie die Gefährte das eine Jahr ohne Bewegung überstehen. Aber Versicherung und Steuern weiter zu zahlen, nur damit sie jemand ab und zu ein bisschen bewegt, ist finanziell nicht drin. Und mitnehmen geht leider auch nicht. Wenn uns in Tansania etwas nutzt, dann nur ein geländegängiges Fahrzeug. Und für einen Schiffstransport wäre es jetzt ohnehin viel zu spät, da sollte man schon ein halbes Jahr einplanen. Denn die Schiffe umrunden Afrika auf dem Weg nach Tansania, durch den Suezkanal und an den Piraten vorbei ist viel zu teuer.

Interessant ist übrigens, wie unflexibel die hiesige Computergesellschaft ist. So war es dem ADAC nicht möglich, uns unter Erhalt der Mitgliedschaft ein Jahr beitragsfrei zu stellen. Zwar ist der Aufenthalt in Afrika an sich ein anerkannter Grund dafür, das geht aber nur zum Beginn des Beitragsjahres - und das stimmt nun einmal nicht mit unserem Sabbatjahr überein. Dafür ging man aber sehr kulant mit unserer zwangsläufigen Kündigung um und entließ uns trotz Unterschreitens der Kündigungsfrist aus dem Vertrag.

Sehr entgegenkommend war auch die so oft als Service-Katastrophe beschimpfte Telekom. Dort fand man trotz hemmender hausinterner Regelungen eine kreative Lösung, mit meinem Mobilfunkvertrag umzugehen – Respekt. So erhält man sich Kunden.

Wenn das jetzt so klingen sollte, als würden wir in Tansania am Hungertuch nagen müssen, so gehen wir doch mal davon aus, dass dem nicht so sein wird. Die Lebenshaltungskosten sind, wenn man sich an die tansanischen Gewohnheiten anpasst, deutlich niedriger als hier. Insofern gehen wir davon aus, dass unser Gespartes auch noch für die eine oder andere Tour ins Land und in das eine oder andere Nachbarland reicht.

Es ist so weit – für Heike hat das Sabbatjahr schon begonnen. Exakt um 11:04 Uhr hat sie sich heute an der Stechuhr abgemeldet. Um in einer Stunde nochmal hinzugehen und sich mit einem kleinen Mittagessen von den Kolleginnen und Kollegen zu verabschieden. Jetzt geht für sie die Zeit der intensiven Vorbereitung los. Nachdem ich mich viele Monate mit Versicherungen, Kostenanalyse, Flugsuche, Betriebskosten und was weiß ich nicht noch alles beschäftigt habe, steht sie nun vor der Herausforderung, die viele Frauen wohl als die größte bezeichnen würden: die Auswahl der mitzunehmenden Bekleidung.

Was braucht man für ein Jahr in Afrika? Vor allem: genug Zeit. Haben wir. Hinflugticket? Na klar. Rückflugticket? Nö. Optimismus? Genug und satt. Abenteuerlust? In hohem Maße vorhanden. Aber was ist mit materiellen Dingen? Die technische Seite ist meine Sache. Notebook, externe Festplatte, Kamera, Objektive, Ladegeräte, Akkus, Kabelei, Kindle. Kleidung? Hier kommt Heike ins Spiel.

Wir dürfen pro Person zwei Gepäckstücke zu je 23 Kilo mitnehmen, was insgesamt 92 Kilo bedeutet. Eine ganze Menge. Wir meinen (noch), dass das ausreicht. Denn eins ist schon mal klar – Winterklamotten werden wir nicht brauchen. Und auch in Tansania kann man Kleidung waschen, mal abgesehen von der Regenzeit trocknet sie auch schnell.

Insofern werden wir wohl mit einer Ausrüstung auskommen, die für drei, vier Wochen reicht. In erster Linie Outdoor- bzw. Funktionssachen. Die Wanderschuhe werden wir wie schon oft praktiziert auf den Flug anziehen. Erstens sind sie von den Schuhen die schwersten und klobigsten, und zweitens sind sie aufgrund ihrer Erfahrung mit unseren Füßen quasi unersetzlich. Sprich – wir würden sie ungern mit einem unserer Koffer ins Nirwana entschwinden sehen. Wer schon einmal anstrengendere Touren zu Fuß absolviert hat, wird verstehen, dass man einen guten, eingelaufenen Wanderschuh nicht so leicht ersetzen kann.

Bei der Tauchausrüstung werde ich mich auf meine mit optischen Gläsern versehene Brille und mein Logbuch beschränken. Trekkingstöcke müssen mit, Leatherman, Fernglas und ein keramischer Wasserfilter stehen auch auf der Packliste. Dazu kommen diverse Kosmetika und reichlich Sonnenspray.

Insofern ist es nicht so, dass Heike jetzt entspannte 14 Tage erwarten, während ich mich noch ein wenig an der Arbeit herumdrücke. Aber anfangen, das Tempo langsam herunterzufahren, das kann sie schon. Und Pooh? Der übt schon lange faulenzen im Akkord.

Es ist 22.10 Ortszeit, wir liegen im Hotel in Dar es Salaam und freuen uns über einen rundum gelungenen Start. Der begann damit, dass ich zum ersten Mal seit Menschengedenken bei der Handgepäckkontrolle ohne irgendwelche Beanstandungen durch kam. Dabei hatte ich mich schon auf das Fotorucksack-Auspacken eingestellt. Dem kurzen Zwischenstopp in Zürich folgte ein Flug, der ruhig noch etwas länger hätte dauern können. Der Service war perfekt, das Essen lecker, Swiss ist sehr zu empfehlen. In Nairobi stieg dann die Masse der Mitflieger aus. Kurz davor hatten wir den Äquator überquert, es gab aber keine Taufe, so etwas sagt auch keiner an, eigentlich schade. Wir flogen noch ein Stündchen weiter, leider zu spät, um den Kilimanjaro noch zu sehen, wir konnten ihn nur erahnen.

Um 20.15 Uhr Ortszeit landeten wir in Tansania. 40 Minuten später waren wir 100 Dollar für die Visa los, das lange Warten hier hatte aber den Vorteil, dass unser Gepäck – alle vier Koffer- schon brav auf uns warteten. Unbehelligt passierten wir den Zoll, wurden vom Hotel-Shuttle eingesackt. Das Hotelzimmer temperierten wir erst einmal mit Ventilator und Klimaanlage, denn es war ziemlich feucht und mit 25 Grad recht warm.

13 Stunden ist es her, da klingelte in Dar unser Wecker. Eine Dreiviertelstunde später waren wir an der innerstädtischen Haltestelle von Kilimanjaro Express die ersten, außer einem jungen Burschen, der sich seinen Kaffee über Holzkohle erhitzte. Um 5 Uhr sollte eigentlich das Einsteigen beginnen, von einem Bus war allerdings weit und breit nichts zu sehen. Dafür kamen nach und nach noch ein paar andere Menschen, schließlich sogar ein Angestellter. Um 6 Uhr sagte er Heike und mir, dass unser 5.30-Uhr-Bus kaputt sei und wir deshalb auf den 6.20er umgebucht seien. Da der

aber, als er eine halbe Stunde später kam, sich letztlich exakt füllte, ist anzunehmen, dass sie zwei halbvolle Busse einfach zusammengelegt haben. Egal, wir waren für hiesige Verhältnisse geradezu überpünktlich auf dem Weg, der uns zunächst einmal zum eigentlichen Busbahnhof Ubungu führte. Auf dem Weg dahin – und die folgenden knapp 10 Stunden – dankte ich dem netten Menschen, der mir den einzigen Platz im Bus zugewiesen hatte, auf dem man die Beine ausstrecken konnte. So war die etwas mehr als 500 Kilometer lange Fahrt ganz erträglich.

Im Fahrpreis von 14 Euro pro Person eingeschlossen waren übrigens ein Softgetränk, sechs kleine Kekse, eine Halbliter-Flasche Wasser und zwei Milchbonbons. Auf denen Pipi steht, weil das hier Süßigkeit heißt. Wir hatten noch Brot und Wasser gekauft, so dass wir gut ausgerüstet waren. Bei der 15-minütigen Mittagsrast kauften viele unserer Mitreisenden Essen und aßen es dann aus der Asiette im Bus.

Die Abholung in Moshi hat gut geklappt, so dass wir mit minimaler Kofferschlepperei hier angekommen sind. Auf den ersten Blick wirkt alles ziemlich grau (was an der fortgeschrittenen Stunde und den Wolken liegt), klein (was an dem kleinen Zimmerchen liegt) und einsam. Letzteres wird sich mit der in diesen Tagen langsam beginnenden Saison ändern. Die Sonne wird sicher noch mehr scheinen, also uns lieb ist. Und wie wir mit der räumlichen Enge und den ungewohnten Umgebungsgeräuschen – gerade duellieren sich ein Klavier und zwei Hunde – klarkommen, wird die Zeit zeigen. Jetzt sind wir angekommen, nun wollen wir runterkommen. Und dann sehen wir mal weiter.

Thomas Becker

Endlich frei, endlich weg – Sabbatical in Spanien

Interview mit einer «Auszeiterin»

Hallo Marina, Du hast jetzt von Deinem Sabbatical, das Dich fünf Monate nach Spanien geführt hat, bereits die Hälfte rum. Wie fühlt es sich denn so an, weg von zu Hause und so ohne Arbeit zu sein?

Ganz wunderbar. Es gefällt mir sehr gut in Andalusien! Ich kenne Almería, die Stadt in der ich hier lebe, schon einige Jahre, da ich meine Urlaube hier öfter verbracht habe. Aber ganz hier zu leben und sich mit den Kleinigkeiten des täglichen Lebens herumzuschlagen – und die Stadt eben nicht als Tourist, sondern als Einwohner kennen zu lernen – ist eine enorme Bereicherung.

Was kannst Du denn denjenigen, die mit dem Gedanken spielen, einige Monate im Ausland zu verbringen, an Tipps als Vorbereitung einer Auszeit im Ausland mit auf den Weg geben?

Nun, zunächst sollte solch ein Schritt, egal für wie lange man fortgeht, sehr gut durchdacht sein. Bei mir hat zum Beispiel der Prozess der »Ideenreifung« ganze drei Jahre gedauert. Besser gesagt: bis ich wusste, was ich will und dass ich es will, vergingen zwei Jahre. Dann habe ich mich konkret damit beschäftigt, welche Schritte ich gehen muss und wie es zu finanzieren ist. Schließlich habe ich für die Zeit im Ausland meinen sehr guten Arbeitsplatz aufgegeben bzw. ruhen lassen.

Also sollte man sich ruhig Zeit lassen?

Ja, nichts »übers Knie« brechen. Denn schließlich muss man ja über eine Auszeit auch mit dem Arbeitgeber verhandeln, und verhandeln kann man nur, wenn man zu 100% hinter seinem Wunsch steht und sich der Risiken bewusst ist. Erst wenn man sich überlegt, »was kann schlimmstenfalls passieren?« und die Antwort lautet »ich will es trotzdem machen«, ist vermutlich der richtige Zeitpunkt für die Aufnahme der Verhandlungen gekommen. Es ist doch so: Einen guten Mitarbeiter lässt keiner so gerne gehen. Die Vorteile für die Firma oder den Chef/ die Chefin müssen ersichtlich sein, sonst wird sich keiner für die bisher noch wenig genutzte Form der Auszeit einsetzen. Eine Idee könnte sein, dass man sich während der Zeit im Ausland mit etwas beschäftigt, welches der Arbeitgeber hinterher sinnvoll nutzen kann. Zum Beispiel könnte man anfangen, chinesisch zu lernen oder sich mit einem fachlichen Thema intensiv auseinandersetzen, für das man bisher keine Zeit hatte. Wenn der Bedarf im Unternehmen vorhanden ist, wäre dies ein guter Zeitpunkt um Verhandlungen zu knüpfen.

Was waren Deine nächsten Schritte, nachdem Du alles mit Deinem Arbeitgeber geklärt hattest?

Außer Geld sparen? Nun, wenn wir schon mal beim Geld sind: Ich habe mir überlegt, was es für Kosten und Positionen gibt, die während meiner Abwesenheit weiterlaufen. Wäre Onlinebanking da für mich eine Option, sofern diese Vorgänge nicht schon jetzt online getätigt werden? Welche laufenden Ausgaben können pausieren, welche laufen weiter und woher kommt das Geld dafür? Gibt es vor Ort einen PC oder Laptop, mit dem ich online gehen kann oder gehe ich ins Internetcafé, um dort persönliche Dinge wie Onlinebanking oder die Beantwortung privater Emails zu erledigen? Vor Ort sollte außerdem eine sinnvolle Option für Mobilfunk, Modem und Internetzugang sichergestellt sein. Ich habe es mit vertragslosen Karten geregelt und das funktioniert gut, so habe ich mein deutsches Festnetztelefon abgemeldet, mein deutsches Mobiltelefon mitgenommen und mir vor Ort ein spanisches vertragsloses Handy gekauft. Auch beim deutschen Mobiltelefon ist es wichtig, die Vertragsbedingungen für längere Auslandsaufenthalte zu prüfen, denn da gibt es erstaunliche Unterschiede und das sollte man vorher durchrechnen. Dann kommen natürlich Fragen zur Sozialversicherung auf: Wie läuft es damit weiter? Bin ich abgesichert? Welche Zusatzkrankenversicherung brauche ich, wenn ich längere Zeit ins Ausland gehe? Bislang brauchte ich nur einen Arzt, und der stand zum Glück im Branchenbuch. Ich bin nämlich durch den Druck im Flugzeug und einer nicht ganz auskurierten Erkältung halb taub hier angekommen.

Nun sprechen die Spanier ja schon schnell, viele Redewendungen kannte ich noch nicht und das dann auch noch mit starken Einschränkungen meines Gehörs um 50%... Ich sag Dir, das war eine Herausforderung.

Überhaupt finde ich es wichtig, dass man – neben allen anderen Dingen, die einem sonst noch wichtig sind – sich besonders dem Thema Gesundheit widmet, sprich, wenn ich eine chronische Erkrankung habe und die Sprache meines Ziellandes nicht fließend spreche, denke ich vorher daran, wie ich mein gesundheitliches Problem auch non-verbal zum Ausdruck bringen kann. Ich habe mir überlegt, wie ich beispielsweise einen Bandscheibenvorfall beschreiben könnte bzw. habe ich mir aufschreiben lassen, wie es heißt (stand nicht im Wörterbuch), und ich bin auch fähig, das jetzt aufzumalen. Mir ist es wichtig, vorher zu üben, denn im Ernstfall bin ich im Krankenhaus so aufgeregt, dass das automatisch laufen muss. Kennst Du eigentlich die ICE-Nummer?

ICE? Schnellzug?

Nein, nicht ganz. ICE heißt »in case of emergency« und diese Nummer sollte jeder unter ICE in seinem Mobiltelefon eingespeichert haben. Es ist die Nummer des nächsten Angehörigen, der im Ernstfall z.B. bei einem Unfall, informiert werden kann. Man sollte es den Hilfskräften dann wirklich so einfach wie möglich machen und diese Nummer(n) eingespeichert haben. Und wo wir gerade bei Notfällen sind: Es gibt ein kleines, schmales Wörterbuch, das glaube ich »ohne Worte« oder so ähnlich heißt. Da sind Zeichnungen für fast alles drin, auch für Arztbesuche. Das Buch hilft auf jeden Fall fürs Erste sich zu verständigen.

. . . und dann geht's los!

Ja, dann kommt die große Frage, die einen schon Wochen im Voraus beschäftigen kann: Womit komme ich die nächsten Monate aus und worauf möchte ich nicht verzichten? Vielleicht ist es das Kuschel-T-Shirt, in dem ich mich so wohl fühle oder mein Lieblingsbuch. Im Zweifel nimmt man zu viel mit und vermisst trotzdem das eine oder andere. Ganz wichtig finde ich, sich für seelische Notfälle zu rüsten, die einen eventuell überfallen können. Sei es, dass ich mich selbst gut kenne und weiß, was mir bei richtig mieser Stimmung gut tut: Ein Friseurbesuch etwa, eine Massage oder ein Erinnerungsstück, ein aufmunternder Spruch, der in einem Umschlag im Koffer liegen bleibt, quasi ein Anker bei Stimmungstiefs oder einsamen Abenden. Während meiner Abschiedsparty habe ich beispielsweise meine Freunde aufschreiben lassen, was ich vermissen werde und warum ich unbedingt zurückkommen sollte. Die kleinen Karten hängen bei mir am Küchenfenster und ich freue mich immer wieder darüber. Wenn man angekommen ist, finde ich es sinnvoll, sofort für Möglichkeiten des Kontakts zu sorgen. Per E-Mail erreichbar sein, alle paar Wochen einen Erlebnisbericht für die Daheimgebliebenen schreiben, Ansichtskarten oder Briefe verschicken, damit auch die Freunde und Kollegen daheim Anteil nehmen können. Es gibt ja viele Möglichkeiten der Kontaktpflege. Nebenbei ist es wichtig, im Zielland neue Kontakte zu knüpfen und das ist gar nicht so einfach! Almería beispielsweise ist eine kleine Stadt, die – so nehme ich das wahr – hauptsächlich aus Paaren oder Gruppen besteht. Und ganz ehrlich: Die haben nicht nur auf mich gewartet! Es ist manchmal unangenehm, anstatt alleine zu bleiben, sich zu trauen in Gruppen zu gehen und es bis zur Schmerzgrenze auszuhalten, dass sich die Gruppen um einen herum gut unterhalten und man sich selbst am Wasser oder Bier festhält und lächelt bis der Arzt kommt. Aber auch das hält man aus und wird dadurch gestärkt. Im Zeitalter des Mobiltelefons kann man sich dann auch mit einem wichtigen Anruf rausziehen, wenn es gar nicht mehr geht. Im Zielland heißt es dann erst einmal »geben«, um in Kontakt zu kommen, das heißt man könnte Freiwilligenarbeit leisten oder sich an Projekten beteiligen. Dann »bekommt« man auch etwas. Bei Sprachunsicherheit muss man sich trauen und die berühmte Komfortzone erweitern, in dem man einfach sagt: »Ich komme aus dem Tal der Ahnungslosen, bitte helfen Sie mir.« Und immer schön »Bitte« und »Danke« sagen, das kommt gut an. Mir fällt da ein schönes Zitat ein, ich weiß leider nicht von wem es ist: »Die kürzeste Distanz zwischen zwei Menschen ist ein Lächeln«.

Man könnte ja auch nach Gleichgesinnten suchen …

Genau. Erst einmal musste ich eine ganze Zeit lang alleine sein. Ich war erstaunt, wie ein doch so kommunikativer Mensch wie ich es bin, der immer viel Trubel um sich hatte, das Alleinsein genossen hat. Ich bin die ersten Wochen kaum vor die Tür gegangen, so gut tat es mir, zu Hause zu sitzen, in Ruhe zu lesen oder mich auszuruhen. Diese Zeit des »Ankommens« ist ganz wichtig. Nicht gleich hektisch eine Kopie des »alten« aktiven Lebens anfertigen, sondern einfach mal die Gedanken fließen lassen. Hier ist noch ein schönes Zitat von Francis Pecabia: »Der Kopf ist rund, damit die Gedanken die Richtung wechseln können.« Und dieser Richtungswechsel kommt mit der Ruhe. Aber irgendwann muss man ja vor die Tür. Und da könnte es ein Tipp sein, sich Gleichgesinnte zu suchen. In meinem Fall habe ich mir einen Ausweis für die Bibliothek geholt und Kontakt zu anderen Studenten über Projekte im Sprachenzentrum aufgenommen. Ansonsten hilft zum Eintauchen in die Sprache beispielsweise einfach mal viel Zeit auf dem Markt oder im Supermarkt zu verbringen und unauffällig den Leuten zuzuhören, während man die Qualität der Auswahl betrachtet. Eine spanische Germanistikstudentin, mit der ich mich über die Unterschiede zwischen Spanien und Deutschland unterhalten habe, hat mir erzählt, dass die Sprache in Deutschland wesentlich formaler ist, was mir so noch nie aufgefallen war. Sie hat das Beispiel einer Bäckerei angebracht. In Deutschland sagt man für gewöhnlich »Guten Tag, ich hätte gern ein Brot« oder »Würden Sie mir bitte ein Brot geben?« - »Bitte sehr, darf es sonst noch etwas sein?« In Spanien heißt das »Ein Brot!« – »1 Euro!« – »Adiós!«, da hält man sich nicht mit Höflichkeiten auf. Sie hat das so lustig erzählt, ich habe Tränen gelacht und gleichzeitig verstanden, warum mich mein Bäcker immer etwas merkwürdig anschaut, wenn ich von seinem Mandelkuchen schwärme.

Das sind wirklich Erfahrungen, die Dir keiner mehr nehmen kann. Wie sehen nun Deine restlichen drei Monate aus, die Halbzeit hast Du ja fast erreicht …?

Ganz ehrlich? Ich darf gar nicht daran denken, dass es »nur noch« drei Monate sind. Ich genieße die Sonne und habe beschlossen, dass ich nach zwei Monaten des Ausruhens jetzt einmal etwas für den Strandkörper tun werde, sprich mit Sport anfangen, weiterhin fleißig lernen und, wenn sich der Wind gelegt hat, meine Hausaufgaben am Strand erledigen. – Ja, Neid, Neid, ich weiß. Und dann gilt es ja eine Anschlusstätigkeit zu finden, das heißt ich werde mir gemeinsam mit meinem Arbeitgeber überlegen, in welchem Arbeitsbereich meine neu gewonnenen Erkenntnisse sinnvoll im Unternehmen einzusetzen sind. Zwischendurch bekomme ich Besuch von Freunden und meiner Familie und ich habe, neben der Uni, noch einen ganzen Stapel Bücher zu lesen – mir wird bestimmt nicht langweilig.

Quelle: Arbeiten im Ausland e.V., Gesa Krämer

Out of office

Von der Idee bis hin zum Wiedereinstieg – Dokumentation des Sabbaticals eines SAP-Managers

12.09.2001

Ich will hier raus

Draußen tobt sich noch einmal der Spätsommer aus. Ein schöner Tag. Und was fange ich damit an? Nichts. Ich sitze an meinem Schreibtisch. Wie immer. 14 Jahre bin ich jetzt bei SAP. So geht das nicht weiter. Ich brauche eine Pause. Ich mag meinen Job, kündigen ist also keine Option. Aber was dann? Ein Kollege erzählte etwas von Sabbatical. Das klingt gut. In unsrer Firma gibt es Arbeitszeitkonten. Man kann freie Tage ansparen oder so. Ich muss mich da mal informieren.

21.11.2001

Zeit statt Geld

Das mit dem Arbeitszeitkonto läuft so: Man spart freie Tage an, indem man sich einen Teil vom Gehalt oder vom Jahresbonus in Zeit auszahlen lässt. Das machen offenbar viele hier bei SAP. Ich ab sofort auch. Dürfte allerdings ein paar Jahre dauern, bis ich die sechs Monate zusammenhabe.

10.07.2006

Das Soloprojekt

Fünf Jahre nach meinem Sabbatical-Entschluß geht es langsam in die Zielgerade. Vier Monate habe ich schon auf meinem Konto. Wenn ich mit meiner Freundin über meine Auszeit, meine Pläne spreche, freut sie sich für mich. Aber in ihren Augen erkenne ich, wie traurig sie der Gedanke macht, dass ich bald weg bin. Denn das Sabbatical ist mein Soloprojekt. In ihrer Firma gibt es keine Kontokultur.

15.06.2007

Afrika oder Borneo?

Ich sitze in der Kantine und denke darüber nach, was ich mit meinen sechs Monaten freier Zeit anfange. Einfach nicht arbeiten, ist mir zu wenig. War im Winter in Südafrika, im Krügerpark. Dort als Tierschützer jobben, das wär's. Oder ich betreue Orang-Utans auf Borneo. Der Umstand, dass ich bald mit meinem Chef über meine Auszeit sprechen muss, sorgt dafür, dass ich die ganze Nacht kein Auge zukriege. Noch weiß der nämlich nichts von meinen Plänen.

20.09.2007

Geschafft!

Dublin, kurz nach Mitternacht in meinem Hotelzimmer. Bin mit meinem Boss auf Geschäftsreise. Habe ihm eben im Pub von meiner Idee erzählt – nach zwei Guinness. Er hat nichts dagegen. Im Gegenteil. Er würde selbst gern mal raus. Nur als Abteilungsleiter wäre es aktuell für ihn kein guter Moment.

25.11.2007

Schwierige Suche

Gar nicht so einfach, das richtige Projekt zu finden. Wilde Tiere in Afrika pflegen will offenbar jeder. Es gibt Bewerbungen aus aller Welt. Was tun, wenn ich kein Projekt finde? Habe plötzlich Angst davor, meine wertvolle Freizeit zu verschwenden.

05.01.2008

Mein Projekt

Ich gehe zum Eco-Training nach Südafrika und mache eine Ausbildung zum Field Guide. Der Tipp kam von einem Kumpel. Der Job dauert zwar nur vier Wochen, dafür ist man mittendrin in der Tierwelt. Was ich mit dem Rest der sechs Monate anfange? Mal sehen.

12.01.2008

Noch 31 Wochen

Die Unterlagen vom Anbieter Via Verde sind da. Der Preis scheint okay – 1700 Euro ohne Flug. Die Aufregung wächst. Manchmal kommen Zweifel. In den sechs Monaten Auszeit kann im Job viel passieren. Da werden Abteilungen umstrukturiert, Projekte ausgetauscht. Ich habe mir vorgenommen, mir erst wieder Gedanken zu machen, wenn ich zurück bin. Ob ich das schaffe? Ich muss. Sonst wäre das Sabbatical nur eine Nervenprobe.

22.01.2008

Countdown

Mein Abreißkalender im Büro erinnert nicht nur mich daran, dass ich nicht mehr lange hier sein werde. Die Reaktionen der Kollegen? Sie ähneln sich. Am häufigsten fällt der Satz: »Du Schwein, haust einfach ab!« Natürlich nett gemeint. Etwas Neid ist auch dabei, glaube ich. Ich genieße die letzten Tage, komme mir viel relaxter vor, alles geht leichter.

14.04.2008

Endlich frei

Der erste Tag des Sabbaticals. Nach Afrika fliege ich erst im August. Bin vormittags in der City. Bücher kaufen. Um elf Uhr sitze ich im Café und lese etwas Philosophisches zum bedingungslosen Grundeinkommen. Arbeit als Grundrecht statt als Zwang zur Existenzsicherung. Gute Idee. Am Abend trinke ich auf der Terrasse meinen Lieblingswhisky und rauche eine Havanna. Nur das mit dem Abschalten muss ich noch lernen: SAP spukt schon noch im Kopf herum. Wähle mich gleich noch kurz ins Firmennetz ein: Vielleicht sind doch wichtige Mails dabei?

28.04.2008

Lass sie reden

Schon sind 14 Tage rum. Die größte Veränderung: Ich unterhalte mich anders. Ich sehe vieles entspannter, muss nicht mehr in allen Gesprächen wichtige Infos loswerden, sondern lasse andere erzählen. Gestern habe ich mich mit zwei Arbeitskollegen zum Bier getroffen. Sie haben gejammert. Ich zugehört. Mir geht es gut.

05.05.2008

Abstand

Beim Frühstück in der Zeitung geblättert und nachgedacht. Ob es fair ist, meine Auszeit jetzt in der Wirtschaftskrise zu nehmen? Werden die Chefs es mir später übel nehmen? Aber viele Jahre habe ich nur an die Firma gedacht, sogar Sonntage dort verbracht. Jetzt bin ich eben mal dran. Der anfängliche Zwang, Mails zu checken, legt sich langsam.

13.06.2008

Arme Kollegen

Während ich zu Hause mein Klavierspiel verbessere, denke ich an meine Kollegen. Viele werden nie in den Genuss einer bezahlten Auszeit kommen, leider! Ich würde es inzwischen jedem raten. Denn ich lerne so richtig meine Freizeit zu genießen. Dass es so lange gedauert hat, vom Job abzuschalten, finde ich allerdings erstaunlich.

12.08.2008

Auf nach Afrika!

Ein Shuttlebus fährt mich vom Airport Johannesburg ins fünf Stunden entfernte Karongwe Camp. Ich bin nicht allein. Die übrigen Teilnehmer sind keineswegs nur Aussteiger. Der eine sieht es als Urlaub, für andere ist die Arbeit hier eine echte Berufsoption. Erster Eindruck im Camp: kein

Luxus. Wir schlafen in Zweierzelten, duschen im Open-Air-Bretter-verschlag, Wasser holen wir aus dem Brunnen.

13.08.2008
Unter Löwen

Die erste Nacht überstanden! Immer wieder haben mich Tierlaute geweckt. Hyänen laufen nachts durchs Camp, Löwen, Elefanten, manchmal sogar Leoparden. Wer auf die Toilette muss, leuchtet erst mit der Taschenlampe in den Busch, um zu sehen, ob die Augen von Raubkatzen reflektieren. Im Notfall hat unser Instructor ein Gewehr. Immerhin: Raubtiere greifen nicht im Zelt an, sagt er – oder nur, wenn sie sehr hungrig sind.

15.08.2008
Spuren lesen und Astronomie

Heue hatte ich Weckdienst: das heißt, um halb sechs aufstehen, Kaffeewas-ser kochen und Jeeps checken. Dann geht's in zwei Gruppen los: zehn Leute zu Fuß, zehn in den Wagen. Spuren lesen, Tiere beobachten und stets schauen, ob der Hintermann noch da ist. Raubtiere sind clever und leise. Um elf ist Vorlesung: Klimatologie, Astronomie, alles über die Tier-welt. Auf Englisch!

19.08.2008
Nach Hause telefonieren

Strom kommt aus einem Generator, der nur wenige Stunden am Tag läuft, aber wenigstens kann ich so die Handy- und Kamera-Akkus laden. Habe meine Freundin angerufen – von einer nahen Anhöhe, nur dort hat man Empfang. Sofort kehren Gedanken an den Alltag zurück. Sehnsucht plagt mich aber nicht. Dafür ist's hier viel zu aufregend.

21.08.2008

Honigdachse als Karriereturbo?

Nicht alles ist im Busch anders. Vorträge gibt es hier auch. Heute habe ich einen vor meinen Camp-Kollegen gehalten – über den Honigdachs. Mit Flipchart. Ob Tierschutz oder Fieldguiding ein Job für mich wäre? Dass es auch interessante Aufgaben außerhalb der Bürowelt gibt, weiß ich jetzt jedenfalls. Wenn nun ein Angebot käme …

25.08.2008

Was wäre, wenn …

Euphorie wechselt mit Zweifeln: Hätte ich das Sabbatical geplant im Wissen, dass es in die Wirtschaftskrise fällt? Andererseits bin ich Optimist: Wollte SAP mich wirklich nicht mehr haben, wäre das schade, aber ich könnte mir vorstellen, auch woanders einen guten Job zu machen.

10.10.2008

Der Sinn des Lebens

Tasche packen, es geht zurück: Ich habe hier viel übers Leben nachgedacht, über den Sinn von Arbeit. Wir Menschen in den entwickelten Ländern haben gut bezahlte Jobs, Sicherheit, Routine – aber ist das alles? Habe neulich von einer Studie gelesen. Da stand, jeder Dritte wäre mit seinem Job unzufrieden. Vielleicht ist ein Sabbatical ein guter Weg, herauszufinden, was man wirklich will. Ich habe das Gefühl, richtig aufgetankt zu haben.

03.11.2008

Back to work

Sitze im Auto und bin auf dem Weg ins Büro. Etwas mulmig ist mir schon – wie bei einem neuen Job in einer anderen Firma. Sind die Kollegen noch da? In meiner Abwesenheit ist einer meiner Kollegen mein Chef geworden. Wie empfängt er mich? Bekomme ich jetzt die Aufgaben, die übrig geblieben sind?

04.11.2008

Alles (fast) wie früher

So viel, wie ich befürchtet habe, hat sich gar nicht verändert. Erstaunlich, wie schnell die Routine zurückkehrt. Doch dass die Situation angespannt ist, merke ich sofort. Die Finanzkrise hat auch uns erwischt. Es gelten Einstellungs- und Wechselstopp. Immerhin gewährt man mir eine Eingewöhnungsphase. Das ist nett. Die Kollegen müssen dagegen richtig klotzen – und ich sitze erholt und entspannt daneben. Mittags in der Kantine mit den alten Freunden. Die Auszeit war schön; wieder da zu sein, ist es auch.

Markus Albers, Condé Nast Verlag München, September 2009

Eine Nacht im Mandarin Oriental

Schweizer Hausarzt gönnt sich nach 30 Jahren Praxis eine Auszeit

© *Mandarin Oriental, Bangkok*

Der alte Hausarzt, nämlich ich, ist völlig unpassend und untypisch in die Ferien gefahren. Ende Januar. Nach Asien. Für mindestens drei Monate… Ja, deutlich mehr als seine üblichen 14 Tage, die der Schweizer Family - Doctor aus dem unterversorgten Gebiet sich sonst forttraut. Es ist ihm nicht leicht gefallen, aber man hat es ihm leicht gemacht. In seiner Praxis arbeitet ein menschlich und fachlich exzellenter Vertreter, dem er vertraut. Den die Patienten und Patientinnen gern haben. Keiner hat gemeckert, wie sie es sonst immer beim zweiwöchigen Jahresurlaub zu tun pflegen, den der Hausarzt zu nehmen wagte. Im Gegenteil. Nach 30 Jahren Praxis gönnen sie ihm die längere Auszeit. »Sie haben Recht! Sollte mir ein Beispiel daran nehmen!«, ist die allgemeine Meinung. Sogar die Kollegen freuen sich. Ermuntern ihn, den bekannten Workoholic, zu mehr Hedonismus. »Wurde Zeit«, knurren sie. »Wir haben schon auf deinen Herzinfarkt gewartet.«

Sein Freund und Vorbild, ebenfalls Allgemeinarzt, schenkt ihm wunderbare Reiselektüre und einen Zen-Sandkasten en miniature. Damit sich der

Hausarzt weniger aufregt oder Wartezeiten auf Flughäfen überbrückt? Kollegin Evelyne, im Osten Deutschlands sozialisiert, sagt es deutlich, obwohl sie Psychiaterin ist. »Hau ab! Meinst du, du wärst unersetzbar?« Nein, meint der Hausarzt nicht. Aber bünzlihaft, umwelt- und pflichtbewusst ist er. Der Fernflug macht ihm, dem Velo- und ÖV-Fahrer, ein schlechtes Gewissen. Und wer schreibt das Arsenicum? Dr. Uwe Beise will nicht einspringen. Verleger Dr. Richard Altorfer lächelt. »Du schreibst einfach süss-saure Kolumnen von der Reise. Wie Peter Achten. Und kommst nachher voller neuer Ideen zurück.« Der Hausarzt ist geschmeichelt, mit einem so eminenten Journalisten verglichen und für kreativ gehalten zu werden. Kollege Dr. Halid Bas befürchtet, dass der Arsenicumschreiber vor lauter Wohlleben nicht mehr böse schreibt oder gar nach Asien emigriert. (Quatsch, der kommt zurück, bleibt giftig, und ist wegen den Kokos- und Cashewnüssen vermutlich noch dicker).

Der Hausarzt freut sich monatelang an der Vorfreude. In den wenigen Momenten, in denen er Zeit dazu hat. Denn es gibt eine Menge vorzubereiten. Er versteht jetzt seine beiden Urgroßmütter, für die ihre gemeinsame Italienreise DAS Ereignis ihres Lebens war. Er wälzt Reiseprospekte. Nervt mit ständigen neuen Ideen den Herrn Carrasco vom Reisebüro Hotelplan, einen wahren Meister der Geduld. Die Frau des Hausarztes hat schließlich alles gebucht. Die Höhenflüge ihres Fernwehgepackten gestoppt, der den Iran, Dubai, Indien in die paar Wochen hineinstopfen wollte, lauter Rundreisen aussuchte, den Fuji besteigen, den Mekong durchschiffen und die Heimat des Dalai Lama besuchen wollte. Plus Abstecher nach Australien. »Ist ein anderer Kontinent. Vergiss es. Und Tadsch Mahal auch. Diesmal nicht. Wäre überladen. Im Iran knallt es gerade, Und Dubai ist pleite. Wir fliegen durch bis Bangkok. Und dann erst mal faul erholen am Meer!«, entscheidet sie mit dem Pragmatismus, für den er sie liebt. Seine Patienten geben Tipps. Außer ihm war jeder schon mal da. Weiß jeder, wo man in Pattaya die beste Pizza isst. Er weiß erst jetzt, wo das auf der Landkarte liegt. Staunt. Gönnt sich und seiner Frau einen obszönen Luxus. Eine Nacht im Mandarin Oriental Hotel. Als sie auf der Flussterrasse frühstücken, sich wie in den Flitterwochen fühlen, fährt ein Touristenboot vorbei. Der deutschsprachige Fremdenführer zeigt mit dem Finger auf sie und kräht: »Diese Leute zahlen 300 Euro pro Nacht!« Alle starren den Hausarzt und seine Frau an, diese schwerreichen Bonzen. »Was soll das kosten?«, hatte er sich tatsächlich gefragt, bevor es losging. Doch Herr Carrasco hatte ihn beruhigt und günstige Angebote kombiniert. Am meisten aber hatte der 24-jährige Sohn des Hausarztes zur Finanzierung beigetragen, als er das schöne Auto seiner Mutter zu Schrott fuhr. Unverletzt, ohne Schuld, aber doch zerknirscht entstieg er ihm. Was die Allianz-Versicherung an Schadenssumme auszahlte, wird jetzt beim Sabbatical verplempert. Verreist. Durch die Gurgel gejagt. Denn für ein neues Auto der gleichen Marke war es zu wenig. Und für Ferien in Grächen zu viel. Diese Destruktion gab den Anstoß, den langgeträumten Plan des Sabbaticals in die Tat umzusetzen …

Quelle: Ars Medici, 4/2010

Mit dem Mountainbike entlang der Karawanenstraße

25 Jahre hat Siegfried Link sich seinen Traum bewahrt. Im Herbst 2011 war es so weit: Der 45-jährige Ingenieur von Hewlett-Packard nahm sich ein Jahr frei, um zu reisen. Seit einigen Monaten ist er zurück, macht denselben Job, hat aber keinen Fernseher mehr. Mit seiner Zeit geht er nun sorgfältiger um.

Vor vielen Jahren tauschten Händler auf der Seidenstraße Gewürze, Gold und Seide. Die alte Handelsroute verbindet China mit dem Mittelmeer. Um 100 v. Chr. soll sich die erste Karawane mit der im Westen begehrten Seide auf den Weg von Osten gemacht haben. Die etwa 10.000 km lange Route führt durch Wüsten in China und über Berge in Anatolien. Manchmal ist es brütend heiß, in anderen Regionen klirrend kalt. Zwischen sechs und acht Jahren dauerte die lange Reise hin und zurück. Siegfried Link hat vier Monate gebraucht für die 11.700 km von Schanghai bis Istanbul. Moderne Mountainbikes sind schneller als lahme Kamele.

Der Ingenieur verwirklichte sich mit der Fahrradtour einen lange gehegten Traum. Die Seidenstraße war ein Drittel davon. Wandern im Himalaya und in den Anden Südamerikas die anderen Teile.

Am 02.09.11 stieg er in den Flieger von München nach Moskau, um mit der Transsibirischen Eisenbahn nach Peking zu fahren. Ein Jahr später, am 27.09.12, stieg er aus dem Flugzeug, das ihn von Istanbul zurück in seine Heimatstadt München brachte. Sein Fahrrad im Gepäck. Das war ein Donnerstag. Vier Tage später saß er wieder auf seinem Stuhl am Schreibtisch bei Hewlett-Packard (HP) in München. Sein Sabbatical war zu Ende.

Dem Burn-Out vorbeugen, Zeit für die Familie haben, ein Haus bauen, die Welt bereisen: Gründe für ein Sabbatical gibt es viele. Laut einer Forsa-Umfrage träumt ein Drittel der Arbeitnehmer in Deutschland von einer längeren Auszeit von der der Arbeit. Aber nur 3% bis 4% setzen ihre Pläne tatsächlich um. »Wir führen keine Statistik, gehen aber davon aus, dass es 2012 nicht viele waren«, sagt eine HP-Sprecherin.

Dabei steht das Unternehmen einer Auszeit vom Job wohlwollend gegenüber und wertet ein Sabbatical keineswegs als Karriereknick: »Ganz im Gegenteil. Mit dem gewonnenen Elan lässt sich die Karriere eventuell mit größerer Dynamik und, ausgestattet mit neuem Blickwinkel auf die Dinge, erfolgreich fortsetzen«, so die Sprecherin weiter.

Einzige Gründe, einem Mitarbeiter seine Bitte nach einem Sabbatical auszuschlagen, seien dringende betriebliche Gründe, etwa ein nicht aufschiebbarer Projektabschluss. Daher muss die Auszeit mindestens neun Monate vorher angemeldet werden. Links Aufgaben wurden im Team aufgeteilt. Die Idee für eine große Reise reifte lange in ihm.

Gleich nach dem Abitur hat Link ein Studium der Technischen Informatik an der Berufsakademie Stuttgart angefangen und 1990 abgeschlossen. HP war der Ausbildungsbetrieb für dieses duale Studium. Einige Mitschüler von ihm gingen ins Ausland, bevor sie studierten. »Damals kam in mir der Wunsch auf, das auch mal zu tun.«

Irgendwann eben und meist ist aufgeschoben aufgehoben. Technische Informatiker sind Ingenieure und Informatiker. Sie entwickeln intelligente technische Systeme. Link ist nach Studienende bei HP geblieben und hat als Support-Ingenieur für CAD-Software angefangen. 25 Jahre ist er nun schon in der Firma. »Ich übernahm andere Rollen, der Software bin ich immer treu geblieben.«

Seit 2008 entwickelt er Programme zur Überwachung großer Rechenzentren, mit Tausenden von Servern. Die Programme überwachen und steuern die Anlagen. »Die Firmenkultur machte mir das Sabbatical erst möglich«. Flexible Arbeitszeitmodelle sind ein Teil dieser Kultur.

Link arbeitet 40 Stunden pro Woche, bekommt 36 bezahlt und sammelt die restlichen vier Stunden auf einem Langzeitkonto. »Das habe ich über Jahre gemacht und mir irgendwann die Frage gestellt: Will ich einen Batzen Geld auf dem Konto, früher in Rente oder jetzt freie Zeit?« Er entschied sich für jetzt, weil der dachte, als Rentner nicht mehr das tun zu können, wovon er träumte, beispielsweise wandern im Himalaya.

Als er 200 freie Tage auf dem Konto hatte, war für ihn die Zeit reif, das notwendige in die Wege zu leiten. »Ich war überrascht, wie wohlwollend mein Vorhaben bei Vorgesetzten, in der Personalabteilung und im Kollegenkreis aufgenommen wurde.« Ein Jahr lang plante er seine Reise in drei gleich großen Blöcken zu jeweils etwas vier Monaten.

Zwischen den Etappen war er etwa drei Wochen zu Hause, um einen Berg Wäsche zu waschen, Rechnungen zu bezahlen, Freunde zu treffen und mit dem Chef zu telefonieren oder sich per Mail auszutauschen. »Der Kontakt in die Firma war mir sehr wichtig. Ich wollte auf dem Laufenden bleiben, schließlich musste ich ja irgendwann wieder dorthin zurück.« Seine Wohnung behielt er, das Gehalt lief weiter, ebenso die Sozialversicherung.

Seit einigen Monaten arbeitet Link nun wieder bei HP in München. Ein Karriereknick war die lange Auszeit nicht, denn er hat denselben Job, musste aber viel an Wissen aufholen. Bei Software ist die Verfallszeit kurz und mehrere Releases pro Jahr üblich.

Aus dem Kollegenkreis erlebt er die unterschiedlichsten Reaktionen. Während die einen unverständlich fragen, wie es denn Spaß machen kann, vier Monate am Stück mit dem Fahrrad zu radeln, beneiden und bewundern ihn andere um seine Erlebnisse.

Der lange Urlaub vom Job gab ihm Gelassenheit, Ruhe und Energie. »Herr meiner Zeit zu sein, war wunderbar.« Diese Erkenntnis hat sich massiv auf seinen Umgang mit Zeit ausgewirkt. Als er zurückkam, hat er seinen Fernseher entsorgt. Der war sein größter Zeitdieb.

Quelle: VDI Nachrichten

Braungebrannt statt ausgebrannt

Ein anspornender und gleichzeitig nachdenklich stimmender Bericht des Ex-Managers Klaus Vierkotten und seiner Frau Petra über ihre Auszeit auf der Traumstraße der Welt

© Klaus Vierkotten

»Petra, was machst Du denn hier?« Unser ehemaliger Nachbar Thomas zieht verdutzt die Augenbrauen hoch und schaut meine Frau mit großen Augen an.

25 Monate ist es nun her, dass sich unser Leben um 180 Grad gedreht hat. Im Sommer 2010 hat Petra die Türen ihres erfolgreichen EDV-Unternehmens geschlossen und ich habe nach 24jähriger Betriebszugehörigkeit meine Tätigkeit als Manager in einem großen DAX-Unternehmen gekündigt. Wir sind nicht etwa in Rente gegangen, sondern haben mit 43 Jahren einfach beschlossen, noch mal etwas ganz Neues zu machen.

Wir sind jetzt Globetrotter auf Zeit!

Als Petra unseren Nachbarn Thomas, mit dem wir fast zehn Jahre Tür an Tür gelebt haben, zufällig im Supermarkt trifft, macht sie gerade einen zweiwöchigen Heimaturlaub bei ihren Eltern in Deutschland. Seit über zwei Jahren sind wir nun schon in einem kleinen Wohnmobil auf abenteuerlichen Pisten von Kanada über die USA, Mexiko, Zentralamerika und Kolumbien bis nach Ecuador gereist. Jeder einzelne Tag war für uns ein Abenteuer. Angefüllt mit faszinierenden Erfahrungen und interessanten Begegnungen.

»Mensch, wie geht es Euch denn? Wir haben uns ja lange nicht mehr gesehen!« Thomas freut sich sichtlich Petra zu treffen.

»Uns ist es noch nie besser gegangen«, erwidert meine Frau und will gerade ansetzen etwas anzufügen, als sie von Thomas unterbrochen wird:

»Wir haben jetzt neue Mitbewohner. Die sind gerade eingezogen und renovieren noch. Da fällt vielleicht ein Dreck an. Aber die Frau putzt jeden Abend das Treppenhaus. Ist das nicht vorbildlich?«

»Aha.«

»Aber die Familie Lange, die kennt Ihr ja auch noch. Also die, die putzen ja nie vernünftig. Und seit Monaten haben sie schon Altglas vor ihrer Kellertür stehen. Kannst Du Dir das vorstellen? Das ist doch wirklich unmöglich.«

Es sind Momente wie diese, die mir vor Augen führen, dass wir die richtige Entscheidung getroffen haben, als wir aus unserem bisherigen Leben ausgestiegen sind. In welch einer Welt leben wir, wo der geputzte – oder eben nicht geputzte – Hausflur die wichtigste Neuigkeit ist? Wo das Lob eines Vorgesetzten, der noch nicht mal den Namen kennt, wichtiger als ein harmonisches Wochenende mit der Familie ist? In der im Freundeskreis mehr Zeit damit verbracht wird, sich wie ein Gockel zu produzieren, als sich wirklich für einander zu interessieren? Wo Plagiatsvorwürfe in einer Doktorarbeit höher bewertet werden als politisches Krisenmanagement?

Seitdem wir auf unsere große Abenteuertour aufgebrochen sind, führe ich ein Tagebuch. Wen ich es nicht machen würde, dann würde ich ganz schnell zu viele Erlebnisse, Erfahrungen, Bekanntschaften und Anekdoten vergessen: Das nächtliche Erdbeben, das uns in Guatemala überrasche. Ernst, der nach Kolumbien ausgewandert ist und eine echte Schönheitskönigin über die touristischen Sehenswürdigkeiten ihres Landes unterrichtet. Ein fünfzehn Meter langer Wal, der in Ecuador direkt vor unserem Boot aus dem Wasser springt. Die ältere, mexikanische Bäuerin, der ich in meinem schlechten Spanisch nicht wie geplant sage, dass ihr Orangensaft so lecker ist, sondern dass ich sie ganz süß fände.

Jeder Tag ist angefüllt mit neuen Geschichten. Zu jedem einzelnen Tag, den ich in meinem kleinen Büchlein nachschlage, erscheinen direkt Bilder vor meinen inneren Augen. Manchmal sind es nur Kleinigkeiten, wie der Anblick schneebedeckter Vulkane oder bunter Schmetterlinge. Mal ist es der Geschmack unbekannten Obstes oder die frisch gebrühte Tasse Kaffee von einer Kaffeefarm in Nicaragua. Das Gefühl tropischen Regens auf der Haut oder das Fell eines vorwitzigen Äffchens. All dies ist neu für mich. Mit 43 Jahren bekam ich die Gelegenheit, noch mal wie ein neugieriges Kind durch die Welt zu streifen und diese zu entdecken.

Doch war es tatsächlich eine Gelegenheit, die vor mir auf dem Lebensweg lag und die ich nur aufheben musste? Was sich so einfach und so verlockend anhört, erforderte in der Umsetzung viel Engagement von unserer Seite. Seit 25 Jahren sind Petra und ich ein glückliches Paar. Wenn wir aussteigen, dann machen wir das nur gemeinsam. Dann sollen die Erwartungen von uns beiden erfüllt werden.

Als wir unsere Entscheidung zum Ausstieg öffentlich gemacht haben, war das Echo geteilt. Von entsetztem »Wie könnt Ihr nur!« über neidisches »Wenn man es sich leisten kann.« bis hin zum skeptischen »Denkt Ihr denn gar nicht an Eure Sicherheit?« und enthusiastischem »Super, dass sich mal jemand was traut!« war alles dabei.

Doch was war unser persönlicher Antrieb für den Ausstieg? Wie haben wir es geschafft, den Ausstieg auch erfolgreich umzusetzen? Mit welchen Schwierigkeiten mussten wir kämpfen und wie sah die Vorbereitung aus?

Unser Ausstieg war kein spontaner Entschluss, sondern das Ergebnis eines jahrelangen Prozesses, dessen Schritte wir bis ins Detail geplant haben. Auch wenn für Familie, Freunde, Nachbarn und Arbeitgeber unser Entscheidung überraschend kam und dem einen oder anderen wie eine Laune aus dem Bauch heraus erschien, so haben wir jeden einzelnen Schritt genau kalkuliert. Als ich mit 21 Jahren zum ersten Mal meinen Job hingeschmissen habe, um für einige Monate durch die Welt zu reisen, da schlummerte in mir noch die Unschuld der Jugend. Was sollte ich mir Gedanken um die Zukunft machen? Ich bin die Zukunft, so sagte ich mir damals. Als ich zurückkehrte, waren meine Erinnerungen gefüllt mit den tollsten Abenteuern, doch mein Bankkonto war geplündert und die Taschen leer. Aber ich war jung, ich war unbekümmert, und es dauerte genau zwei Wochen und ich hatte einen neuen Job.

Mit 43 Jahren sieht man die Welt differenzierter. Oder soll ich sagen ängstlicher? Treffen wir wirklich die richtige Entscheidung? Wie fast keine andere Gesellschaft auf der Welt sind die Deutschen geplagt von Existenzängsten. Während die Amerikaner im Sumpf ihrer Konsumkredite versinken, spart der vorbildliche Deutsche zuerst für sein Haus und später für die Zukunft seiner Kinder. Während sich ein griechischer Olivenbauer am Ende des Tages einen Ouzo in der Taverne schmecken lässt und sich freut, dass die diesjährige Ernte das Einkommen für die nächsten zwölf Monate sichert, würde sich der durchschnittliche Deutsche in der gleichen Situation Gedanken über die nächste Missernte machen.

Deutschland hat zweimal hintereinander nicht nur einen Weltkrieg verloren, sondern viele Menschen haben in dieser Zeit auch kurz hintereinander ihr ganzes Hab und Gut verloren. Ihnen wurde die Existenz unter den Füßen weggezogen, ihr Selbstbewusstsein und die planbare Zukunft genommen. Wen wundert es also, dass kein anderes Volk auf der Welt so sicherheitsorientiert denkt?

Doch gleichzeitig sind diese bitteren Erfahrungen schon zwei Generationen her. Die Kinder der Kriegsgeneration sind heute die Rentner, die zwar häufig auf hohem Niveau klagen, denen es jedoch meist besser geht als den Vorvätern. Doch trotz dieser positiven Erfahrungen, die unsere Gesellschaft in den letzten sechzig Jahren gemacht hat, sind die Deutschen ein Volk der Zauderer und Mutlosen.

Man verharrt in den Ängsten des Ungewissen. Man verweilt in einem Beschäftigungsverhältnis, obwohl man unzufrieden ist. Man bindet sich an einen Partner, den man nicht liebt. Man arrangiert sich mit einer Gesellschaft, deren Werte man verachtet. Warum? Ist uns der Schrecken ohne Ende immer noch lieber als eine ungewisse Zukunft? Haben wir in einer Gesellschaft, die sich demokratisch nennt, vergessen eigene Entscheidungen zu treffen? Oder haben wir etwa Angst, für das Ergebnis unserer Entscheidungen die Verantwortung zu übernehmen?

Die häufigste Frage, die wir im Zusammenhang mit unserem Ausstieg gestellt bekamen, hatte meines Erachtens nach nichts mit den wirklich wichtigen Bedürfnissen eines Menschen zu tun, die da sind Glück, Zufriedenheit, Gesundheit, Unabhängigkeit, Freiheit, Liebe oder Selbstverwirklichung. Die häufigste Frage lautete: »Wie könnt Ihr Euch das leisten?«

Dabei ist das die Frage, die am leichtesten zu beantworten ist. Man muss sparen. Und man spart, indem man seine persönlichen Ansprüche runterschraubt, weil einem das anvisierte Ziel verlockender erscheint, als die kurzfristige Bedürfnisbefriedigung. Schon ein Kind lernt, dass es mit den fünfzig Cent von der Oma entweder direkt zum Kiosk laufen kann, um sich einen Lutscher zu holen, oder aber darauf verzichtet, um sich ein halbes Jahr später den ersehnten Fußball zu kaufen.

Je älter man wird, desto kostspieliger werden die Ziele, für die wir sparen: ein Urlaub, ein Auto, ein Haus. Immer geht es darum, den kurzfristigen Konsum gegenüber der langfristigen Investition aufzuwiegen. Doch hier spielt noch etwas anderes eine wichtige Rolle: Unser Wunsch nach Ansehen, Akzeptanz und Wertschätzung durch andere. Ein toller Urlaub, mit dem man vor Kollegen angeben kann, steigert das Ansehen. Ein besseres Auto zu fahren als die Nachbarn ist gut für das Ego. In einem eigenen Haus spiegelt sich die Wertschätzung durch die Gesellschaft. Wir leben mittlerweile in einer Gesellschaft, in der für uns der soziale Rang und das gefühlte Image häufig wichtiger sind, als unsere eigene Zufriedenheit.

Warum leben Familien in unpersönlichen Häusern, die vorrangig als Prestigeobjekt dienen und zusätzlich zur endlosen Arbeit in Haus und Garten noch mit endlosen Nebenkosten aufwarten? Wäre man nicht glücklicher und sorgloser in einer gemütlichen Drei-Zimmer-Wohnung?

Warum reist man für drei Wochen in die Tropen? Kann sich weder im ungewohnten Klima akklimatisieren noch verträgt man das fremde Essen. Warum faulenzt man nicht lieber mit einem guten Buch an der Nordsee?

Warum fährt man ein so großes Auto, dass man Schwierigkeiten hat, eine passende Parklücke zu finden und dessen 280 PS man nicht immer so unbeschwert auf der Autobahn meistert, wie man es seinen Freunden und Kollegen weismachen möchte? Reicht für den Weg zur Arbeit denn nicht auch ein Kleinwagen?

Es geht nicht darum, die Konsumfreude zu verdammen. Sie hält nicht nur unsere Wirtschaft am Laufen, sondern schafft auch die Lebensfreude, für die es sich jeden Tag lohnt aufzustehen. Vielmehr sollte man sich persönlich hinterfragen, ob die Investition, die man tätigt, tatsächlich dazu beiträgt, dass man für die harte Zeit des Sparens mit einem Mehrwert an Freude belohnt wird. Wenn man diese Frage mit Ja beantworten kann, dann hat man alles richtig gemacht. Wenn man jedoch ins Grübeln kommt, ob die persönliche Bedürfnisbefriedigung tatsächlich höher oder mindestens gleichwertig ist zum investierten Betrag, dann sollte man seine Entscheidung hinterfragen.

Auch wir haben in unserem Leben die Privilegien eines doppelt verdienenden Paares genossen. Wir haben schicke Urlaube gemacht, tolle Autos gefahren und unser Erspartes in eine Immobilie gesteckt. In den Augen der Gesellschaft waren wir ein modernes, erfolgreiches Paar der neuen Generation: Statt in der Produktion haben wir unser Geld in der Dienstleistung verdient. Statt in eine Lebensversicherung haben wir in die Börse investiert. Statt konservativ schwarz haben wir ökologisch grün gewählt.

Doch bei allen Entscheidungen haben wir immer versucht, sehr bewusst zu leben. Unser Leben und unser Glück wollten wir stets in die eigenen Hände nehmen und soweit wie möglich selbst beeinflussen. Das könnte man vielleicht egoistisch nennen, ich bevorzuge jedoch, es eigenverantwortlich zu nennen.

Irgendwann kam der Zeitpunkt, wo wir uns gefragt haben, ob das Leben genau so weitergehen soll. 43 Jahre hatten wir Zeit, Lebenserfahrungen zu sammeln. Was machen wir mit diesem unermesslichen Wissen? Was ist uns in der zweiten Lebenshälfte wirklich wichtig? Was haben wir vermisst? Was haben wir zu wenig? Worauf könnten wir verzichten? Was ist uns das Wichtigste? Was würden wir gerne ändern?

In diesem Moment kamen wir zu der Entscheidung: Wir würden alles genauso wieder machen. Aber jetzt ist die Zeit gekommen, mal alles ganz anders zu machen! Wir haben keine Entscheidung in unserem bisherigen Leben bereut. Wir haben die Jahre in vollen Zügen genossen. Doch wir sind auch neugierig darauf, was das Leben sonst noch zu bieten hat. Wir wollen die Welt entdecken. Wir wollen neue Bekanntschaften schließen. Wir können unseren Konsum einschränken, doch wir wollen mehr Zeit füreinander haben. Lass uns aussteigen und durch die Welt reisen!

Als wir diesen Entschluss gemeinsam gefasst haben, war die Zeit bis zur Umsetzung eigentlich mehr ein großes Projekt. Dabei startet jedes Projekt stets mit vielen Fragen:

Was ist unsere Zielsetzung? Was soll unser persönlicher Gewinn sein? Wie wollen wir reisen? Wie lange wollen wir reisen? Wohin?

Wer ist von unserem Entschluss außer uns betroffen? Was machen wir mit unseren Arbeitgebern? Können wir unsere Eltern alleine lassen? Wie halten wir den Kontakt zu unseren Freunden?

Was werden wir im Anschluss an unsere Reise machen? Wie integrieren wir uns wieder in die Gesellschaft? Wie stellen wir uns den Berufseinstieg vor? Wie sichern wir unsere materiellen Bedürfnisse? Wie finanzieren wir uns? Wie sichern wir uns ab gegen Notfälle? Was wollen wir aus unserem früheren Leben behalten und wo lagern wir es?

Wenn man erst einmal alle Fragen gesammelt und sich selber die Antworten gegeben hat, kann man sich an einen Zeitplan machen. Dabei wird dieser durch verschiedene Parameter beeinflusst, die man nicht immer selber in der Hand hat. Schon hören wir wieder aus der hinteren Ecke die neugierige und drängend gestellte Frage: »Na, jetzt aber mal Tacheles: Wie finanziert Ihr denn Eure Reise?«

Gut, wenn die Antwort so drängt, dann können wir das gerne an dieser Stelle ausführlich abhandeln. Obwohl ich selber denke, dass die anderen Fragen viel schwieriger zu beantworten sind.

Zuerst haben wir uns darüber Gedanken gemacht, wie viel Geld wir tatsächlich für unseren Lebensunterhalt benötigen. Zugrunde gelegt haben wir einerseits die Erfahrungen, die wir während eines früheren Reise-Sabbaticals gemacht haben, andererseits den Zeitraum, den wir ohne Geld-Verdienen leben werden sowie die Inflationsrate, die uns in dieser Zeit erwartet. Ergänzend haben wir den finanziellen Bedarf für unser Rentenalter hochgerechnet, da eine Zeit ohne Arbeit auch eine Verringerung der Einkünfte durch die Rentenkasse beeinflusst. Daraus ergab sich dann eine Summe X. Und da wir unser Geld noch nicht selber druckten, sondern auf ehrliche Art und Weise verdienen mussten, konnten wir so ungefähr den Zeitraum ableiten, den wir sparen müssten, um das Geld zusammen zu haben.

Das bedeutete damals im Umkehrschluss für uns, dass wir gerade in dieser Zeit, obwohl wir bereits wussten, dass wir irgendwann kündigen würden, viel Engagement in unsere Karrieren investiert haben. Jede Beförderung brachte mehr Geld, jeder außerordentliche Einsatz wurde mit einer Aufstockung unseres Budgets belohnt. Zu keiner Zeit meines Berufslebens bin ich so oft im In- und Ausland versetzt worden, bin so viel gereist und war so oft von Petra getrennt, wie in den Jahren, als mein Kündigungsschreiben schon in der Schublade lag.

Wenn man nicht gerade auf der untersten Stufe der sozialen Einkommensleiter steht, dann ist es gar nicht so schwer zu sparen. Doch es hat sehr viel mit Selbstdisziplin und einem starken Willen zu tun. Wer es nicht schafft, sich das Geld für einen Ausstieg zusammen zu sparen, für den ist er vielleicht auch gar nicht so wichtig.

Schwieriger ist es schon, Situationen zu beeinflussen, deren Gang man nicht in den eigenen Händen hat. Kinder werden nicht schneller volljährig und selbstständig, nur weil man in vier Jahren aussteigen möchte. Pflegebedürftige Eltern sind genauso wenig in einem Zeitplan zu kalkulieren, wie Schicksalsschläge und Krankheiten. Es gibt Situationen, die kann man selber beeinflussen, bei anderen muss man lernen, sie nicht hinzunehmen, sondern sie zu akzeptieren. Wir haben Reisende getroffen, die sind mit ihren schulpflichtigen Kindern unterwegs und unterrichten diese jeden Tag selber. Andere teilen sich das Jahr so auf, dass sie sechs Monate reisen und sich die anderen sechs Monate um ihre kranken Eltern kümmern. Sollte ich einen schlimmen Unfall haben und plötzlich querschnittgelähmt sein, dann wünsche ich mir, dass Petra unser Auto so umbaut, dass sie mich jeden Tag mit dem Rollstuhl in die Sonne schieben kann.

Wie viele Menschen haben wir getroffen, die uns sagten: »Das würde ich ja auch gerne machen, aber …« Und an Stelle der drei Punkte folgen dann Argumente wie ein unkündbares Beamtenverhältnis, schulpflichtige Kinder, horrende Hypotheken. Ehrlicher fand ich da den Kommentar einer Kollegin: »Ich finde es toll, was Ihr macht, aber ich hätte dazu nicht den Mut.«

Ich denke, das trifft es am besten. Sicherheit hat seinen Preis und Mut bekommt seinen Lohn. Irgendwann in seinem Leben, muss man für sich selber entscheiden, was man wirklich will. Und dann muss man es auch machen!

Ich erinnere mich noch genau an den ersten Morgen unseres Ausstiegs, als ich neben Petra aufwachte. Kein Wecker riss mich unsanft aus dem Schlaf, sondern die Sonnenstrahlen, die mich an der Nasenspitze kitzelten.

»Müssen wir aufstehen?« fragt mich Petra.

»Nein, wir haben Sonntag. Heute und für sehr, sehr lange Zeit!«

Klaus Vierkotten

Steppe, Staub und Sternenzelt – Mit dem Fahrrad durch Asien

Olaf Hoyer und Livia Stegemann aus Bonn haben sich ein Jahr Auszeit vom Arbeitsalltag genommen und nutzten das Sabbatjahr, um Länder wie Russland, Kasachstan und China zu er-radeln

© *www.kasachstan.ru*

Seit sich Livia, die Marketingkauffrau und Olaf, der Hubschraubermechaniker kennen, träumen sie davon, ein Jahr lang zu reisen. Besonders beeindruckt hat sie das Buch »In 16 Jahren um die Welt« von Claudia Metz und Klaus Schubert. Die Berichte der Kölner Autoren und einiger anderer begeisterter Globetrotter haben die beiden 30-jährigen Bonner ermutigt, ihren Traum zu leben und das Sabbatjahr endlich zu beantragen. Olaf: »Du bereust später nicht die Sachen, die du gemacht hast, sondern jene, die du nicht getan hast.«

»Wir sparen seit vier Jahren ein Zeitkonto an«, erläutert Livia die Idee des Sabbatjahres. »Währenddessen zahlt der Arbeitgeber 80 Prozent des Lohns,

226

wir arbeiten aber 100 Prozent.« Die übrigen 20 Prozent werden gespart für das fünfte Jahr. Die Möglichkeit, ein Sabbatjahr anzusparen, muss im Tarifvertrag beziehungsweise in der Betriebsvereinbarung vermerkt sein.

Während des Sabbatjahres bekommt das Paar zwei Gehälter, muss aber keine Wohnung in Deutschland mehr zahlen. Die Bleibe wird aufgelöst, ihren beweglichen Besitz kellern die beiden bei Livias Eltern in Berlin ein. Livia nüchtern: »Wir sind in fünf Wochen obdachlos.«

Fünf Jahre haben sich die Bonner auf ihre Tour vorbereitet. Erfahrungen gesammelt haben sie bei Radreisen durch Polen (2005), Schweden (2006), den Balkan (2007) und Deutschland (2008). Sie joggen regelmäßig, Olaf fährt zudem mit dem Rad zur Arbeit. »Wir sind keine Spitzensportler«, sagt er. Livia ergänzt: »Wir fahren ja auch nicht die Tour de France. Fahrradfahren kann jeder. Nur der Po tut am Anfang weh.«

Die Visa für Russland und Kasachstan sind beantragt, das Visum für China (90 Tage möglich) beantragen die Bonner an Ort und Stelle. Eventuell machen sie einen Abstecher nach Usbekistan oder Kirgisien. »Zur Not überfliegen wir ein Land.« In Thailand dagegen kann das Paar vier Wochen ohne Visum bleiben. »Wäre cool, wenn wir Weihnachten in Vietnam feiern können«, meint Olaf. Gut 15 000 Kilometer sind bis dahin zu bewältigen – in der Regel 70 bis 80 Kilometer an den Fahrrad-Tagen.

Dass Livia und Olaf mit dem Fahrrad reisen, hat praktische Gründe: »Man ist draußen und so schön langsam unterwegs. Der Tag ist viel länger, wenn man sich körperlich anstrengen muss, um von A nach B zu gelangen. Man lernt mehr Leute kennen und sieht mehr von der Natur. Man kann in den Zug steigen oder fliegen. Wir brauchen keinen Sprit, und die Reparaturkosten sind niedrig.«

Ein schön ausgebautes Radwegenetz werden die Bonner in Russland oder Kasachstan nicht finden. »Wir fahren Landstraße«, erklärt Olaf. »In Serbien sind wir sogar Autobahn gefahren. Da ist es ganz normal, dass sich Fahrräder, Eselskarren und Lkw die Bahn teilen.« Praktisch: Truckstopps und Motels säumen die Autobahnen.

Die beiden haben ein Zelt dabei. »Das ist unsere Hauptschlafmöglichkeit. Aber wir gehen bestimmt alle paar Wochen mal ins Hotel. Gerade in den Städten. Wir müssen nicht im Wald schlafen und Wurzeln essen«, scherzt Livia. »Wir werden uns den Luxus gönnen, ab und zu in einem ganz normalen Bett zu schlafen.«

Den Umgang mit Fremden sehen sie locker. »Wir haben bisher immer nur freundliche Menschen getroffen«, berichtet Olaf. »Die Einheimischen sind meist sehr neugierig.« Auf der Balkan-Reise fanden sie in einem Zigeunerlager eine Unterkunft. »Das waren sehr nette Menschen.« Für die Kommunikation haben sich die beiden ein »Pictionary« zugelegt, ein Ohne-Wörter-Buch mit nützlichen Zeigebildern.

Livia und Olaf ließen sich gegen alle möglichen Krankheiten impfen. »Alles, was man so braucht, haben wir uns reinjagen lassen.« Zudem hat ihnen ihr Hausarzt Rezepte für eine Reiseapotheke geschrieben. Angst vor Überfällen haben die beiden nicht. »Aber Respekt«, sagt Olaf. »Wir werden oft gefragt, ob wir eine Waffe mitnehmen. Auf keinen Fall. Wenn mich jemand überfällt, dann macht der das bestimmt nicht zum ersten Mal. Man muss nicht den Helden spielen. Er kriegt unser Geld, und dann hoffen wir, dass er wieder geht.«

Ihre unscheinbaren Räder haben sich die Weltreisenden selbst zusammengebastelt. Dabei haben sie etwa bei den Bremsen auf Qualität gesetzt. Die hochwertige Schaltung sponserte ein Fahrradantriebshersteller. Ganz bewusst haben die beiden kein Alu, sondern einen Stahlrahmen verwendet. »Den kann uns im Notfall auch in Kasachstan jemand wieder zusammenschweißen.« Hinzu kommt ein Anhänger. Am Rad trägt jeder fünf Taschen. Olaf: »Wir haben für fünf Tage Klamotten. Danach müssen wir waschen. Wichtig sind Regen- und Funktionskleidung, Ersatzschläuche und ein Multifunktionskocher, der alles verfeuert, was flüssig ist und brennt.« Eine Berliner Fachfirma hat ihnen ein Solarladegerät gesponsert, so dass sie mit dem Strom autark sind. Damit und mit den Nabendynamos laden sie ihre Akkus.

Ihre Rückkehr sehen die beiden ebenfalls ganz gelassen: »Viele Leute werden es gar nicht merken. Es ist nur ein Jahr. Nur für uns wird es lang, weil wir jeden Tag neue Eindrücke haben.«

Tag 128 - in Almaty, Kasachstan

In der kasachischen Steppe haben die beiden Radler Michael aus Koblenz getroffen, der auf dem Weg nach Ulan-Bator ist. Mit ihm radeln sie nun gemeinsam. Kasachische Steppe, 40 Grad im Schatten. Theoretisch. Denn Schatten gibt es nicht. Dafür Wind, frontal von vorne. Und am Horizont verschmilzt der blaue Himmel mit dem trockenen Gestein zu einer flimmernden Linie. Das einzige, was hier einen dunklen Abdruck auf dem heißen Asphalt hinterlässt, sind drei Fahrräder. Und darauf mühsam strampelnde Beine. Treten, treten, treten. Obwohl die Oberschenkel schmerzen, obwohl der Wind bremst und die Landschaft scheinbar auf der Stelle steht.

Es gibt Tage wie diese, sagt Livia Stegemann. Tage an denen sie sich fragt: »Warum tue ich mir das an? Da habe ich ein Sabbatjahr und kämpfe mich seit Wochen durch die Steppe, warum liege ich nicht irgendwo am Strand?« Als die 30-jährige Anfang April zusammen mit ihrem Freund aufs Fahrrad gestiegen ist, war zunächst nur die Reisedauer, ein Jahr, und die Himmelsrichtung, immer gen Osten, festgelegt. Anvisiert als erstes großes Etappenziel hatten die beiden Almaty. Und ab da sollte geplant werden. Anfang August sind die zwei nach vier Monaten Reise in Almaty eingerollt. Unterwegs hatten Livia und Olaf überlegt von hier durch China nach Südostasien zu reisen – aber dann kam Michael.

Der gebürtige Schweizer ist Anfang April in Deutschland aufgebrochen, auch er hat Kilometer um Kilometer Rumänien, die Ukraine, Russland und ganz Kasachstan »erfahren«. Große Teile der 8300 Kilometer von Koblenz bis Almaty ist der 32-jährige alleine gereist. Erst in der kasachischen Steppe ist er dann auf andere Radreisende getroffen. Zwei davon waren Olaf und Livia. Dabei waren die zwei für Michael keine Unbekannten. Schon vor seiner Abreise war der Schweizer im Internet auf den Blog der beiden gestoßen und hatte im Gästebuch eine Nachricht hinterlassen, dass er zur selben Zeit auf der gleichen Strecke unterwegs sein würde. »Aber eine Antwort habe ich nicht bekommen«, beschwert sich Michael mit einem Augenzwinkern bei Olaf und Livia.

»Ab der kasachischen Grenze wussten wir eigentlich immer, wie viele andere Radfahrer unterwegs sind und welchen Vorsprung sie haben«, erklärt Olaf. Wenn sie nachmittags in der Steppe in den Tschaichanas verharrten, bis die größte Hitze vorüber war, wurden sie von den Steppenbewohnern stets gewissenhaft über die anderen verrückten Ausländer informiert, die kürzlich auf Fahrrädern dort vorbeigekommen waren. »Das liegt daran, dass es nur eine richtige Straße gibt, die durch die Steppe führt«, sagt Livia. Und auf der war auch Michael unterwegs. In Turkistan checkten Livia und Olaf ausnahmsweise im Hotel ein. »Auf dem schwarzen Steinboden im Foyer konnte ich staubige Reifenabdrücke sehen, da wusste ich, die anderen sind schon da!«, erinnert sich Olaf. »Nach einigem Wortwechsel über den Verlauf der Reise war dann klar, dass Livia und Olaf »die beiden Bonner« sind«, sagt Michael. Ab Taras waren die drei dann gemeinsam unterwegs. Michael träumt schon seit langem davon, durch die Mongolei zu reisen. So begeistert ist der Schweizer von der Idee, die ursprünglichen Weiten der Mongolei zu entdecken, dass er Livia und Olaf mit seinen Reiseplänen angesteckt hat. Zusammen fahren die drei jetzt nach Ulan Bator. Von dort wird Michael sein Rad in die Transsibirische Eisenbahn laden und gen Heimat ruckeln. Livia und Olaf fahren weiter. Vorausgesetzt, sie bekommen ihre Visa.

Visa. Seit gut zwei Wochen sind die drei Abenteurer jetzt schon in Almaty, um ihre Visa für Russland und die Mongolei zu erhalten. »Bald bekommen wir einen ‚Stadtkoller‘, scherzen sie. Nach Monaten auf der Straße und

Übernachtungen im Zelt werden Olaf, Michael und Livia in der Stadt langsam unruhig. Es zieht sie zurück auf die Räder. »Auch wenn ich mir dann bestimmt mal wieder einen Milchkaffee oder eine warme Dusche wünsche«, prognostiziert Livia, die sich selbstironisch als die »Prinzessin« des Trios bezeichnet.

Für Schminkkasten und Absatzschuhe ist in den Radtaschen kein Platz, dafür bedarf es zu viel anderer nützlicher Dinge, wie Kocher, Zelt, Schlafsack, Regenkleidung, Mini-Laptop, Solarladegerät oder elektrische Zahnbürsten. Letztere seien »unser ganz persönlicher Luxus«, sagt Olaf schmunzelnd. Bei der Ausrüstung haben die drei nichts dem Zufall überlassen. Monate, teilweise schon Jahre im Voraus wurden Ausrüstungsgegenstände gekauft und auf kürzeren Reisen getestet. Trotzdem: »Ich glaube, ich habe schon 15 mal einen Platten geflickt«, sagt Michael, der in Deutschland in einem Trekkinggeschäft arbeitet. Aber auch wenn das Rad mal kollabiert oder der Portier im russischen Saratow das ersehnte Hotelzimmer wegen einer angeblich fehlenden Registrierung verwehrt, »irgendwie kommt man immer durch«, resümiert Livia. Nicht zuletzt mit der Hilfe der einheimischen Bevölkerung.

In Russland wurden die drei oft von der Straße weg nach Hause eingeladen. Und als Livia und Olaf sich bei peitschendem Regen durch die kasachische Steppe kämpften, lud ein türkischer Lkw-Fahrer ihre Räder kurzerhand auf die Ladeflächen, beherbergte sie in der komfortablen Fahrerkabine und weckte die beiden am nächsten Morgen mit einem opulenten Frühstück. »Es ist großartig, immer wieder zu erleben, dass besonders die Menschen, die am wenigsten haben, uns mit Begeisterung weiterhelfen«, sagt Olaf. »Für diese Momente lohnt sich der Kampf gegen Wind und Berge und das Anstehen für Visa«, sagt Michael und fügt hinzu: »Dass du es immer wieder schaffst, diese Herausforderungen zu überwinden, das ist das eigentliche Abenteuer.«

Jennifer Brandt

»Für ein Sabbatical muss man sich nicht rechtfertigen«

In einem Interview berichtet das Ehepaar, die PR-Managerin Nicole Hüsken (40) und der Sternekoch Michael Hüsken (41), über seine einjährige Auszeit, die sie nach Australien und Asien führte

Wie kamen Sie auf die Idee mit dem Sabbatical? Sie hatten doch gerade tolle Positionen – Nicole Hüsken als Marketing-& PR-Direktor und Michael Hüsken als Küchendirektor und Sternekoch in Schloss Elmau?

Nicole: »Meine Eltern hatten eine Weltreise gemacht. Das hat uns beide inspiriert. Aber wir wollten nicht bis zur Rente warten, um mehr von der Welt zu sehen, als nur im Urlaub.«

Michael: »Wir sind gerne und oft gereist, waren viel in Asien unterwegs und haben uns gedacht – zwei oder drei Wochen, da lernt man ein Land doch nicht kennen. Da kam die Idee mit der Auszeit. Wir haben uns einen klaren Zeitraum gesetzt – ein Jahr.«

Ist das nicht riskant, solche Positionen aufzugeben?

Michael: »Nicht unbedingt in unserer Branche. Wichtig ist, einen guten Abgang zu machen und rechtzeitig Bescheid zu geben. Wir haben mit unserem damaligen Chef fünf Monate vorher darüber gesprochen. In den ersten Monaten habe ich allerdings noch oft daran gedacht, ob es gut war, den Job aufzugeben. Doch Gastronomie und Hotellerie ist eine Branche, in der es immer wieder gute Möglichkeiten gibt.«

Nicole: »Ich glaube, wenn man offen und engagiert ist, ergibt sich immer etwas. Und manchmal braucht man auch ein Quäntchen Glück.«

Wie reagierte Ihr Umfeld auf Ihr Konzept, ein Jahr Sabbatical, quasi-Urlaub zu machen?

Michael: »Alle beneideten uns, sagten aber auch – ich hätte mich das nie getraut. Auch unser damaliger Arbeitgeber, ein sehr weltoffener Mensch, fand die Idee gut. Er hat uns auch noch Tipps für unsere Reise durch Indien gegeben.«

Nicole: »Eigentlich waren alle begeistert, insbesondere meine Eltern.«

Wie hat diese Auszeit Sie persönlich verändert, beruflich, aber auch privat? Wie erklärt man so etwas im Lebenslauf?

Nicole: »Wir haben unglaublich wertvolle Erfahrungen gemacht. Und viele interessante Menschen kennengelernt – auch viele Kollegen aus der Branche und Top-Manager, die sich ebenfalle eine Auszeit nahmen. Persönlich bin ich gelassener geworden und habe einen größeren Weitblick.«

Michael: »Auch ich kann mit Stress-Situationen besser umgehen. Beruflich gesehen konnte ich natürlich unglaublich viele Ideen mitnehmen. Wenn wir Einheimische näher kannten und eingeladen waren, habe ich auch gerne mal in die Küche geschaut und mitgekocht.«

Nicole: »Ich denke in der heutigen Zeit muss man sich nicht rechtfertigen, wenn ein Sabbatical im Lebenslauf steht. Ganz im Gegenteil, man steht danach wieder mit ganzer Kraft im Leben und ist voller Energie.«

Warum haben Sie als Ziel Asien und Australien gewählt? Wie sind Sie gereist?

Nicole: »Der ursprüngliche Plan war eine Weltreise, aber ohne festgelegte Route. Nachdem wir aber festgestellt haben, dass wir nicht durch die Länder hetzen möchten, sondern in diese eintauchen, haben wir uns entschieden einfach so zu reisen, wie es uns gefällt. Der erste Flug ging nach Dubai, wo wir einen Freund besucht haben.«

Michael: »Dann ging es weiter nach Indien, wir sind zwei Monate mit Bus und Bahn durchs Land gereist. Als Backpacker - mit Rucksack. Mein Bruder hat uns hier drei Wochen begleitet. Weiter ging es nach Laos, Kambodscha, Vietnam, Thailand, Malaysia, Australien und Indonesien.«

Was haben Sie vermisst? Wie war das Zurückkommen? Hatten Sie eine Wohnung oder schon Jobvorstellungen?

Nicole: »Wir hatten eine kleine Dachwohnung im Haus meiner Mutter nahe München als erste Bleibe, was einen einfachen Start in unser Leben zurück ermöglichte. Am meisten habe ich mich auf meine Familie und Freunde gefreut. Wieder Bekanntes und Vertrautes um mich zu haben nach all den unglaublich vielen neuen Eindrücken.«

Michael: »Ich habe vor der Abfahrt mit Headhuntern gesprochen und meine Unterlagen abgegeben. Vier Wochen vor der Heimkehr habe ich dann das Startsignal gegeben – jetzt komme ich wieder zurück und brauche einen Job.«

Nicole: »Ich habe erst einmal gewartet, wo mein Mann hingeht, dann wollte ich weitersehen. Unser Wunschstandort war München. Und ein weiterer Wunsch war eine Stelle im »The Charles Hotel«. Manchmal muss man Glück haben.«

Wie viele Bewerbungen mussten Sie nach einem Jahr Auszeit schreiben?

Michael: »Ich habe einige Gespräche geführt, die mir die Headhunter vermittelt haben. Dann haben mich die Geisel-Brüder angerufen und mich gefragt, ob ich ein neues Restaurant – den Werneckhof in Schwabing – für sie eröffnen möchte.«

Nicole: »Der Sales Director von Geisels wusste, dass im »The Charles Hotel« eine PR-Managerin gesucht wurde. Er hat mir den Kontakt vermittelt und kurze Zeit später hatte ich schon ein Gespräch mit dem General Manager. Wir haben uns sofort verstanden und sind uns schnell einig geworden.«

Würden Sie es wieder machen? Was würden Sie vielleicht anders machen?

Michael: »Auf jeden Fall. Und wenn wir in Rente sind, geht's wieder los.«

Nicole: »Wenn man die Möglichkeit hat, kann ich es nur jedem empfehlen und ich würde es genauso wieder machen.«

Was raten Sie Kollegen, die auch ein Sabbatical machen wollen?

Nicole: »Manchmal muss man einfach mutig sein und sich so einen Traum erfüllen. Auf jeden Fall muss man zu Hause einen Ansprechpartner mit allen Vollmachten sowie einen Briefkasten haben.«

Michael: »Natürlich braucht man auch etwas Erspartes, aber weitaus weniger als man denkt, zumindest wenn man in Asien unterwegs ist. Man wundert sich, wie man mit der Zeit seine Ansprüche senkt.«

Quelle: Allgemeine Hotel- und Gastronomie Zeitung, Juli 2012

Einfach mal abtauchen

Ab und zu mit sich alleine sein: Das sind Momente, aus denen wir wieder Energie schöpfen. Wie wichtig das ist, weiß Benediktinerpater Anselm Grün.

Pater Anselm Grün lebt, arbeitet und wirkt seit 1964 in der Benediktinerabtei Münsterschwarzach. Seit 1977 ist er dort für die wirtschaftliche Führung der Abtei verantwortlich. Ungefähr zu diesem Zeitpunkt veröffentlichte er auch sein erstes Buch. Auf Grund seiner sehr aktiven Autorentätigkeit erschienen bis zum heutigen Zeitpunkt über 300 Bücher, in denen er sich mit Religion und Spiritualität, aber auch einem großen Maß an Lebenshilfe auseinandersetzt. Pater Anselm ist zudem Referent und spiritueller Berater vieler Hilfesuchender.

Warum ist es so wichtig, sich hin und wieder zurückzuziehen?
Die Gefahr ist, dass wir uns von außen zu sehr bestimmen lassen. Sich Zurückziehen bedeutet, mit sich selbst und der eigenen Seele in Berührung zu kommen und zu hinterfragen: Stimmt mein Leben noch? Leb ich an mir vorbei? Werde ich gelebt oder lebe ich selbst? Und dazu braucht es einfach Zeit des Innehaltens.

Wann ist es Zeit für eine Auszeit?
Immer dann, wenn man merkt, ich bin unruhig, gereizt oder ich habe keine Lust mehr auf meine Arbeit. Dann ist es auf jeden Fall wichtig, sich Zeit für sich zu nehmen.

Wie merken Sie, dass Sie Auszeit oder eine Pause brauchen?
Ich habe, Gott sei Dank, jeden Tag eine Auszeit: Die ersten drei Stunden am Tag sind Schweigezeit. Das tut mir einfach gut. Außerdem höre ich auf meine Gefühle. Wenn ich keine Lust mehr habe, dann brauch ich Zeit für mich. Dann will ich auch niemand anderem mehr etwas geben, sondern muss erst mal für mich selbst sorgen.

Wie sieht das »für sich selbst sorgen« dann bei Ihnen aus?

Ich gehe spazieren, lese oder meditiere. Ich meditiere zum Beispiel jeden Morgen circa 20 Minuten. Ich sitze einfach still da, folge meinem Atem und verbinde ihn mit dem Jesusgebet. In das Jesusgebet führe ich meine Gedanken und Gefühle ein und werde dadurch ruhig.

Wir sollten also regelmäßig eine Auszeit in unseren Alltag einbauen?

Exerzitien (Zeit, in der man sich intensiv dem Gebet und der Besinnung widmet) sind Auszeiten für eine ganze Woche. Es gibt aber auch tägliche Auszeiten. Das sind Rituale, die ich auch als heilige Zeit bezeichne. Heilig ist das, was der Welt entzogen ist, worauf die Welt keinen Zugriff hat, wo ich für mich bin und niemand über mich bestimmen kann, auch über meine Sorgen und Probleme nicht. Das kann man täglich machen, zum Beispiel bevor der Tag startet oder zwischendurch in der Mittagspause. Einfach Zeit für sich finden ohne Termine und sich fragen: Lebe ich noch selbstbestimmt?

Ob nun regelmäßige kurze Auszeiten oder eine Woche Pause – müssen wir Auszeit eigentlich zeitlich begrenzen?

Es gibt beides: Wenn ich mir einen ganzen Tag gönne und das Gefühl habe, jetzt tue ich gar nichts, kann das ruhig den ganzen Tag dauern. Ansonsten ist es schon ganz gut, Auszeiten zu begrenzen. Schon alleine, um nicht das zu vernachlässigen, was zu tun ist. Wenn ich mir zum Beispiel eine Woche Auszeit nehme, dann ist dem ja von vornherein eine Grenze gesetzt. Es ist wichtig, die Auszeit zu schützen und nicht nur nach Lust und Laune zu gehen. Ich kann zwar spüren, jetzt brauche ich Zeit, aber wie lange ich das gestalte, sollte eine bewusste Entscheidung sein.

Sonst könnten Auszeiten auch negative Folgen haben?

Ja, wenn man gar keine Lust mehr hat und sich einfach nur gehen lässt. Sich hängen lassen ist keine Auszeit. Die Auszeit ist etwas Bewusstes, in der ich mich spüre und nicht einfach nur herumtrödele.

Was ist noch wichtig für eine heilsame Auszeit?

Die Auszeit sollte nicht zugepflastert sein mit Aktivitäten. Es sollte Zeit sein, die uns gut tut. Und das muss jeder für sich herausfinden. Wer gerne alleine spazieren geht, sollte das nicht unbedingt in der Stadt tun, sondern eher im Wald und in der Natur. Wem es dagegen wichtig ist, sich begleiten zu lassen, der kann eine Auszeit im Kloster nehmen. Und sich dort in Begleitung mit seinen Fragen auseinandersetzen, die ihm wichtig sind.

Sie sind ein sehr beschäftigter Mensch. Wie schaffen Sie es, für sich Freiräume zu reservieren?

Für mich gibt es die heiligen Zeiten am Morgen und die Gebetszeiten tagsüber. Am Abend bin ich oft für Vorträge unterwegs. Die Fahrt zurück ist dann für mich wie eine Auszeit, in der ich Bachkantaten oder andere geistliche Musik höre. Auch der Mittagsschlaf ist eine heilige Zeit. Es geht also nicht den ganzen Tag durch, sondern ich lege eine Pause ein, in der ich mich selbst wieder spüre und neu anfangen kann. Das sind so die alltäglichen Zeiten. Ich mache natürlich auch Urlaub und ich habe jedes Jahr eine Woche Exerzitien, die ich mir einfach gönne.

Der Mittagsschlaf als heilige Auszeit ist doch eine sehr schöne Idee.

Ja, das ist natürlich schon ein Luxus. Aber wir stehen auch schon um morgens 4:40 Uhr auf. Da ist Mittagsruhe durchaus angebracht. Aber ich bin mir bewusst, dass das viele Menschen nicht machen können, weil sie den ganzen Tag arbeiten müssen.

Konnten Sie beobachten, dass sich das Bedürfnis nach Ruhe und Auszeit in den letzten Jahrzehnten verändert hat?

Es ist auf jeden Fall größer geworden. Vor allem bei Menschen, die in einer hohen beruflichen Verantwortung stehen. Und ich erlebe schon, dass diese Menschen sich dann auch ein paar Tage im Kloster gönnen, um Ruhe zu finden und in eine andere Welt einzutauchen. Das gilt auch für Menschen, die kirchlich nicht angebunden sind, sondern die einfach das Gefühl haben: Ich muss was tun für mich.

Was sind Ihre Tipps für realistische Auszeiten?

Als Erstes denke ich da an das Wochenende. Der Sonntag ist ja rein traditionell ein heiliger Tag. Und den sollte man nicht vertun, um ihn mit Aktivitäten oder Besuchen voll zu stopfen. Das kann ja alles ganz gut sein. Aber es sollte schon die heilige Zeit bleiben und nicht verplant werden wie ein Wochentag. Auch die Urlaubsplanung gilt es genau zu überdenken: Wann nehme ich Urlaub? Wie lange? Was tut mir dabei gut? Also, nach Möglichkeit ohne Druck auf Seele und Körper hören statt der Masse zu folgen. Und natürlich das Ziel, ein tägliches Ritual einzubauen, dass mir das Gefühl gibt, ich lebe selbst statt gelebt zu werden. Das ist alles nichts Neues, aber die Erinnerung daran ist immer wieder wichtig: Sich Gutes tun und nicht nur die Erwartungen anderer Menschen erfüllen.

Interview: Antje Fischer Quelle: meine aok.de

Was den Menschen ins Hamsterrad treibt

Keine Zeit – stöhnt der Manager – längst schon ist seine Ehe gescheitert – und seine
Kinder sieht er kaum noch
Keine Zeit – klagt der Firmeninhaber – meine Kunden brauchen mich 24 Stunden am
Tag, was soll ich da tun
Keine Zeit – keucht die Chefin –zerrissen zwischen Kindern und Beruf – der letzte
Urlaub, keine Ahnung wann der war
Keine Zeit – niemand hat mehr Zeit – rasend schnell verrinnt das Leben – keine
Chance verlorene Zeit zurückzukaufen – irgendwann wenn wir zerbrechen, wünschen
wir uns:
Hätten wir doch gearbeitet, um zu leben und nicht gelebt, um zu arbeiten

Stehen Menschen ständig unter Anspannung, leiden Körper und Seele.
Auf einem Kongress der Deutschen Gesellschaft für Medizinische Psychologie unter dem Motto: »Burnout? Burn on!« ging der bekannte Göttinger
Neurobiologe Prof. Dr. Gerald Hüther der grundlegenden Frage nach: Wie
kommt der Mensch auf die verrückte Idee, so viel Leistung zu bringen, bis
er umfällt?
Als Vergleich zieht Hüther die Lachse heran, die einer fixen Idee hinterher
rennen bzw. schwimmen, nämlich der Paarung.
Lachse werden in Fluss-Oberläufen geboren und schwimmen auf Nah-
rungssuche als kleine Fische in die Meere. Im Alter von 2 bis 3 Jahren
aktivieren Sexualhormone ein inneres Programm und der Stress beginnt.
Die Tiere kämpfen sich mühsam Flüsse und Stromschnellen hinauf, ent-
kommen mit Glück dem Maul eines hungrigen Bären und erreichen
schließlich die Gewässer ihrer Kindheit um sich zu verpaaren. Drei Tage
später sind sie tot.
Nahm man früher an, das sei in ihrem genetischen Programm festgeschrieben, weiß man heute, dass die wirkliche Ursache ihres Sterbens darin liegt,
dass sie unter zu viel Stress leiden, weil sie in den engen Gewässern am
Ablaichort zu wenig Platz und Nahrung haben. Sie müssten nicht unbe-

dingt sterben. Wenn man sie noch lebend dort entnimmt und ins offene Meer transportiert, können sie weiter leben.

Prof. Hüther: » Da rasen diese Lachse, besessen von der Idee, sich verpaaren zu müssen, immer flussauf, und irgendwann verwirklichen sie diese Idee. Dann schauen sich die armen Lachse um und sehen, was sie vorher im Stress nicht wahrgenommen haben: Wasser zu flach, nichts zu fressen, überall andere Lachse und keine Chance, jemals wieder zurück zu kommen. Das hält kein Lachs aus. Er erleidet eine Art Burnout und es bleibt ihm nichts anderes übrig, als den tapferen Lachstod zu sterben.«

Mit der Analogie der Lachse versucht Hüther deutlich zu machen, dass auch wir Menschen dann besonders Burnout-gefährdet sind, wenn uns der Sinn für unser Tun abhanden gekommen ist – vor allem, wenn unser Tun vom Arbeitswahn bestimmt wurde.
Zum Glück fallen Menschen mit Burnout nicht einfach tot um. Doch sie ziehen sich zurück, leiden unter völliger Erschöpfung bis hin zur Depression.
Menschen, die sich auf einen Burnout zu bewegen, erleiden im Kern das gleiche Drama, wie die Lachse: zu viel Leistungswille, Überforderung und Orientierung an den Wünschen anderer.
Doch warum ziehen Menschen nicht rechtzeitig die Notbremse, wenn ihnen die Anforderungen im Job über den Kopf wachsen, sie schlecht schlafen, gereizt sind, Familie und Freunde vernachlässigen? Oder, wie Hüther fragt: Was bringt einen Menschen dazu zu glauben, dass er nur dann »vollwertig« ist, wenn er viel leistet?

Er erklärt es so: In unserem Land zählen Leistung und Erfolg mehr, als gesund für uns wäre. Kinder lernen und verinnerlichen vom ersten Schultag an, dass für das eigene Vorankommen im Leben nur die Leistung zählt – und bei Nichterbringen der soziale Ausschluss droht. Die Erfahrung, dass man nur durch Leistung vorankommt, verfestigt sich und nistet sich im Gehirn ein. »Und irgendwann glaubt man selbst, dass Leistung das ist, was im Leben zählt«.

Aus Sicht von Hüther ist dieser innere Zusammenhang von Leistungsanforderung und erwarteten Sanktionen für das Gehirn auf Dauer unerträglich – es passe sich daran unter anderem durch die Hemmung der Schmerzwahrnehmung an. Gleichzeitig glauben die Betroffenen, dass sie »sozialen Schmerz« nur dann vermeiden, wenn sie ihre Leistung maximieren. Als Folge nehmen die potentiellen Burnout-Opfer die Warnsignale ihres Körpers und/oder ihrer Seele nicht mehr wahr, sondern funktionieren – wie die Lachse – hemmungslos, ohne Pausen und bis zum endgültigen Zusammenbruch. Da die Erfüllung der Grundbedürfnisse nach sozialer Integration und Selbstbestimmung offen bleibt, setzten sie auf Ersatzbefriedigungen, Karriere, Status, Geld, die ihren Zweck allerdings nicht mehr erfüllen, wenn der Sinn der Arbeit selbst in Frage steht.

Gerald Hüther rät daher, neben dem Beruf auch andere Interessen zu pflegen. Wer auch in anderen Lebensbereichen Spaß hat und sich spüren kann, der entwickelt automatisch einen gesunden Umgang mit sich selbst. Idealerweise gibt es einen Partner, der einen dabei unterstützt und ermutigt, neue Erfahrungen zu sammeln. Wichtig ist, sich Einwände des Partners auch anzuhören. In einem früheren Stadium des Burnouts werden diese oft einfach nur als nervig und zusätzlich belastend wahrgenommen.

Fazit: Wir sind keine Lachse. Wir müssen nicht zeitlebens einer verrückten Idee hinterherrennen. Wer jemals einen Hamster dabei beobachtet hat, wie er versucht, aus dem sich drehenden Hamsterrad auszusteigen, weiß, es ist schwer, aber es ist nicht unmöglich!

Wirklich, er war unentbehrlich!
Überall, wo was geschah
zum Wohle der Gemeinde,
er war tätig, er war da.

Tennisstunde, Golf und Polo,
Hauptbilanz, Quartalsbericht,
Vorstandssitzung, Konferenzen,
ohne ihn da ging es nicht.

Ohne ihn war nichts zu machen,
keine Stunde hatt' er frei.
Gestern, als sie ihn begruben,
war er richtig auch dabei.
nach Wilhelm Busch

Ideen für Ihre Auszeit

Raus aus dem Büro, rein ins Sabbatjahr:
Egal, für was Sie sich entscheiden, ob per Anhalter durch die Südsee, zum Elefantenwaschen nach Thailand, den Liebesroman auf der Almhütte schreiben oder Pferdemist schaufeln auf dem Bio-Bauernhof, von einer Auszeit profitiert derjenige am meisten, der den größtmöglichen Kontrast zum bisherigen Alltagsleben herstellt. Falls Sie noch keine rechte Vorstellung von Ihrer Auszeit haben, rufen Sie sich doch einfach einmal Ihre Träume der letzten Jahre in Erinnerung oder lassen Sie sich von den hier aufgezeigten Vorschlägen inspirieren.

Längere Reisen und Auslandszeit

Per Flugzeug um die Welt

Einmal um die ganze Welt reisen, klappt am einfachsten mit dem Flugzeug und einem Round-The-World-Ticket. Diese gibt es bereits ab 1.500 Euro, der Preis hängt aber auch vom Reisezeitpunkt ab. Viele Internet-Portale oder Reisebüros bieten feste Routen an; so kann man von Deutschland aus zum Beispiel nach Bangkok, Sydney, Auckland, Vancouver und Los Angeles fliegen. Man hat auch die Möglichkeit, einzelne Städte auszutauschen, also statt Bangkok Singapore oder Hongkong zu wählen oder anstatt nach Vancouver nach Honolulu zu fliegen. Wer auf seiner Reise um den Globus noch mehr Zwischenstopps einlegen möchte, kann gegen Aufpreis einzelne Ziele (nur in eine Richtung) dazu buchen.

Die größte Auswahl an Zielen bietet die Star Alliance. Dieser Verbund von Lufthansa, Singapore Airlines, Air New Zealand, United Airlines und South African Airways fliegt derzeit 1.160 Ziele in 181 Ländern an. Star Alliance ist zwar nicht der günstigste Anbieter, jedoch macht die große Auswahl an Routen ihre RTW Tickets interessant.

Neben den großen Allianzen bieten auch einzelne Airlines wie Virgin Atlantic, Air New Zealand und Singapore Airlines spezielle Weltreise Tarife an.

Egal, um welche Variante es sich handelt: Bevor Sie ein Round-The-World-Ticket buchen, müssen Sie vorab jeden Zwischenstopp festlegen. Nachträgliche Änderungen sind extrem teuer. Darüber hinaus darf die gesamt Reise nicht länger als ein Jahr dauern.

Blauwasserleben

Ein Abenteuer der besonderen Art ist das Mitsegeln auf einem Katamaran, was auch ohne Segelerfahrung möglich ist. Ob im Mittelmeer, der Karibik, in Polynesien oder einmal um die Welt, Mitsegelangebote findet man zum Beispiel unter www.mitsegeln.de oder www. handgegenkoje.com. Der

Ausdruck »Hand gegen Koje« steht unter Seglern für sehr günstiges oder sogar kostenloses Mitsegeln auf fremden Schiffen im Gegenzug für aktive Unterstützung bei allen Arbeiten an Bord.

Fahrt mit der Transsibirischen Eisenbahn

In den Genuss des ursprünglichen Reisens kommt man bei einer Fahrt mit der legendären Transsibirischen Eisenbahn, kurz Transsib genannt. Mit ihren 9.288 Kilometern zwischen Moskau im Westen und Wladiwostok am Pazifischen Ozean und der Durchquerung von sieben Zeitzonen ist sie die längste durchgehende Eisenbahnverbindung der Welt. Einige Reisende erfreuen sich an diesem acht Tage dauernden Abenteuer, andere hingegen teilen sich die Strecke der Transsibirischen Eisenbahn mit entsprechenden Unterbrechungen auf oder wählen nur einen bestimmten Streckenabschnitt. Ein Höhepunkt einer jeden Transsib-Reise ist ein Aufenthalt am Baikalsee, dem größten Süßwasserreservoir der Erde.

In den gemütlichen Schlafwagenabteilen der Transsibirischen Eisenbahn entsteht die zu den ruhig vorbeigleitenden Bildern passende legere Atmosphäre – das Personal reicht Tee aus dem Samowar, im Speisewagen wird für das leibliche Wohl gesorgt. Die russischen Mitreisenden aus dem Nachbarabteil kommen aus einem Dorf am Baikalsee, aus der Stadt Komsomolsk am Amur oder aus Wladiwostok und nehmen gerne die Gelegenheit zu einer Unterhaltung wahr, auch wenn diese mit Händen und Füßen geführt werden muss.

Ein Ticket für die erste Klasse von Moskau nach Wladiwostok kostet 1.700 Euro, für die zweite Klasse 900 Euro. Alle Fahrkarten schließen automatisch eine Schlafwagenreservierung ein, in der ersten Klasse teilt man sich zu zweit ein Abteil, in der zweiten Klasse gibt es vier Kojen.

In Deutschland bieten mehrere Reiseveranstalter auch Einzelfahrscheine mit der Transsib an. Gute Informationen und preiswerte Fahrkarten gibt es beim Berliner Russland-Spezialisten Vostok Reisen (www.vostok.de). Die

Züge sollten rechtzeitig reserviert werden, empfehlenswert ist die Buchung von mindestens zwei Monaten im Voraus.

Einmal im Leben …

- die Tierwanderungen Afrikas erleben? - zurück in die Steinzeit, zum Dschungeltrekking nach West-Papua? - mit Rentiernomaden durch die Arktis ziehen? - orientalische Träume aus 1001 Nacht verwirklichen? Außergewöhnliche Erlebnisse und Ziele bietet das Münchner Unternehmen »Einmal im Leben«. Mehr Infos finden Sie unter www.einmalimleben.com

Mit dem Wohnmobil durch die USA

Heute über den Rand des Grand Canyon blicken und morgen in Kalifornien Disneyland erleben, die schönsten Plätze zwischen Atlantik- und Pazifikküste aufsuchen; dieser Reisetraum lässt sich mit einem Camper entspannt verwirklichen. Für ein halbes Jahr zahlen vier Personen dafür rund 15.000 Euro. Ausgestattet ist die »rollende Ferienwohnung« mit einem Doppelbett, zwei Einzelbetten, Essecke, Couch, Dusche und Kücheneinrichtung. Zwar sind im Standardmietpreis meist nur wenige oder gar keine Freimeilen inklusive, dafür gibt es bei längerer Mietdauer Rabatte. So gewährt zum Beispiel der ADAC ab sechs Wochen zehn Prozent Preisnachlass.

Freiwilligenarbeit – Volunteering im Ausland

Wenn Sie sich für andere Länder interessieren und eine sinnvolle Tätigkeit im Ausland suchen, bietet die Freiwilligenarbeit eine gute Möglichkeit, um Abwechslung vom Alltag zu bekommen. Sie sammeln Auslands- und Arbeitserfahrung, verbessern Ihre Fremdsprachenkenntnisse und leisten gleichzeitig einen wichtigen Beitrag für Menschen, Tiere oder die Natur in einem Land Ihrer Wahl. Die Einsatzbereiche sind vielfältig und spannend: Im »Heiligen Tal« in Peru machen Sie die Inka-Terrassen wieder zugänglich, in Ghana vermitteln Sie Kindern wie Erwachsenen grundlegende PC-

Kenntnisse oder Sie engagieren sich auf den Galapagos-Inseln zum Schutz der Schildkröten. Erfahrungsberichte und Informationen gibt es unter www.projects-abroad.de

Work and Travel – Arbeiten und Reisen im Ausland

Als »Travel Worker« können Sie abseits der typischen Touristenpfade wandeln und ein anderes Land und seine Bewohner hautnah erleben. Dabei ist es ganz egal, ob es Sie im Rahmen von Working Holidays ans andere Ende der Welt – etwa Australien oder Neuseeland – zieht, in die USA, nach Asien oder Sie unsere europäischen Nachbarländer durch Farm- oder Hotelarbeit erkunden. Das Prinzip von Work and Travel ist einfach: Sie reisen bis zu ein Jahr lang durch ein fremdes Land und finanzieren sich das Leben vor Ort mit wechselnden Jobs. Die Länder, in denen Work and Travel möglich ist, stellen dafür ein spezielles Visum aus: das Working Holiday Visum. Dieses gilt maximal ein Jahr und nur für Personen, die nicht älter sind als 35 Jahre. Weitere Infos unter www.travelworks.de, www.auslandsjob.de und www.workaway.info

Farm- und Ranchaufenthalte

Einmal in den USA mit echten Cowboys ausreiten, mit den Gauchos in Argentinien Rinder hüten, in Neuseeland Kiwi pflücken oder in Irland Schafe scheren? Dafür gibt es viele Möglichkeiten: Farm- und Rancharbeit, Farm- und Ranchstays oder WWOOF (Freiwilligenarbeit auf Biohöfen). Während sich die Arbeit auf einer Farm hauptsächlich um Landwirtschaft dreht (was aber nicht bedeutet, dass es dort keine Tiere gibt), steht auf einer Ranch die Arbeit mit Tieren (meistens Pferden oder Rindern) im Mittelpunkt der täglichen Arbeit. Im Gegensatz zur Farmarbeit ist die Arbeitszeit bei einem Farmstay kürzer, so dass man mehr Gelegenheit hat herumzukommen. Während einer solchen Auszeit leben Sie als eine Art Familienmitglied auf dem jeweiligen Hof, helfen bei den täglich anfallenden Arbeiten und betreuen die Tiere. WWOOF steht für »World Wide Opportunities on Organic Farms« und bedeutet Arbeit auf ökologischen Farmen und Bauernhöfen weltweit. Die Mitarbeit auf den Öko-Farmen, von denen manche sogar so exotische Tiere wie Pinguine oder Strauße beherbergen, umfasst meist fünf bis sieben Stunden am Tag. Im Gegenzug wird freie Unterkunft und Verpflegung gewährt. Allerdings muss man sich – anders als bei den Farmarbeits- oder Farmstayprogrammen – hier selbst um die Organisation kümmern. Mehr Informationen gibt es im Internet unter www.farmarbeit.de und www.wwoof.de

Mitarbeit auf einer Farm auf der Karibikinsel St. Kitts

Ein Projekt der besonderen Art können Sie im Agrargebiet von Saddlers auf der Karibikinsel St. Kitts kennenlernen. Bei diesem Projekt geht es darum, die Farm trotz Affenplage (Westafrikanische Grünmeerkatzen) Ertrag-bringend zu nutzen. Projektverantwortliche sind der heimische Farmer, Imker und spirituelle Heiler Kwando Harvey und die beurlaubte österreichische Diplomatin und Buchautorin Dr. Elisabeth Karamat. Sie bauen Heilpflanzen an, die die Affen nicht fressen und ziehen Biogemüse in affensicheren Käfigen. Dabei binden sie junge lokale Bauern und Freiwillige aus Europa ein. Vier Esel und zwei Pferde sind außerdem im Einsatz auf der Farm. Sie haben die Möglichkeit, sich in einem Projekt einzubringen, das lokale traditionelle Methoden, Ökologie, Recycling mit experimentellem Anbau trotz Affenplage verbindet. Ein kultureller Austausch mit den Menschen der Karibik, die Zusammenarbeit mit dem charismatischen Kwando, sowie Lernerfahrungen wie zum Beispiel das Kochen im Tontopf auf offenem Feuer auf der Farm sind ein zusätzliches Plus. Voraussetzung für eine Teilnahme ist unter anderem eine gute körperliche Kondition für heißes Klima und Arbeit auf der Farm, die unter einem Vulkan an den Regenwald grenzt sowie englische Sprachkenntnisse. Weitere Infos hierzu gibt es unter: www.facebook.com/SaddlersHerbalProjekt

Mitarbeit auf Farmen in Island

Ob Reiseleitung, Küchenhilfe, Gartenarbeit, Kinderbetreuung oder Zureiten von Pferden, die Möglichkeiten auf Island zu arbeiten sind vielfältig. Die Voraussetzungen: Interessenten müssen zwischen 18 und 30 Jahre alt sein, mindestens sechs Monate bleiben und sollten möglichst keine Vegetarier sein: Da auf isländischen Bauernhöfen viel Fleisch auf den Tisch kommt, hätten vegetarische Bewerber kaum eine Chance. Mehr Informationen gibt es bei der Zentralstelle für Arbeitsvermittlung der Bundesagentur für Arbeit unter: www.arbeitsagentur.de und www.ba-auslandsvermittlung.de/praktikum

Mithilfe in einem Öko-Dorf

Das internationale Netzwerk »Global Ecovillage« hat das Ziel, nachhaltige Stadtplanung zu etablieren und hat weltweit so genannte Öko-Dörfer entwickelt. Freiwillige können an der Entwicklung solcher Kommunen mitwirken, Gärten pflegen, Ernten einfahren oder alternative Energiesysteme einrichten. Ecovillages, die freiwillige Helfer aufnehmen, gibt es zum Beispiel in Russland, Bolivien, Brasilien, Australien, Senegal oder Südafrika. Mehr dazu auf der Seite von Gen-Global Ecovillage Network, www.gen-ecovillage.org

Working Holidays mit Pferden

Reiten ist Ihr Hobby und Pferde sind Ihre Lieblingstiere? Wie wäre es dann mit einem Auslandsaufenthalt, bei dem Sie auf einer Pferdefarm leben und arbeiten? Solche »Horse Holidays« bieten Ihnen die Möglichkeit den Alltag eines Pferdebetriebs im Ausland intensiv kennenzulernen. Bei »Horse Holidays« arbeiten Sie ausschließlich auf einem Pferdehof. Für Ihre Mithilfe bei der Pferdepflege, beim Stall ausmisten, Zäune reparieren und anderem erhalten Sie freie Unterkunft und Verpflegung, Reitstunden bzw. Freizeit, um mit dem Pferd auszureiten. Häufig ist auch ein Sprachkurs Bestandteil von »Horse Holidays«. Infos und Programme zu Working

Holidays mit Pferden unter www.auslandsjob.de/working-holidays-Pferde oder www.auslandszeit.de

Freiwilligenarbeit für Fach- und Führungskräfte ab 30 Jahren
Fach- und Führungskräften ab 30 Jahren, die sich im Rahmen einer Auszeit oder ihrer Freizeit sozial engagieren wollen, bietet ein Einsatz als Berater auf Zeit eine geeignete Möglichkeit. Durch know-how Transfer leisten die Berater auf Zeit nachhaltige Hilfe zur Selbsthilfe, bilden sich persönlich wie auch fachlich weiter und schärfen ihr internationales Profil. Spezifisches Fachwissen und persönlicher Rat werden in den Bereichen Organisation, Controlling, Projektmanagement, Vertrieb, Marketing und Produktion benötigt. Projekteinsätze sind ab 3 Monaten im In- und Ausland möglich. Mehr Infos unter www.managerfuermenschen.com

Besinnung, stille Einkehr und Retreatment

Kloster auf Zeit
Eine Möglichkeit der beruflichen Auszeit besteht darin, eine bestimmte Zeit für die persönliche Besinnung oder auch Retreatment zu nutzen. Retreat bedeutet Rückzug und meint den Rückzug aus dem normalen Alltag. Kloster auf Zeit bietet die Gelegenheit, fernab von Stress und Hektik ruhige und besinnliche Tage zu verbringen.
Mittlerweile haben viele Klöster ihre Türen für Gäste geöffnet. Dabei ist es egal, ob die Besucher selbst gläubig oder konfessionslos sind. Das Klosterleben kann aktiv miterlebt und mitgestaltet werden. Vielfältig sind oft auch die Angebote für Interessierte: von Exerzitien über Meditation, Lebensbegleitung bis hin zu Workshops. Einzelgespräche mit Ordensleuten sind immer möglich. In manchen Klöstern ist es allerdings Pflicht, an den Ritualen und Gebeten teilzunehmen.
Das Leben im Kloster ist sehr spartanisch. Dinge wie ein weiches Bett und fließend warmes Wasser oder opulente Mahlzeiten gelten nach den Regeln

der meisten Klöster als Luxus und werden daher strikt abgelehnt. Oft gibt es auch keine richtige Nachtruhe, weil regelmäßig gemeinschaftlich gebetet wird. Der gesamte Tagesablauf ist nach den Gebetszeiten geregelt. In den freien Zeiten wird gemeinsam gearbeitet, zum Beispiel im Garten oder in der Bibel gelesen. Als Gast in einem Kloster müssen Sie sich zwar an viele Regeln halten, aber nicht ganz so streng leben wie die Mönche und Nonnen. Sie bestimmen selbst, wann Sie die klösterliche Auszeit beenden möchten.

Die Kosten eines Klosteraufenthalts auf Zeit sind von Kloster zu Kloster unterschiedlich. Einige, wenige, Klöster handeln nach dem Motto: »Jeder gibt das, was er kann oder für richtig hält«. Die meisten Klöster haben eine feste Preisliste, die man erfragen kann. Man sollte mit ungefähr 40 Euro pro Tag für Essen und Unterkunft rechnen. Viele Klöster nehmen auch auf die wirtschaftliche Situation des Interessenten Rücksicht.

Adressenliste für Kloster auf Zeit unter: www.orden.de (katholische Klöster), www.ekd.de/kloster (evangelische Klöster) oder www.kloster-auf-zeit.de

Klöster mit Klosterurlaubsangeboten

Das Kloster Arenberg bietet seinen Besuchern nicht nur spirituelle, sondern auch körperliche Entspannung an. Kneipp-Bäder und geheime Kräutermischungen beruhigen den Geist und machen ihn frei für neue Eindrücke.

Die Benediktinerabtei Ottobeuren lädt volljährige Männer dazu ein, die Mönche über einen begrenzten Zeitraum hinweg im Alltag zu begleiten. Gäste bekommen hier keine Sonderbehandlung, sondern werden wie Ordensbrüder behandelt.

Das Kloster Andechs hat sich dagegen speziell auf ausgebrannte Manager spezialisiert, die zurück zu sich selbst finden möchten. Im Angebot sind unter anderem spezielle Meditationskurse und Gesprächsrunden. Auch hier werden die Teilnehmer komplett in den Alltag integriert.

Alternativ-Tipp: »Eremit auf Zeit« – der etwas andere Klosterurlaub

Als Eremit im Sinai/Ägypten leben Sie in einer Eremitage – einem kleinen Steinhaus mit Feuerstelle in einem Garten der Beduinen von St. Kathrin. Sie lernen das faszinierende Leben der Beduinen in der abgelegenen Bergwelt kennen. Die Beduinen betreuen Sie, kaufen für Sie ein und bringen Ihnen mindestens einmal pro Tag Verpflegung. Für Kamelausritte oder als Wanderbegleiter stehen Sie Ihnen ebenfalls zur Verfügung. Sie entscheiden selbst, wie viel Kontakt Sie haben möchten und erfahren vielleicht zum ersten Mal im Leben, wie sich ein Einsiedlerleben und der Rückzug von der geschäftigen Welt wirklich anfühlen.

Ein solcher Klosterurlaub ist zum Beispiel buchbar bei SKR-Studien-Kontakt-Reisen (www.skr.de), 14 Tage kosten 825 Euro, Verlängerungswoche 380 Euro (7 Ü/VP)

Österreich

«Klösterreich« ist eine Vereinigung von (derzeit) 18 österreichischen Klöstern und Stiften, die in besonderer Weise für Gäste ihre Pforten öffnen. www.kloesterreich.at

Haus der Stille, Heiligenkreuz Eine franziskanische Gemeinschaft von Ordensleuten, Familien, Einzelpersonen, die vielfältige Angebote zu Meditation, Stille, Lebensbegleitung und religiöser Weiterbildung anbietet. Es besteht die Möglichkeit dort längere Zeit zu verbringen. www.haus-der-stille.at

Schweiz

Kloster auf Zeit

Folgende Klöster in der Schweiz öffnen ihre Gemeinschaft für Gäste: www.kath.ch/kloster_auf_zeit

Waldkloster Frankenwald

Im Waldkloster Muttodaya im Frankenwald leben und praktizieren deutsche Mönche nach den Lehren Buddhas. Auch Gäste können hier meditieren und studieren, um inneren Frieden und Erleuchtung zu finden. www.muttodaya.org

Waldklöster gibt es auch in der Schweiz und Thailand: www.dhammapala.ch www.WatNongPahPong.org

Wallfahrten und Pilgern

Eine Wallfahrt ist eine traditionelle Reise um eine Pilgerstätte zu besuchen oder um ein heiliges Gebot zu erfüllen. Wallfahrten gibt es in allen Religionen. Die bekannteste Pilgerreise im Islam ist die Hadsch nach Mekka, dem Geburtsort des Propheten. Das Christentum kennt zehntausende heilige Pilgerstätten, die man besuchen kann. Eine Wallfahrt ist immer auch ein soziales Ereignis, denn man pilgert in der Regel in einer Gemeinschaft, um gemeinsam zu beten und sich auszutauschen. Diese Art von Auszeit wird heutzutage auch bei nicht religiösen Menschen immer beliebter. Sich aus dem Alltag auszuklinken und auf spirituelle Wanderwege zu begeben, ist eine Wohltat für Körper, Seele und Geist. Der Jacobsweg gilt als der bekannteste Pilgerweg weltweit. In Deutschland gelangte er durch das Buch von Hape Kerkeling in den Fokus der Öffentlichkeit. »Ich bin dann mal weg …«, ist mittlerweile nicht nur der Buchtitel des Bestsellers, sondern auch ein Satz, der sich im deutschsprachigen Raum in kürzester Zeit umgangssprachlich etabliert hat wie kaum ein anderer. Wie alle Pilger musste sich auch Hape Kerkeling auf seiner 600 Kilometer langen Wanderschaft durch Frankreich und Spanien mit den körperlichen und seelischen Anstrengungen dieser wochenlangen Reise auseinandersetzen, um am Ende das Grab des Apostels Jacobus in Santiago de Compostela zu erreichen. Adressen, die weiterhelfen: www.jakobsweg-pilgern.de, www.jakobus-info.de und www.pilgerweg.de

Meditation und Yoga

Das Wort Meditation leitet sich von dem lateinischen Verb meditari ab und heißt übersetzt ‚nachdenken, überlegen, nachsinnen‘. Die Meditation ist

Bestandteil vieler Kulturen und aller Religionen. Bei der Meditation soll sich der Geist durch spezielle Konzentrations- und Achtsamkeitsübungen beruhigen und sammeln.

Yoga ist ein sehr altes Übungssystem, das sich in Indien in Jahrtausenden entwickelte und bewährte. Es umfasst eine Reihe geistiger und körperlicher Übungen wie Atemtechniken, Konzentrationsübungen und Meditation und beschreibt grundsätzlich auch eine Lebenseinstellung. In Deutschland bestehen Yoga-Übungen überwiegend aus körperlichen Übungen. Yoga ermöglicht uns, Gesundheit auf allen Ebenen zu erlangen. Durch das Üben von Yogastellungen können körperliche Spannungen gelöst werden. Außerdem wird der Körper gestärkt und flexibel. Sogar Schmerzen können positiv beeinflusst werden. Durch aktive Entspannung und Meditation werden unsere Geisteszustände wie Angst, Wut, Frustration und Enttäuschung harmonisiert und führen uns so zu einem glücklicheren Leben. Auch Stress und Anspannung, die die Kräfte des Einzelnen weit überfordern können und für den heutigen Menschen größer sind als zu irgendeiner anderen Zeit in der Geschichte der Menschheit, lassen sich reduzieren. Yoga als die älteste Wissenschaft vom Leben lehrt, wie man Stress kontrollieren kann, nicht nur körperlich, sondern auch auf geistig-seelischer Ebene. Jeder kann Yoga praktizieren, gleichgültig wie alt er ist, welche Kondition er hat oder welcher Religion er angehört.

Die Angebote sind vielfältig. In fast jeder Stadt gibt es Meditationszentren, in die man sich zurückziehen kann, um sich mit Yoga, Meditation oder der Lehre Buddhas zu beschäftigen. Das wunderschön im Allgäu gelegene Buddha-Haus bietet auch die Möglichkeit eines Retreats. Infos im Internet auch unter: www.buddha-haus.de

Weiterbildung

Eine Fülle von Angeboten steht demjenigen offen, der während seiner Auszeit das Angenehme mit dem Nützlichen verbinden will. Ob Französisch lernen auf Tahiti, Kochen in Thailand oder doch lieber Bauchtanz in der Türkei, dem Erwerb von neuen Kenntnissen und Fähigkeiten an fernen Orten sind kaum Grenzen gesetzt. Hier eine Auswahl:

Kochen in der Toskana

Wollen Sie Fisch zerlegen wie ein Profi? Auf einem Landgut nahe Massa Marittima lernen Sie beim Koch Salvatore, wie man den Fisch richtig und lecker zubereitet. An einem Vormittag begleitet Salvatore Sie auf den berühmten Fischmarkt Castiglione della Pescaia. Sie werden beim Einlaufen der Fischkutter dabei sein und unter Salvatores Anleitung frischen Fisch kaufen. Mit dem Fischer Paolo wiederum verbringen Sie einen Tag auf dem Fischkutter. Anschließend dürfen Sie Ihren frisch gefangenen Fisch selbst zubereiten (und essen).
Kosten: 1.115 Euro, inklusive Unterkunft in einer 2 Zimmer Wohnung, Halbpension, 4 Tage Kochkurs (à 3 Stunden) und Ausflügen, im Internet unter: www.maremma-toskana.de
Kochschulen auf der ganzen Welt finden Sie im Internet auf der Seite: www.marcopolo.de/kuechen-der-welt

Käseherstellen auf der Alm

Sie möchten erleben, wie sich der Tag eines Alphirten weit ab von Zivilisation und Großstadtstress anfühlt? Das Vieh hüten, Zäune reparieren, lernen, wie man Kühe melkt und Käse herstellt? Wer Lust auf ein solches Abenteuer hat, erfährt mehr unter: www.bolsterlang.de/alpe-ornach oder beim Almwirtschaftlichen Verein Oberbayern unter: www.almwirtschaft.net für Österreich: Österreichische Almwirtschaft, www.almwirtschaft.com für die Schweiz: Alpstelle Schweiz, www.zalp.ch

Malen auf Rügen Seit Caspar David Friedrich ist die Insel Rügen ein faszinierender Ort für die Entstehung von Kunst. Egal ob Kreidefelsen, Wald- oder Küstenlandschaft, Sie entdecken jeden Tag ein anderes Stück Natur und halten diese im Bild fest. Unter Anleitung werden Ihnen die Techniken des Aquarellmalens vermittelt. Geeignet für Anfänger ohne Vorkenntnisse und Fortgeschrittene. Kosten für eine Woche Aquarellmalen auf Rügen 645 Euro inklusive Halbpension. Mehr unter: www.bildungsreisen.org

Fotografieren in Kanada

Wer hat nicht schon mal davon geträumt durch die Prärie in den Sonnenuntergang zu reiten? In Saskatchewan, dort wo der Himmel eine schier endlose Weite überspannt, werden Ihre Träume vom Cowboyleben wahr – ein Foto Abenteuer der außergewöhnlichen Sorte. Fotografieren Sie Cowgirls und Cowboys bei der Arbeit, Pferde, Rinder und Bisons sowie die intensivsten Sonnenuntergänge über der Prärie. Angeboten werden auch Fotokurse, Workshops und verschiedene Fotoreisen. Die Profis bringen Ihnen alles bei über Reisefotografie, Tier- und Naturfotografie, Makro- und Blitzlichtfotografie, bis hin zu ‚Airport live‘ fotografieren und vieles mehr. Das Angebot richtet sich sowohl an Anfänger als auch fortgeschrittene »Fotografen«. Alle Infos gibt es unter: www.fotowerkstatt-kreativ.ch

Gärtnern auf Bali

Der Öko-Garten und einzigartige Erholungsort »Jiwa Damai«, eingebettet inmitten tropischer Vegetation im Herzen Balis, bietet Praktika für freiwillige Helfer aus der ganzen Welt an. Vermittelt werden dabei das Knowhow der Permakultur (umweltverträgliche Land- und Gartenwirtschaft) und das Kennenlernen der tropischen Flora und Fauna. Ziel ist es, eine autarke und unabhängige Farm zu entwickeln, in der biologische Permakultur mit Wasseraufbereitung, Recycling und die Gewinnung von Solarenergie integrative Bestandteile darstellen. Unterkunft und Essen sind in der Regel umsonst. Mehr Infos auf der Website: www.jiwadamai.net

Haiprojekt in Südafrika

Dieses Wildlife Projekt in Gansbaai am Westkap bietet Ihnen die einmalige Gelegenheit, den weißen Hai hautnah zu erleben und mitzuhelfen, seine Existenz zu sichern. Sie lernen viel über das Ökosystem an der Küste und über die Arbeit das regionale Ökosystem zu erhalten. Als Voluntär gehört zu Ihren Tätigkeiten unter anderem Fotografieren und Beobachten der Haie, Identifikation einzelner Tiere, Unterstützung bei der Beobachtung anderer Meerestiere, Teilnahme bei Rettungsaktionen und das Sammeln von Daten. Weitere Infos und Projekte unter: www.studentsgoabroad.com

Spanisch lernen in Ecuador

Eine gute Möglichkeit Land und Leute und die Kultur dieses beeindruckenden südamerikanischen Landes kennenzulernen, bietet ein Sprachkurs. Sie wohnen in einer ausgewählten Gastfamilie mit Vollverpflegung. Ein Lehrer erteilt Ihnen 20 Unterrichtsstunden Spanisch pro Woche im Einzelunterricht. In Ecuador besteht auch die Möglichkeit eines Praktikums zum Beispiel auf den Galapagos Inseln. Kosten für den vierwöchigen Sprachkurs ohne Flug: 1.205 Euro, Infos unter: www.experiment-ev.de

Familienmitglied auf Zeit

Der Aufenthalt in einer Gastfamilie ist jederzeit und für jeden Menschen möglich, unabhängig von seinem Alter. Egal, ob Sie 15, 20, 40 oder 60 Jahre alt sind, Experiment e.V. vermittelt (fast) überall auf der Welt das Leben als »Familienmitglied auf Zeit«. Im Moment ist ein Aufenthalt in 17 Ländern möglich. Nähere Infos bei: www.experiment-ev.de

Studieren im Ausland

Sie möchten sich auf Ihrem Interessengebiet weiterbilden oder Ihren Wissenstand vertiefen? Hier bieten sich die Summer Sessions an, eine besondere Studienform, die von einer ganzen Reihe amerikanischer und kanadischer Universitäten in den Semesterferien in der Zeit zwischen Mai und September angeboten werden. In der Regel kann man in jedem Sommer aus einem Katalog von 300 bis 500 Kursen wählen.

Möglich sind solche Sommerstudiengänge auch in vielen EU-Staaten. So bieten zum Beispiel etliche britische Universitäten summer studies an.

Auskünfte und Infos erteilen die Konsulate der jeweiligen Länder, der Deutsche Akademische Austauschdienst, (www.daad.de) oder die Education USA Centers, die in mehreren deutschen Städten vertreten sind (www.educationusa.de).

Familiäre Auszeit

Für viele spielt die Familie eine große Rolle: Frischgebackene Mütter und Väter gehen in Elternzeit, um sich intensiv um ihr Kind zu kümmern; Vollzeitmanager wollen mehr von der Entwicklung ihrer Kinder mitbekommen und Verantwortung in der Erziehung übernehmen. Längere Auszeiten werden auch gern genutzt, um sich um seinen Partner oder um seine Eltern zu kümmern.

Elternzeit

Als Elternzeit wird in Deutschland ein Zeitraum unbezahlter Freistellung von der Arbeit nach der Geburt eines Kindes bis zu dessen vollendetem dritten Lebensjahr bezeichnet. Auf diese Freistellung haben nicht selbständig beschäftigte Eltern einen Rechtsanspruch. Beide Elternteile können ganz oder zeitweise – auch zusammen – in Elternzeit gehen. Voraussetzungen für den Rechtsanspruch sind, dass die Eltern das Kind selbst erziehen und betreuen und mit dem Kind in einem gemeinsamen Haushalt leben. Während der Elternzeit dürfen die Eltern nicht mehr als 30 Stunden wöchentlich in Teilzeit arbeiten. Wer Elternzeit beanspruchen will, muss sie spätestens sieben Wochen vor Beginn schriftlich vom Arbeitgeber verlangen und gleichzeitig verbindlich erklären, für welche Zeiten innerhalb von zwei Jahren Elternzeit genommen werden soll. Kommt während einer laufenden Elternzeit ein weiteres Kind hinzu, können die Eltern die erste Elternzeit vorzeitig beenden und die noch zustehende Zeit an das Ende der zweiten Elternzeit anhängen, sofern dem keine wichtigen betrieblichen Gründe entgegen stehen.

Familiäre Pflegeauszeit

Manchmal erfordert ein plötzlicher Pflegefall in der Familie eine Änderung des eigenen Zeitmanagements; Beruf und Pflege sind dann (eine Zeit lang) nicht mehr vereinbar. Hier kann ein Sabbatjahr helfen, seinen Beruf ruhen zu lassen und stattdessen eine Pflegezeit zu nehmen, in der man sich ganz seinem Partner, seinen Eltern oder einem anderen Familienmitglied widmen kann. In Deutschland haben Beschäftigte, die einen nahen Angehörigen pflegen wollen, seit dem 1. Juli 2008 nach dem Pflegezeitgesetz unter bestimmten Voraussetzungen einen Rechtsanspruch gegen ihren Arbeitgeber für eine bis zu sechs Monate dauernde Pflegezeit von der Arbeit freigestellt zu werden. Genaueres hierzu erfahren Sie unter: www.pflegezeitgesetz.de

Wenn die Natur das Machtwort »Ruhe« spricht
und der Mensch erwidert »Arbeit«,
so wird am Ende immer der Mensch den
Schaden davon haben.
Prentice Mulford

Planen Sie Ihre Auszeit

Wer weiß, warum er ein Sabbatjahr einlegen möchte, tut gut daran, den Ausstieg auf Zeit zu planen. Je zeitiger man mit der Planung beginnt, umso größer ist die Wahrscheinlichkeit, entsprechend gut vorbereitet in die berufliche Auszeit zu starten. Checklisten sind ein hervorragendes Planungsinstrument, sie helfen nichts zu vergessen, den Überblick zu behalten und fördern eine strukturierte Vorgehensweise.

Ermitteln Sie Ihren Finanzbedarf: Wie viel Geld die Auszeit kostet, hängt von den konkreten Plänen ab. Plant man eine Reise, sollte man überlegen, was sich daheim an laufenden Kosten reduzieren lässt. Außerdem: Was kostet die Unterkunft? Welche Verkehrsmittel möchten Sie nutzen? Was kosten Tickets? Wie hoch sind die Lebenshaltungskosten vor Ort? Was kostet die Krankenversicherung? Was kostet die Ausrüstung?

Beziehen Sie Ihren Partner mit ein: Eine berufliche Auszeit betrifft nicht nur die eigene Person, sondern hat oft auch Einfluss auf das persönliche Umfeld, wie Partner, Kinder usw. Wer die Auszeit im Alleingang plant, setzt die Partnerschaft aufs Spiel. Sind sich die Partner einig, kann die ganze Familie profitieren. Bedürfnisse von Kindern sollten besonders berücksichtigt werden, vor allem die Ausbildung und gesundheitliche Risiken müssen bedacht werden.

Informieren Sie Ihren Chef: Wenn Sie ein Sabbatical planen, sollten Sie vor allem eines beachten: Zeit zählt. Je früher das entscheidende Gespräch mit dem Chef stattfindet, desto besser. Als Faustregel empfehlen Personalberater, ein Sabbatical etwa dieselbe Zeit vorher anzukündigen, die das Sabbatical dauern soll.

Denken Sie früh an den Wiedereinstieg: Ist Ihr Chef einverstanden, sollten Sie unbedingt eine geordnete Rückkehr regeln. Empfehlenswert ist es einen Sabbatical-Vertrag zu schließen, der den Anspruch auf den alten Arbeitsplatz oder die Position und das Tätigkeitsfeld nach der Rückkehr festlegt.

Wenn Sie allerdings wegen der Auszeit den Job kündigen, sollten Sie einen Alternativplan in der Tasche haben. Gibt es finanzielle Reserven und wie lange reichen sie? Kommt eine freiberufliche Tätigkeit in Betracht?

Vergessen Sie die Formalitäten nicht: Planen Sie eine Reise und die Reiseziele stehen fest, kümmern Sie sich rechtzeitig um Pass, Visa, Impfungen, Kreditkarten und anderen »Papierkram«. Denken Sie auch an EU- und internationalen Führerschein und eventuell an eine Kfz-Versicherung im Ausland. Das Beschaffen solcher Papiere kann manchmal Monate dauern.

Treffen Sie Vorsorge: Bei einem Ausstieg müssen Sie sich selbst um die Krankenversicherung kümmern. Denken Sie bei der Abwägung der Alternativen auch an den Abschluss einer Familienversicherung. Empfehlenswert ist auf jeden Fall eine Auslandskrankenversicherung mit Rücktransport-Option.

Was sonst noch wichtig ist:

Machen Sie sich einen Zeitplan für Ihre Aktivitäten und achten Sie darauf, genügend Ruhepausen einzuplanen.

Wenn Sie verreisen wollen, können Sie eventuell Ihre Wohnung vermieten, die Möbel unterstellen und viele Ausgaben wie Telefon, Zeitung, Fitnessclub etc. einsparen. Auch über einen Wohnungs- oder Haustausch auf Zeit lohnt es sich nachzudenken.

Seien Sie sich bewusst, dass der Ausstieg aus dem Job und das Abtauchen in eine Auszeit eine starke Veränderung bedeutet. Gerade wenn Sie länger aussteigen und eine größere Reise unternehmen wollen, stellen sich Gefühle der Andersartigkeit, des Fremdseins und Nicht-mehr-dazu-Gehörens ein. Auch müssen Sie damit rechnen, auf Unverständnis und Neid zu stoßen.

Nutzen Sie die freie Zeit zur inneren Einkehr, am besten in einer neuen Umgebung. Planen Sie Eckpunkte. Führen Sie ein Tagebuch.

Entdecken Sie Ihre Lebensfreude und finden Sie neue Motivation.

Bedenken Sie, dass Ihnen Ihre Rückkehr in den normalen Arbeitstrott nicht einfach fallen wird. Nach so viel Freiheit fällt ein 8-Stunden-Arbeitstag schwer. Überlegen Sie sich deshalb, langsam einzusteigen, zum Beispiel mit Teilzeitmodellen.
Auch das weniger Zeit haben für die Familie mit dem erneuten Einstieg in den Beruf muss vorbereitet werden. Planen Sie bestimmte Zeiten ein, die für die Familie reserviert bleibt.

Die Sklaven von heute werden nicht mit Peitschen,
sondern mit Terminkalendern angetrieben.
John Steinbeck

So überzeugen Sie Ihren Chef

Benutzen Sie nie das Wort »Aussteigen«. Wenn Sie nicht einfach Ihren Job kündigen, sondern nach der Auszeit zurückkehren möchten, sollten Sie Ihren Arbeitgeber von der Idee des Sabbaticals überzeugen.

Sprechen Sie mit Ihrem Chef

Nicht alle Vorgesetzten sind begeistert, wenn ein Mitarbeiter ein Sabbatical einlegen möchte. Deshalb ist eine gute Vorbereitung für das Gespräch mit dem Chef unabdingbar.

Ein entscheidender Faktor ist auch der richtige Zeitpunkt für das Gespräch. Günstige Zeitpunkte um eine Auszeit anzusprechen, sind zum Beispiel ein Abteilungswechsel oder ein abgeschlossenes Projekt.

Wenn im Unternehmen Sabbaticals üblich sind, helfen Tipps von Rückkehrern. Ist eine Jobpause unüblich, überlegen Sie, inwiefern die Auszeit für Ihr Unternehmen einen Gewinn darstellt. Hilfreiche Argumente für ein Sabbatical können sein: höhere Motivation und Belastbarkeit nach der Rückkehr, verbesserte Sprachkenntnisse, Kenntnis fremder Kulturen und persönliche Weiterentwicklung. Und selbst wenn Ihr Chef ein Workaholic ist, letztendlich steckt auch in ihm ein Mensch, der vielleicht insgeheim von einer Dschungelexpedition oder einem langen Segeltörn träumt und daher solchen Gedanken gegenüber aufgeschlossener ist, als Sie ahnen.

Am einfachsten haben es erfahrungsgemäß Mitarbeiter großer Konzerne. Unternehmen wie BMW, Siemens, Hewlett-Packard oder Unilever bieten interessierten Mitarbeitern den Ausstieg auf Zeit an – mit Rückkehrgarantie und Betriebsvereinbarungen. Aber auch wo dies nicht der Fall ist, kann ein Gespräch lohnen: Letztlich ist die Auszeit Verhandlungssache.

Bieten Sie Lösungsvorschläge zur Überbrückung Ihrer Auszeit an

Überlegen Sie, ob es saisonal bedingt flaue Zeiten gibt, in denen Sie dem Unternehmen weniger fehlen werden. Vielleicht ist man in Zeiten der Auftragsflaute sogar froh, wenn Sie pausieren.

Arbeiten Sie Vorschläge aus, wie Ihre Abwesenheit schmerzfrei und möglichst kostensparend überbrückt werden kann.

Es kann helfen, wenn Sie sich früh nach einem möglichen (vertrauenswürdigen) Vertreter umschauen und ihn frühzeitig einweihen.

Weisen Sie daraufhin, dass Sabbaticals in fortschrittlichen Unternehmen durchaus positiv betrachtet werden.

Machen Sie sich unbedingt vorher klar, was Sie wollen

Um trittsicher verhandeln zu können, müssen Sie vorher klar sagen, was Sie von und in Ihrem Sabbatical wollen.

Müssen es unbedingt sechs/zwölf Monate sein, oder wären auch vier/neun in Ordnung?

Wollen Sie allein über Ihre Zeit verfügen oder würden Sie etwa auch eine Fortbildungsmaßnahme für das Unternehmen antreten?

Wollen Sie exakt an den gleichen Arbeitsplatz zurück oder würden Sie auch eine andere Stelle nehmen?

Verzichten Sie komplett auf das Gehalt oder möchten Sie, dass bestimmte Sozialleistungen weiterlaufen?

Wollen Sie für Nachfragen erreichbar sein oder bestehen Sie auf vollkommener Abgeschiedenheit?

Fragen Sie sich, zu welchen Kompromissen Sie gegebenenfalls bereit wären.

Klären Sie die Modalitäten

Haben Sie von Ihrem Chef das ersehnte OK bekommen, müssen Dauer der Auszeit, Fortführung des Arbeitsvertrags und Rückkehroptionen geklärt werden. Halten Sie die Abmachungen auf jeden Fall schriftlich fest. Diese sollten Vereinbarungen enthalten zu:

Vergütung

gegebenenfalls Anrechnung von Urlaub und Überstunden

gegebenenfalls Sozialversicherung

gegebenenfalls betriebliche Altersversorgung

Wiedereingliederung

Wenn Sie an den gleichen Arbeitsplatz zurückkehren wollen, sollten Sie sich auch das schriftlich zusichern lassen.

Möglichkeiten, um freie Zeit anzusparen

Von Vollzeit auf Teilzeit wechseln

Besonders weit verbreitet sind Sabbatical-Modelle, die eine Vollzeit- in eine Teilzeitstelle umwandeln. Dabei kann der Arbeitnehmer sein Arbeitszeitkonto für die spätere Freistellung auffüllen, indem er eine festgelegte Zahl an Überstunden pro Woche leistet. Innerhalb von eineinhalb Jahren sind damit durchaus sechs Monate Freistellung erreichbar. Natürlich gibt es auch die Möglichkeit, voll zu arbeiten und auf einen Teil des Gehalts zu verzichten, den der Arbeitgeber dann während der Auszeit nachzahlt.

Arbeitszeitkonten

Einige Unternehmen bieten auch Langzeitarbeitskonten an, auf denen die Mitarbeiter ihre Überstunden, Urlaubstage und Sonderzahlungen sammeln und sich diese später als Freizeit »auszahlen« lassen können. Dieses Modell bieten beispielsweise VW und Daimler an.

Der Vorteil von Langzeitkonto und Teilzeitmodell liegt darin, dass der Arbeitgeber auch während des Sabbaticals die Sozialversicherungsbeiträge bezahlt. Beim unbezahlten Urlaub oder Kündigung müssen Sie sich selbst darum kümmern.

Staatsbediensteten wiederum bietet sich fürs Sabbatical eine weitere Option, falls sie auf Bezüge während der Auszeit verzichten: Beamte, die bei den Ländern und Kommunen angestellt sind, können sich bis zu sechs Jahre unbezahlt beurlauben lassen, wenn keine dienstlichen Belange im Wege stehen. Rückkehrern wird die Wiedereinstellung mit gleicher Bezahlung beim selben Arbeitgeber, wenn auch nicht am alten Arbeitsplatz, garantiert.

Beamte und Beschäftigte im öffentlichen Dienst

Beamte und Beschäftigte im öffentlichen Dienst können Sonderurlaub dagegen nur aus wichtigem Grund nehmen – Sabbaticals gehören nicht dazu. Allerdings gibt es in vielen Bundesländern inzwischen Teilzeitbeschäftigungsmodelle, bei denen mehrere Jahre Vollarbeit mit einer längeren Auszeit kombiniert sind. Die Bezüge für die Zeit der Vollarbeit werden dann nur zum Teil ausbezahlt, den Rest gibt es während des Sabbaticals.

Unbezahlter Urlaub

Wer ohne lange Vorplanung verreisen möchte, wird entweder sein Erspartes mitnehmen oder sich unterwegs einen Job suchen müssen. Allerdings gewährt ihn nicht jeder Arbeitgeber. Und ob er den Arbeitsplatz für eine bestimmte Zeit frei hält und damit ein Rückkehrrecht ermöglicht, ist in der Regel Verhandlungssache. Nur wenige Unternehmen haben diese Variante der befristeten Auszeit in Betriebsvereinbarungen, Arbeits- oder Tarifverträgen festgeschrieben.

Wer die Freiheit aufgibt,
um Sicherheit zu gewinnen,
wird am Ende beides verlieren.
Benjamin Franklin

Versicherungen – Sorgen Sie vor

Krankenversicherung bei langen Auslandsaufenthalten

Gesetzliche Krankenversicherung

Auch der gesündeste Aussteiger kann krank werden – auf der Almhütte in den Bergen ebenso wie auf Safari in Afrika. Wer sein Sabbatical also unter Palmen verbringt, dem hilft die gesetzliche Krankenversicherung wenig. Ausnahmen gibt es nur beim Aufenthalt in Staaten des Europäischen Wirtschaftsraums oder Ländern mit Leistungsaushilfe-Abkommen.

Ansonsten ist für die Dauer der Auszeit eine private Auslandskrankenversicherung unbedingt empfehlenswert. Prüfen Sie sorgfältig den Leistungskatalog mehrerer Anbieter, da sich die Angebote stark unterscheiden. Ein Rücktransport nach Deutschland sollte auf jeden Fall eingeschlossen sein. Wenn allerdings Ihr Partner arbeitet, ist die Familienversicherung die günstigste Lösung.

Private Krankenversicherung

Bei Reisen in Länder der Europäischen Union und andere Staaten des Kontinents besteht uneingeschränkter Versicherungsschutz. Der PKV-Versicherte genießt den gleichen Versicherungsschutz wie im Inland. Allerdings gilt, dass der Aufenthalt im Ausland nur vorübergehender Natur sein darf.

Bei Reisen in Ländern außerhalb Europas leistet der private Anbieter lediglich für einen Monat für Krankheitsfälle und Folgen. Wer jedoch nach

Ablauf dieser Frist weiter behandelt werden muss und aus gesundheitlichen Gründen nicht per Rücktransport nach Deutschland gebracht werden kann, erhält von der PKV weiterhin die Behandlung bezahlt.

Bei dem weltweiten Schutz gibt es bei den privaten Krankenversicherungen erhebliche Unterschiede. Einige Anbieter leisten für genau einen Monat, andere für 3 Monate, manche sogar unbegrenzt. Jeder Versicherte sollte daher vor Abreise unbedingt seinen Vertrag prüfen und abklären, ob eventuell ein Beitragszuschlag zu entrichten ist, um einen ausreichenden Schutz zu haben.

Beiträge für die gesetzliche Krankenversicherung während der Auszeit
Wenn Sie sich Ihr Sabbatical über Lohnverzicht oder Arbeitszeitkonten angespart haben, bleiben Sie für die Zeit über das Unternehmen versichert. Die einkommensabhängigen Beiträge inklusive Arbeitgeberzuschuss laufen wie gewohnt weiter.

Mussten Sie für Ihre Auszeit allerdings unbezahlten Urlaub nehmen oder haben Sie Ihren Job gekündigt, besteht weiter Versicherungspflicht. Dann bleibt Ihnen nichts anderes übrig, als die Beiträge vollständig aus eigener Tasche zu zahlen. Da während der Auszeit meist keine Einkünfte erwirtschaftet werden, können Sie immerhin mit niedrigeren Beiträgen rechnen.
Nur wer außer dem Job auch den Wohnsitz in Deutschland aufgibt, unterliegt nicht mehr der Versicherungspflicht und kann sich auch den Mindestbeitrag sparen. Die gesetzlichen Versicherungen müssen Rückkehrer wieder aufnehmen. Eine private Auslandskrankenversicherung ist in diesem Fall aber unbedingt erforderlich.

Beiträge für die private Krankenversicherung
Auch wenn Sie den Job kündigen, laufen die Verträge weiter. Allerdings müssen Sie dann die Beiträge in voller Höhe selbst zahlen, da sie sich nicht

nach dem Einkommen richten. Wird der Wohnsitz in Deutschland gekündigt, besteht zwar die Möglichkeit, die Police zu kündigen, doch ist eine dann erforderliche Auslandskrankenversicherung mit vergleichbarem Schutz ähnlich teuer.

Rentenversicherung

Es ist sinnvoll während der Auszeit durchgehend Rentenversicherungsbeiträge zu zahlen, weil sich Fehlzeiten später empfindlich bemerkbar machen. Entscheidend ist, wie die Auszeit organisiert wird. Haben Sie das Arbeitszeitkonten-Modell gewählt, ändert sich nichts, Ihre Beiträge zur Rentenversicherung laufen weiter wie bisher einschließlich Arbeitgeberanteil.

Kündigen Sie hingegen Ihren Job und nehmen eine unbezahlte Auszeit, gilt dies als nicht sozialversicherungspflichtige Zeit. Sie sollten sich daher bei der Deutschen Rentenversicherung/Bund beraten lassen, ob für diese Zeit eine freiwillige Versicherung sinnvoll ist.

Haftpflichtversicherung

Die Privathaftpflicht-Versicherung gilt weltweit. Egal ob in Australien oder Kanada, sollten Sie in Ihrem Urlaub einen Haftpflichtschaden verursachen, so sind Sie durch Ihre Haftpflichtversicherung geschützt. Gleiches gilt natürlich auch für die mitversicherten Personen. Es gelten die gleichen Ausschlusskriterien wie auch im Inland, so dass ein unter Vorsatz verursachter Schaden an keinem Ort der Welt über die Privathaftpflicht mitversichert ist. Einzig zu beachten ist die Geltungsdauer, für welche der Versicherungsschutz gilt. In der Regel besteht der volle Versicherungsschutz, wenn der Aufenthalt im Ausland nicht länger als 12 Monate andauert. Diese Frist beginnt immer wieder von neuem, wenn zwischenzeitlich ein Aufenthalt im Inland vorgelegen hat.

Reisegepäckversicherung

Die Reisegepäckversicherung erstattet Ihnen die Kosten, die bei Verlust, Zerstörung oder Beschädigung des Reisegepäcks entstehen. Sie gilt für das Gepäck des Versicherten sowie jenes von Mitreisenden sofern diese im gleichen Haushalt leben. Die Versicherung zahlt sowohl dann, wenn sich das Gepäck im Gewahrsam eines Beförderungsunternehmens befindet, als auch im Falle einer Beschädigung oder eines Verlustes, der in einem Beherbergungsbetrieb entsteht. Diebstahl, Raub sowie mutwillige Sachbeschädigung durch Dritte sind ebenfalls versichert. Gewisse Grundbedingungen wie zum Beispiel die Überwachung des Gepäcks müssen allerdings erfüllt sein.

Die Reisegepäckversicherung übernimmt grundsätzlich nur den Zeitwert und nicht den Wiederbeschaffungswert der versicherten Gegenstände. Sie zahlt zudem nur bis zu einer vereinbarten Höchstgrenze. Je wertvoller das Gepäck, desto höher sollte die Summe gewählt werden. Vor Vertragsabschluss sollten Sie unbedingt die Konditionen prüfen und auch das Kleingedruckte lesen. Kommt Gepäck auf einer Flugreise weg, haftet meist die Airline.

Du wirst keine neuen Meere entdecken,
solange Du nicht den Mut hast,
die Küste aus den Augen zu verlieren

Unterwegs mit schulpflichtigen Kindern und Haustier – das sollten Sie wissen

Mit Schulkind auf Weltreise

Die Schulpflicht ist in Deutschland gesetzlich vorgeschrieben, ihre Auslegung variiert allerdings je nach Bundesland und es gibt überall abweichende Regelungen, wie mit Freistellungen und Beurlaubungen umgegangen wird. Die Entscheidung trifft fast immer die Schulleitung; ein Rechtsanspruch besteht nicht.

Viele Lehrerinnen und Lehrer schauen jedoch auf den Einzelfall und entscheiden nach eigenem Ermessen – wie lernstark schätzen sie ein Kind ein, welche positiven Wirkungen sehen sie im Reisen (zum Beispiel Verbesserung der Sprachkenntnisse oder kulturelle Kenntnisse). Dass es durchaus möglich ist, eine Beurlaubung zu bekommen, zeigen die Beispiele vieler reisender Familien.

Hat die Schulleitung den Antrag auf Beurlaubung abgelehnt, wäre eine mögliche Alternative der Wechsel an eine Schule, die einer Beurlaubung offener gegenübersteht.

Die Schulpflicht hängt grundsätzlich davon ab, ob ein Wohnsitz in Deutschland besteht. Verlegt eine Familie ihren Wohnsitz ins Ausland, gelten die dortigen Gesetze. Diese sind je nach Land extrem unterschiedlich; so besteht zum Beispiel in ganz Lateinamerika strikte Schulpflicht, während in den USA Homeschooling, also der Unterricht durch die Eltern, problemlos möglich ist.

Muss Ihr Kind trotz Auszeit eine Schule besuchen, finden Sie auf der Internet-Seite des Bundesverwaltungsamts eine Liste der weltweit 140 deutschsprachigen Schulen: www.Zentralstelle für das Auslandsschulwesen.

Reisen mit dem Haustier

Wenn Sie planen mit Ihrem Haustier, Hund oder Katze, innerhalb der EU oder in andere der EU gleichgestellte Länder (Andorra, Island, Lichtenstein, Monaco, Norwegen, San Marino, Schweiz, Vatikanstaat) zu reisen, müssen Sie beim Grenzübertritt den blauen EU-Heimtierausweis vorlegen. Darin sind sämtliche Impfungen sowie der Tierarzt vermerkt, der sie durchgeführt hat. Außerdem muss das Tier mit einem Chip (Transponder) gekennzeichnet sein. Die Nummer des Mikrochips ist ebenfalls im Ausweis vermerkt. Bei Tieren, die vor dem 3.7.11 geboren wurden, wird auch eine lesbare Tätowierung anerkannt.

Für die Länder Schweden, Malta, Irland und Vereinigtes Königreich gelten zusätzliche Anforderungen.

Bei Reisen in Länder außerhalb der EU oder nach Übersee sind zum Teil weitere Atteste und Impfbescheinigungen erforderlich. Ohne diese Dokumente kann das Tier gar nicht oder erst nach langen Quarantäneaufenthalten mitgenommen werden.

Aktuelle Auskünfte erhalten Sie bei Amts- oder praktizierenden Tierärzten, bei den jeweiligen Länderkonsulaten oder den Automobilclubs.

Zehn Orte, an denen Sie garantiert Ruhe
und Abgeschiedenheit finden

1. Wandern und Campen in Lappland
Ruhe und Einsamkeit genießen im Land der Mitternachtssonne und der Polarlichter, in der Heimat der Elche und Rentiere, wo Sie kaum einer Menschenseele begegnen. Die wilde unberührte Natur Lapplands, die Stille, die endlosen Wälder und die bizarre Bergwelt werden Sie in ihren Bann ziehen.

2. Winterurlaub auf Langeneß
Langeneß, die größte der zehn Halligen mitten der Nordsee: meerumschlossen, einsam aber sehr romantisch. Die 110 Einwohner, versorgt von einem Lädchen und einer Schmalspurbahn, trotzen den eisigen Temperaturen in den wenigen urigen, reetgedeckten Häusern. Genießen Sie die Abgeschiedenheit inmitten der faszinierenden rauen Meereswelt.

3. Auszeit auf einer Almhütte
Wer gerne das Aussteigerleben in einer einsamen Almhütte erleben möchte, mietet sich eine Selbstversorgerhütte in den Bergen; ein unvergessliches Abenteuer für Individualisten.

4. Kloster auf Zeit
Die Abgeschiedenheit eines Klosters bietet Zuflucht vor der Hektik des Alltags, vor Informationsflut und Leistungsdruck. Sie tanken Kraft und Energie in unverfälschter Natur und klösterlicher Stille.

5. Expedition vom Eiscamp Barneo zum Nordpol
Die russische Drifteis-Station Barneo wird jedes Jahr im nordpolaren Frühling für rund einen Monat etwa hundert Kilometer vom Nordpol entfernt aufgebaut und betrieben. Der Flug geht von Spitzbergens Haupt-

ort Longyearbyen aus zum Eiscamp Barneo. Von dort aus mit dem Hubschrauber zum geografischen Nordpol. Ein einmaliges Erlebnis für hartgesottene Abenteurer abseits der Touristenpfade….

6. Individualität und Ruhe in einem kanadischen Blockhaus

Der Aufenthalt in einer typisch kanadischen Blockhütte – einsam gelegen an einem See oder Fluss – inmitten der unberührten Natur ist ein ganz besonderes Erlebnis. Gehen Sie Lachs fischen oder erleben Sie den prächtigen Indian Summer. Zahlreiche Trails laden zum Wandern, Ski-Langlaufen oder Snowmobilen ein. Hunderte von Logging-Roads, Straßen, die nur für die Holzabfuhr gebaut wurden, führen tief in die kanadische Wildnis. Dabei kommt es schon mal vor, dass Ihnen ein Bär oder Elch begegnet.

7. Wandern auf Comino

Comino liegt zwischen Malta und Gozo und ist ein Paradies für Wanderer. Wer die Einsamkeit sucht und die Natur liebt, sollte im Frühjahr hierher kommen. Es riecht nach Meer und Blumen, gelb ist die Farbe des Frühlings auf Comino. Mit nur 3,5 km² Größe gibt es dort keine Autos und die Insel ist, von einem Hotel abgesehen, vollkommen unbewohnt.

8. Urlaub auf den äußeren Hebriden

Wer die Abgeschiedenheit liebt und nichts gegen schlechtes Wetter hat, dem bietet die Inselkette vor der Westküste Schottlands spektakuläre Moorlandschaften und 5000 Jahre alte Geschichte. Es gibt nur wenige kleine Hotels und Privatpensionen.

9. Abgeschiedenheit in einer Finca

Eine Finca auf einer der spanischen Ferieninseln, wohl behütet und versteckt in den Bergen, abseits des Massentourismus. Als Selbstversorger genießen Sie die totale Privatsphäre eines einsam gelegenen Feriendomizils und haben ungestört Zeit zum Entspannen, Lesen, Malen, Wandern…

10. Wellness-Wochenende in den eigenen vier Wänden

Einfach mal für ein paar Stunden offline sein. Stellen Sie alle Geräuschkulissen (Türklingel, Telefon, Handy) ab, der Computer bleibt aus. Ein Verwöhnprogramm lässt den Alltag vergessen und spendet neue Energie.

Zu guter Letzt: Freuen Sie sich auf Ihre Auszeit

Die Vorbereitungen sind abgeschlossen, der lang ersehnte letzte Arbeitstag ist endlich gekommen. Sie haben sich von Ihren Kollegen verabschiedet, vielleicht eine Farewell-Party geschmissen und freuen sich jetzt auf die freie Zeit, die vor Ihnen liegt.

Das Wichtigste ist nun: Entspannen Sie sich und nutzen Sie die Auszeit für einen Tapetenwechsel und das Sammeln neuer Eindrücke. Wenn Sie auf Reisen gehen, halten Sie die besonderen Momente und Erfahrungen in einem Reisetagebuch oder Internet-Blog fest. So können auch Verwandte und Freunde daheim an Ihren Erlebnissen teilhaben.

Mit der richtigen Vorbereitung wird Ihr Sabbatical sicherlich zu einer unvergesslichen Zeit mit vielen neuen Impressionen. Anschließend können Sie wieder mit viel Motivation und neuen Ideen durchstarten.

Hilfreiche Internet-Seiten

Um mit der Planung und Vorbereitung der Auszeit beginnen zu können, finden Sie hier einige empfehlenswerte Internet-Adressen

www.arbeitsratgeber.com
Ratgeber für Arbeitsrecht

www.auswaertiges-amt.de
Informationen über Einreisebestimmungen, Pass- und Visavorschriften, Sicherheitshinweise, Reisewarnungen, deutsche Botschaften und Konsulate im Ausland

www.auszeitagentur.de
hier erhalten Sie Impulse für Ihre Auszeitgestaltung

www.adac.de
der Automobilclub gibt Ratschläge und Informationen für Auslandsreisen mit PKW, ferner Reiseangebote, Mietwagen, Wohnmobile und Versicherungen

www.auslandsschulen.de
ein Verzeichnis deutscher Schulen im Ausland

www.statravel.de
umfangreiche Informationen zum Thema Around-the-World-Ticket

www.transsibirische-eisenbahn.de
diese Seite informiert ausführlich über Fahrten mit der Transsibirischen Eisenbahn

www.reiselinks.de
umfangreiche Linksammlung

www.weltreiseforum.de
das Forum für Weltreisende

www.dzg.com
deutsche Zentrale für Globetrotter

www.trekkingforum.com
Infos für Rucksackreisende

www.weltreiseforum.info
für Reisende mit Geländewagen oder Motorrad

www.wohnmobilforum.de
unterwegs mit dem Wohnmobil

www.forum.yacht.de
Infos für Segler

www.bobbyschenk.de
Homepage des bekannten Weltumseglers Bobby Schenk

www.fit-for-travel.de
Ratgeber Reisemedizin

Von Alexander Reeh erschienen außerdem:

Alexander Reeh: **Mit Messer und Gabel um die Welt. Kleine Mahlzeiten rund um den Globus, einfach und schnell zubereitet.**
ISBN 978-3-86268-397-0
Festeinband, Format: 21x21,
192 Seiten, zahlr. fbg. und sw.
Abb., Preis: 18,00 Euro

Beschreibung:
Mit »Mit Messer und Gabel um die Welt« hat der 23jährige Autor Alexander Reeh ein Kochbuch für alle diejenigen geschrieben, die ohne großen Aufwand Gerichte anderer Länder ausprobieren möchten. Außerdem gibt es viele Informationen und Unterhaltsames zu den jeweiligen Ländern. Lassen Sie sich also verführen zu einer spannenden kulinarischen Reise rund um den Globus. Mit einem Vorwort von Gerd Käfer, Gastronom, Feinkost Käfer München.

Alexander Reeh: **Immer nach den Sternen greifen.**
Freunde sind wie Sterne, du kannst sie nicht immer sehen, aber sie sind immer da …
ISBN 978-3-86901-753-2
Taschenbuch, Format: 19x12, 110 Seiten, zahlr. farb. u. sw. Abb.
Preis: 10,00 Euro

Beschreibung:
Der 21-jährige Autor, Alexander Reeh, hat bei seiner Geburt aufgrund eines Ärztefehlers einen irreversiblen Gehirnschaden erlitten. Schon früh erklärten Experten, dass er vermutlich nie Lesen und Schreiben lernen und auch kein »normales Leben« führen werde. Nach der vierten Klasse verwehrte ihm sein Rektor mit der Begründung, in dessen Schule würde man seinem Förderbedarf nicht gerecht, den Übertritt in die Hauptschule. Die Eltern des Kindes beschlossen daraufhin, Alexander selbst zu unterrichten. Heute ist er ein junger Mann und Künstler, der bereits die halbe Welt bereist hat, Aquarelle malt und schreibt. Seine Lebensgeschichte ist ein Plädoyer dafür, dass Glück und die Aussicht auf ein erfülltes Leben nicht nur davon abhängen, was uns in die Wiege gelegt wurde. Nein, wir müssen selbst entscheiden, was wir daraus machen. Tauchen Sie also ein in Alexanders Lebensgeschichte und lassen Sie sich einfangen von Freiheit, Hoffnung, Schmerz und Glück – von allen Facetten menschlicher Emotion.

Wo es keine Küche gibt - Ernährung in Extremsituationen. Mit Beiträgen bekannter Abenteurer oder Menschen, die sich in außergewöhnlichen Situationen ernähren mussten
ISBN 978-3-86268-509-7, 1. Auflage 2012
Engelsdorfer Verlag, Taschenbuch, 364 Seiten, zahlr. farb. Abb.
16,00 EUR

Beschreibung:

Ernährung abseits der Zivilisation – ob in den eisigen Höhen des Himalaya, den sonnendurchglühten Wüsten der Erde, in der Schwüle des tropischen Regenwaldes, den schneidend-kalten Polarregionen oder gar im Weltall – dem jungen Autor Alexander Reeh ist es gelungen, die interessantesten Geschichten vieler bekannter Abenteurer und Persönlichkeiten in einem Buch zusammenzustellen. Begeben Sie sich mit Michael Martin, Carmen Rohrbach, Gerhard und Jutta Krauss, Bertrand Piccard, Dr. Christian Adler, Hartmut Fiebig, Andreas Altmann, Souleimman Semo, Fadumo Korn, Mike Horn, Yossi Ghinsberg, Michael Obert, Peter Smolka, Mauro Prosperi, Beate Kammler, Rollo Gebhard, Ellen MacArthur, Silke und Torsten Hartmann, Steven Callahan, Maurice und Maralyn Bailey, Prof. Dr. Klaus Mees, Reinhold Messner, Stefan Schlett, Evelyne Binsack, Prof. Dr. Hauke Trinks und Marie Tièche, Björn Klauer, Wolf-Ulrich Cropp, Reto Walther, Terry Anderson, Thomas Reiter, Prof. Dr. Ulrich Walter, Prof. Dr. Stefan Hockertz und Dr. Tasso Vounatsos auf eine spannende Reise nicht nur rund um den Globus sondern auch in die Tiefen des Weltalls und zuletzt auf eine Reise der Seele.